宇宙中爱你

黄永明 著

中国科学技术出版社
·北京·

图书在版编目（CIP）数据

在这个宇宙中爱你/黄永明著. ——北京：中国科学技术出版社，2022.4

ISBN 978-7-5046-8874-3

Ⅰ.①在… Ⅱ.①黄… Ⅲ.①科学知识–普及读物 Ⅳ.①Z228

中国版本图书馆CIP数据核字（2020）第209741号

策划编辑	杨虚杰　鞠　强
责任编辑	关东东　田幼萌
装帧设计	马术明
责任校对	邓雪梅　吕传新
责任印制	马宇晨

出　　版	中国科学技术出版社
发　　行	中国科学技术出版社有限公司发行部
地　　址	北京市海淀区中关村南大街16号
邮　　编	100081
发行电话	010-62173865
传　　真	010-62173081
网　　址	http://www.cspbooks.com.cn

开　　本	880mm×1230mm　1/32
字　　数	200千字
印　　张	9.375
版　　次	2022年4月第1版
印　　次	2022年4月第1次印刷
印　　刷	河北鑫兆源印刷有限公司

书　　号	ISBN 978-7-5046-8874-3/Z·347
定　　价	58.00元

（凡购买本社图书，如有缺页、倒页、脱页者，本社发行部负责调换）

自序

"我发现,你这个工作比我们做科研的要难。"

10年过去了,这句话仍然时常回荡在我的脑海中。那是一个阳光明媚的下午,我在南京大学的一间分子生物学实验室里刚刚忙完手头的工作,休息的间隙,同办公室一位做微生物学研究的老师突然冒出这样一句话。

"您为什么会这样讲呢?"我略感不解地问他。

"你看,我们做科研的,是半年时间里每天就琢磨那两三个问题,而你是每星期换一个问题来研究。"他这样说。

我明白了。当时我正在《南方周末》工作,我是报社唯一的科学记者,每星期要针对不同科学领域的话题写出深度报道。你没法预测这个星期在哪个领域会出现令人瞩目的新动态,因此我的关注点总是在切换,几乎每星期都会切换。而且你还要在很短时间里写出几千字来。

这很有挑战性,但是我喜欢做的事情。了解科学上的最新发现和进展,是一件令人着迷的事。

我对科学的兴趣是从天文学开始的。1999年的夏天,当时我在读高中,在放学的路上路过新华书店,然后被法国天体物理学家让-皮埃尔·卢米涅(Jean-Pierre Luminet)的《黑洞》(*Black Holes*)深深吸引住了。那个暑假,我把这本书反复读了几遍，并且迅速地成为了一名天文爱好者。

从此一发而不可收。

我还记得那些与天文同好做业余天文观测的日与夜，这也让我们跟很多人形成了持久的友谊，时至今日都是最好的朋友。我的第一篇发表在《太空探索》杂志上的文章，是在距离我所就读的大学两公里的一个城中村的网吧里通宵写出来的。在那之后，仅仅在大学期间，我就在各个中文报刊上发表了超过 100 篇与天文有关的文章。

这么多年过去了，我发现这可能是我的性格造成的——喜欢干什么事就会做很多很多出来。

后来我玩魔术也是如此。2007 年，我已经工作了两年，有一阵子，我下班到家后都刚好能看到北京电视台播出的节目《魔星高照》。我被魔术师刘谦的街头魔术吸引了。有一天我看到他从一个带窟窿的纸板后面凭空拿出果汁之时，我彻底被击中了，成为了一名魔术爱好者。那一天就像 1999 年成为天文爱好者的重演。

后来我找来了我能找到的所有魔术教学资料，在家里疯狂地学习和练习魔术表演。再往后，我还在北京的剧场里组织了 30 多场魔术演出。

我认为自己是幸运的，在年轻的时候就遇到了一些让自己真正着迷的事，并且全身心地投入在这些事情上。当你投入在一件事情上的时候，你是幸福的。

我的兴趣爱好和我的职业是一体的，它们给我带来了许多美妙的经历。

27岁的时候，我在北极的科考船上待过两个月，当时船上的一名英国冰川学家对我说过另一句我至今难忘的话："我都不记得我自己27岁的时候在干什么了。"

转眼之间，我难以相信我已经到了当年他的那个年龄。

这些年里，我到过欧洲和美国的许多地方参加各种各样的活动。在一个为科研筹款的晚会结束后，职业魔术师和科学怀疑论者詹姆斯·兰迪（James Randi）在跟一帮男魔术师讲荤笑话的间隙对我这个第一次到美国来的年轻人说："美国的不同城市就像是不同的国家。"我曾在斯德哥尔摩吃过价格不菲的诺贝尔奖晚宴（租燕尾服的价钱比饭钱还高），对主菜填鹌鹑印象深刻。我在墨尔本、温哥华和奥斯汀参加过科学传播者的大会，被科学作者之间的真诚所打动。在意大利北部小镇圣文森特和美国赌城拉斯维加斯，刘谦和其他魔术师向我敞开他们的后台，我得以一窥魔术与神经科学的关联。

文章开头的那番经历，是我在南京大学生命科学学院的实验室里"学习做实验"，那是一个持续半年、从入门到放弃的过程。

我的科学新闻作品有幸发表在了《科学》（Science）杂志上，后来甚至以科学作家的身份移民到美国，定居在这里。十几年当中，我其实谈不上有什么人生规划，我只是由着自己的兴趣在做事情。

在这本书里，我想要跟你分享我四段有趣的经历。

第一段是我探究生命科学，尤其是分子生物学的过程中的所见所闻。第二段是我对魔术作为一种表演艺术的理解，以及追问它在认知神经科学和认知心理学层面上的解释。第三段着重于我在北极的经历，那给了我一个绝佳的机会来理解人为气候变化。第四段是我的初心，讲了我最喜欢的天文学和宇宙学，分享了启发我天文爱好的卢米涅博士的奇特宇宙学理论。

当我在2022年写下这篇序言的时候，神秘失踪的航班MH370已经消失了8年，遗骸仍然没有被找到。全球大流行的新冠疫情已经持续了两年，人们不知道病毒的源头是哪里，也不知道疫情是否会有个终点。

另一方面，科幻作家尼尔·史蒂芬森（Neal Stephenson）30年前创造的概念"元宇宙"变成了现实——这哪怕在几年前还是难以想象的事情。美国的私人航天公司已经可以轻松地把航天员甚至亿万富翁送入太空，家庭也都开始迎接搭载着人工智能的新型车辆。

有时我们觉得科技的发展一日千里，有时却又感到它如此无力。

而我仍然抱有多年来的梦想——在美国得克萨斯州西部的广袤大地上建造一座私人的远程天文台，或许在澳大利亚也可以建一座，这样我就可以观察到南北两个半球的星空。

黄永明

于美国得克萨斯州加尔维斯顿

目录

|第一章|

雪夜里的车灯 ——————— 001

第一节 | 癌症的指纹 ——————— 009

第二节 | 消失的蜜蜂 ——————— 018

第三节 | 上帝的错觉 ——————— 028

第四节 | 相信与不相信 ——————— 054

|第二章|

杯子里永远都会有三颗球 ——————— 073

第一节 | 理性的敌人 ——————— 079

第二节 | 终极秘密 ——————— 091

第三节 | 不可靠的大脑 ——————— 113

第四节 | 魔术的意义 ——————— 133

| 第三章 |

午夜阳光灿烂 —————— 151

　　第一节 | 一张照片顶一千个单词 ——— 159

　　第二节 | 谁是赢家 ——————— 187

　　第三节 | 未来的模样 ——————— 199

| 第四章 |

宇宙为何如此 —————— 217

　　第一节 | 不完整的自己 —————— 226

　　第二节 | 无爱 —————————— 245

　　第三节 | 爱的可能性 ——————— 278

第一章

雪夜里的车灯

2007年的一天，正在南京大学攻读博士学位的陈熹被导师张辰宇布置了一个实验，去检测人的血清中是否含有微小核糖核酸（miRNA）。陈熹当时就认为导师"疯了"，因为这完全违背了他所学到的生物学常识：人的血清中含有许多核糖核酸（RNA）的降解酶，因而不可能有完整的RNA存在，至多只是一些碎片。他在师弟师妹面前把自己的导师"批判了一番"，然后就把这个任务扔在了一边。

　　直到两个星期后的一个早晨，张辰宇堵到了他，再次要求他去做这个实验。陈熹推却不了，只好去做。结果这个实验一做，陈熹变得比他的导师都更疯狂了——曾经连续三天三夜泡在实验室里。他得到了一些令人难以置信的结果。

　　陈熹和张辰宇发现，植物所含有的miRNA能够通过消化道进入人体血液和器官组织，然后通过调控人体内靶基因表达的方式，影响人的生理功能。对于miRNA通过这种方式影响人体健康，他们已经发现了至少一种情况：进食过多的大米会增加患代谢紊乱综合征的可能性。这令人想起孙悟空变成一只小虫子钻进铁扇公主肚子里的故事，尽管最后的结果与肚子疼无关。

这样一个发现引起了许多生物学研究者的极大兴趣。同样研究 miRNA 的美国俄亥俄州立大学教授克莱·马什（Clay Marsh）认为张辰宇和同事的这项工作"非常令人激动"，它表明我们日常的饮食能够直接影响体内的基因表达。

而用张辰宇的话来说，这项发现为"吃什么补什么""一方水土养一方人"这些俗语提供了科学上的注脚。

———— · ————

科学家发现 miRNA 并不是很久之前的事情。1993 年，哈佛大学的罗莎琳德·李（Rosalind Lee）等人在《细胞》（Cell）杂志上发表论文，称在线虫中发现了控制幼虫发育的"lin-14 基因"所编码产生的 miRNA，这种 RNA 可以与 lin-14 基因产生的信使核糖核酸（mRNA）结合，并抑制它的功能，使它无法被翻译，最终控制 lin-14 蛋白的产生。这是人们首次发现 miRNA 对于生物体基因表达的调节作用。

miRNA 是一种由 19～24 个核苷酸组成的非编码小分子单链 RNA，它不能被翻译并最终生成蛋白质，而是一种在进化上比较保守的"基因调控者"。

21 世纪初，miRNA 的研究成了一个热点。仅仅是从 2000 年到 2003 年短短三年时间里，研究人员就陆续发现了 miRNA 的以下功能：控制细胞的增殖和凋亡，调节苍蝇的脂肪代谢，调节哺乳动物造血系统功能，控制植物叶与花的发育等。而据计算机模拟推测的结果，以上这些可能只是 miRNA 所具备的功能的冰山之一角。研究人员猜测，在哺乳动物的基因中，约有 30% 左右的编码蛋白的基因受到 miRNA 的调控。

2002 年，美国《科学》（*Science*）杂志把 miRNA 的研究评为了当年的"年度重大突破"。到了 2005 年，研究人员已经在人体中发现了 200 多种 miRNA。并且，人们也逐渐认识到，miRNA 可以调控肿瘤的形成，可能与慢性淋巴细胞性白血病成因有关，还可能与阿尔茨海默病和某些中枢神经功能紊乱有关。

张辰宇的研究就是从这里开始的。当时人们已经知道了 miRNA 与肿瘤形成有关，于是张辰宇想到，是否有可能把 miRNA 作为一种标记物来诊断肿瘤。在肿瘤的早期诊断中，如果能在血清中发现 miRNA 的话，那么它就有可能成为无创伤性的新的生物标记物。这就是为什么他会想到让陈熹去做那个"疯狂"的实验的原因。

在实验中，张辰宇疯狂的想法不但被证实了，而且 miRNA 就像指纹一样，在血清中的不同组合对应了不同的疾病。"这种组合可以用于早期诊断各种疾病。"张辰宇这样说，"现在很多疾病分亚型，在判断疾病的复发、判断死亡率还有个体化治疗中，miRNA 都可以提供帮助。"

2008 年 9 月初，张辰宇和同事在学术期刊《细胞研究》（*Cell Research*）上发表了他们的研究结果。几乎在同一时间，一个以色列的研究组和一个美国的研究组也分别独立发表了相同结论的文章，三者相互印证。

不过，新的发现也带来了一个新的疑问：血清中的这些

miRNA 是从哪里来的？它们是从破碎的细胞里释放出来的呢，还是完整的细胞就能够分泌出来呢？张辰宇从他以往的研究领域——内分泌代谢——出发，认为 miRNA 是从细胞中分泌的。但究竟是以何种方式分泌出来，比如是直接分泌还是通过某种载体，他仍不得头绪。

一次偶然的机会，张辰宇在上海参加一次学术会议时，听到了一个新的概念——微小囊泡。他茅塞顿开，夜里 11 点半打电话给他的合作者、南京大学的曾科教授："会不会微小囊泡就是那个载体？"曾科听到这句话也激动起来，微小囊泡正属于他的研究领域，他当下就认为他们可以立即做实验进行验证。

第二天，张辰宇还没有回到南京，陈熹就已经接到电话开始离心提取微小囊泡了。张辰宇回到实验室的时候，曾科和陈熹都在那里等着他。他们告诉张辰宇，微小囊泡已经提取出来并做了分析，其中的确含有很多的 miRNA。

一个一个的点开始连接成线。所有的细胞，首先能够选择性地把特定的 miRNA 包裹到微小囊泡中去；当细胞受到刺激的时候，细胞就会把这些包含 miRNA 的微小囊泡分泌到循环系统中，或者是细胞外。然后，这些微小囊泡能够把 miRNA 再运送到靶细胞内，释放出 miRNA，作用于靶细胞内的 miRNA 的靶基因，从而调控靶细胞的生理学或生物学功能及状态。"我们发现了细胞能够分泌 miRNA，把已知的细胞间的信号传导机制从'固定电话'变成了'手机'。"张辰宇形容说，"原来是特定的细胞能够分泌一些激素或者细胞因子，特定细胞有受体再接受，现在变成是所有的细胞都有这个能力分泌，只要受到刺激。"

张辰宇对自己的研究相当自信："相信我,在今后的五年、十年,这会变得特别热门,在血清中发现 miRNA 会变成教科书上每一种疾病的诊断信息之一。比如说 II 型糖尿病的某一个亚型,它的 miRNA 是怎么样的……"

但故事还没有结束,更令人惊讶的事情还在后面。他们在分析 miRNA 的时候做了一项叫作"深度测序"的工作。比如说,他们将 50 毫升的人的血清中的 RNA 提取出来,然后把 30 个核苷酸以下的 RNA 片段全部测序。一般来说,这能够得到数百万个片段。然后他们分析哪些是已知的 miRNA,哪些是破碎的 RNA 片段。

他们发现,这些 RNA 片段中有一些是植物的 miRNA,而且是 100% 来自植物——如果它包含 22 个核苷酸,那么这 22 个核苷酸就全都和植物一样。并且,同样的 miRNA 会有数以千计的拷贝。

这对研究人员来说显得非常奇怪,或者也可以说疯狂:假设人们进食植物之后,有些 RNA 由于某种原因没有被消化掉,而是进入了人的血液,那也更可能是碎片,而且碎片不可能在所有人的样本里都具有相当高的浓度,有那么多的拷贝数。另外,他们把发现的 miRNA 和人的全部的基因组相比对,没有 100% 相同的。这就完全排除了 miRNA 是内源性的、是人的某个 RNA 片段的可能性。

这些 miRNA 一定来自植物,而且唯一的途径是通过食物——这是张辰宇很快就意识到的一点,但实验并没有立即继续做下去。当时正值三聚氰胺事件闹得沸沸扬扬,满脑子都是

miRNA 的张辰宇甚至设想可以通过检测牛奶中的 miRNA 的浓度来鉴定牛奶的质量。与此同时,张辰宇的另外两名学生在小鼠身上做的实验让研究的方向明朗起来。他们做了一系列实验来探究血清中的 miRNA 是否确实来自食物。他们先后给小鼠投喂线虫和果蝇,这是两种富含 miRNA 的动物,但都没有在小鼠的血液中检测到相应的 miRNA。接下来,他们给小鼠喂了大米。

他们喂给小鼠的,就是中国华东地区的人们最常吃的大米。结果,他们在小鼠的血清中检测到了来自大米的 miRNA。这让他们更加确信,植物的 miRNA 可以通过日常进食进入人体。事实上,编号为 168a 的植物 miRNA 既在稻米中富含,也是中国人血清中含量最丰富的植物 miRNA。这表明,我们吃饭不仅摄入了碳水化合物和蛋白质等"食物",还摄入了"信息",即 miRNA 的序列特征。由此带来的结果之一就是,编号为 168a 的植物 miRNA 可以结合人体内某种连接蛋白的 mRNA,抑制其在肝脏的表达,进而减缓低密度脂蛋白从血浆中被清除,最终引起代谢性疾病。

在实验中,研究人员给小鼠喂的是生米,而人类日常进食吃的是熟米,食物经过加热之后是否会破坏其 miRNA 呢?张辰宇发现,煮过的米饭中仍然含有很多 miRNA,经过油炸才能破坏掉它们中的大部分。他们还发现,中药在经过煎煮之后,药汤里的 miRNA 的浓度很高。在给小鼠喂食药汤 24 小时后,他们发现小鼠肺部相应的 miRNA 浓度有所增高。因此他们认为,这些发现为在传统的中药中发现一类全新的活性分子提供了依据。

对于生物学来说,这些研究更大的意义可能在于为我们理解跨"界"的相互作用提供了新的线索。"动物、植物之间是如何借着 miRNA 互相调控的？大家说不定共进化（co-evolution）了。"这个念头在张辰宇的脑海中挥之不去。

第一节 | 癌症的指纹

"同学，我是来火车站接你的，你到了往地铁站方向走。"我收到这样一条短信。多年之后我还会记得这条信息，大概是因为已经有很多年没有被人称为"同学"。

那是 2013 年的冬春之交，南京的天气仍在暖寒之间交错。我从北京乘火车来到南京，怀着一个目的——窥探 21 世纪蓬勃发展的生命科学之一斑。

毛苏苏是来接我的那位同学，个头不高，眉宇间流露出南方人的精明。我们坐了没几站地铁，就来到了位于城市核心位置的珠江路。我的面前是新世界百货大楼，到达这里之前我从没想过，一间分子生物学实验室会位于百货大楼上方的写字楼里。

然而，就是这间大隐隐于市的实验室，正在探索生命科学领域的前沿课题，它或许能够破解达尔文提出进化论后遗留的重大谜题。

实验室的全称是"南京大学医药生物技术国家重点实验室"，而我前往的是其中一间，它被工作人员简称为 3M 实验室，"3M"代表了它的主要研究方向——微小 RNA（miRNA）、代谢（metabolism）和线粒体（mitochondrion）。实验室位于写字楼的 17 层，空间上呈 L 型，L 的一边是办公区，另一边是实验区。就像其他的分子生物学实验室一样，这间实验室以缺乏特征的白色为主色调，只有从实验仪器中才能大略看出它的独特之处。

3M 实验室与其他分子生物学实验室最明显的不同是拥有大量的聚合酶链式反应仪。聚合酶链式反应（Polymerase Chain Reaction, PCR）是一种通过大量复制脱氧核糖核酸（DNA）或 RNA 序列来帮助生物学家进行分析的技术。这些仪器看起来就像是台式电脑的主机。一般的实验室只有一两台，而这里有四五种、七八台。

分子生物学这个学科诞生于 20 世纪 30 年代，当时的一些物理学家和化学家想要从最基本的水平上理解生命。这个词最早由洛克菲勒基金会的沃伦·韦弗（Warren Weaver）博士创造。这个领域不是传统上那样从宏观上研究生命体，而是通过考察细胞内部的生物分子——比如 DNA、RNA 和蛋白质，来获知生命活动的机制。

在 21 世纪，分子生物学已经成为生物学的一个庞大分支，许多新技术的出现让研究的效率越来越高，也让设置一间实验室的成本越来越低。几乎所有设置生命科学学院或是医学院的大学，都会拥有分子生物学实验室。往往几名，甚至一名教授就会拥有一间实验室。仅仅是在美国，分子生物学家的人数就达到了 40 万人之众，那么世界范围内则可能有几百万名分子生物学家。

许多实验室是昼夜不停歇地运转的。我曾听有人说，北京生命科学研究所的一间实验室 24 小时运行，研究人员只有在摇菌的 8 小时里才能休息一下。这一定不是特例。生命科学的研究需要依靠生物体和它们体内的种种过程,这是需要时间的。分子生物学实验中最常见的操作之一是分子克隆,其中质粒扩增这一步就需要摇菌。摇菌是一种培养细菌的方法,在摇床晃动的过程中,菌种能够更好地接触培养液。这件事是需要耐心的,很多时候会需要 12 ~ 16 小时,才能让细菌尽可能多地扩增,以得到足够多的质粒。所以在生物学实验室里,你总会看到一刻不停晃动着的摇床。

实验室里培养细胞,细胞传一代最少也要 24 小时,长的可能要 3 ~ 4 天——这就意味着细胞实验往往是以 3 ~ 4 天为一个周期。如果涉及动物实验,比如做转基因动物,那周期就更长了。比如常常用到的小鼠,顺利的话,也需要好几个月才能拿到想要的老鼠:小鼠一个孕期在 21 天左右,如果要等下一代老鼠做实验,又要等 21 天。同样,这也是为什么尽管猴子比小鼠与人类更相似,但拿猴子做实验的项目并不是很多——养育猴子的周期实在太长了。

3M 实验室不养实验动物,那里的所有工作都是在细胞层面完成的。我到了这里之后,被安排与教授微生物学的顾宏伟老师在同一间办公室。一名研究生很快带我在显微镜下看了他刚刚培养好的神经细胞,那是灰色的背景下几条像裂纹一样的存在。随后,从春天经历了异常炎热的夏天,再到略微凉爽的秋天,我在这间实验室待了 6 个月的时间。这是世界上为数众多的分子生物学实验室中的一间,我在这里看到了生物学前沿图景中的一个像素。

我最早知道 3M 实验室，是在 2008 年。那年 9 月，我偶然间看到了一条新闻，说的是南京大学的张辰宇和同事们首次描绘了健康人和癌症、糖尿病患者的血液 miRNA 图谱。这意味着如果他们的方法成立，那么科学家可能在癌症的早期就能发现其"指纹"。这条新闻当时被很多国外媒体报道，但中文媒体上却几乎看不到，这让我也几乎错过。但这种新闻，看到之后，就很难再忽视。

5 年之后，我才第一次见到张辰宇本人。他是南京大学生命科学学院院长，也是 3M 实验室的负责人。这是一名身材健壮的中年男人，说话带东北口音，会把"没有"说成"妹有"。他平日开朗亲近，但看到开会迟到的学生，也会把眼睛瞪得像铜铃一般大。

早年间，张辰宇曾赴日本和美国求学，在日本德岛大学医学部取得博士学位，后又在哈佛医学院做博士后。那段时间里，他研究的是身体能量代谢和细胞能量代谢的分子作用机理及与之相关的疾病，如肥胖、糖尿病的发病机理，这是较为传统的研究方向。回国后，他有了自己的实验室，研究方向也开始越来越"离经叛道"。关于这一点，与他接触得越久就会越有体会——他的思维相当大胆，有时具有科幻色彩，也难怪他的学生们称他为"大神"。

对于癌症"指纹"的研究，是张辰宇刚回国的时候完成的。这个研究看上去挺新颖，但还谈不上有多么"出格"。

中国每年癌症新发病例高达 312 万例，平均每天 8550 人，或者说，每分钟有将近 6 人被诊断为癌症。在世界范围内，癌症也是让人谈虎色变。癌症在人体内不是一夜之间出现的，恰恰相反，科学家发现，癌症是人体内 2～8 个基因相继发生变化造成的，这些变化的发生长达 20～30 年。然而，在这么长的时间里，我们却没有办法发现它们；待我们终于能够发现时，癌症往往已经到了晚期。

一个旁证是，医学界的顶级杂志《柳叶刀》(The Lancet)曾组织医学专家做过关于非小细胞肺癌（NSCLC）的讨论。在最终发表的报告论文中，大量的篇幅都放在了治疗方面。我们可以看出关于早期检测仍是未知甚多，没有到临床应用阶段。

在癌症几十年的漫长发展时间里，只有在最后的几年，它才会达到不可治疗的阶段；也只有在这个阶段，我们才能发现它们。在分子生物学已经发展了 80 多年的今天，这听上去让人感到非常不服气。为什么一定是这个样子？

2013 年的一个下午，阳光从窗户斜照进张辰宇的办公室。我们俩面对面坐着，我向这名从哈佛医学院学成回国的科学家提出了这个问题。

"因为没有线索。"张辰宇的回答比我的问题还简洁。

传统的检测方法包括血液测试、X 射线影像及核磁共振，然而，它们提供的结果往往十分模糊。医生们没有很好的办法将人身体内部的情况看得清清楚楚。在这样的状况下，许多患了癌症的人不会被检测出来，但没有患癌症的人却有可能被检测出假阳性的结果。

以胰腺癌为例，由于原发性病灶位于后腹膜区域，通常的计算机断层扫描（CT）很难看到。一个体积约 1 立方厘米的病变部位一般是很不容易被发现的，而按照世界卫生组织的分型，这样的病变已可以被定性为一期癌症。

美国纪念斯隆—凯特琳癌症中心（MSKCC）的彼得·巴赫（Peter Bach）曾经调查过 CT 筛查早期肺癌的效果。他发现，CT 检查大大增加了发现的患者数量，这些结果也带来手术数量的剧增。然而，不管患者是否做过 CT 检查，死亡率并没有发生变化。巴赫猜测，肺癌肿瘤根据进展速度分有不同类型，但 CT 无法将其区别开来。

到目前为止，在影像学方法基础上最终确诊癌症的"金指标"仍然是病理学方法，即从初步检测到的病灶部位穿刺取得组织样本，再进行病理学分析。

"在今年将死于癌症的 100 万人里，绝大部分是因为他们的癌症没有在癌症存在的前 90% 的时间中被发现。"伯特·沃格尔斯坦（Bert Vogelstein）是美国约翰·霍普金斯大学基梅尔癌症中心的一位专家，他在《科学》杂志的一篇文章中这样写道。他说，当人们想到摧毁癌症这件事时，通常想的是治疗晚期癌症。如果是在 50 年前，持有这种想法是可以理解的，因为那个时候癌症的分子发病机理还是个谜；但是在今天，这种观念已经不可接受。

我曾就这个问题给沃格尔斯坦的同事肯尼斯·金茨勒（Kenneth Kinzler）教授去信，请教他的看法。"我同意早期检测并不是一个新想法，但我们感觉到，在我们与癌症的战斗当中，对它的强调是远远不够的。"他回复我说。

与此同时，就像前面所说，现有早期检测手段的有效性是值得怀疑的。"从公共健康的角度，我们已经更好地理解了影响有效和无效筛查的因素。"金茨勒说，"我们已经知道，无效筛查带来的负面结果不仅仅是未查出的肿瘤，还包括假阳性结果带来的治疗以及过度医疗带来的损伤。"

———————— · ————————

科学家在寻找其他更有效的途径进行早期筛查。1995年开始的蛋白质组学是过去一段时间里许多人抱有希望的领域。蛋白质在身体的细胞间传递信息，而蛋白质组学想要将人体内所有的蛋白质研究清楚，包括它们与疾病之间的关联。通过质谱分析的方法，科学家能够将人体内不同质量的蛋白质绘制在一幅图的不同位置，这样就得到了一个图谱。

在吃饭前后、睡觉前后、生病前后等不同的身体状态下，一个人体内的蛋白质的表达谱会不太一样，接受医学治疗之后每个人身体的不同反应也都可以通过蛋白质表达谱反映出来。科学家设想，假如能够找到癌症特异的蛋白质表达谱，就能够做到检测癌症。

许多人投入到这项工作之中，筛选体内可能与癌症状况紧密相关的蛋白质。美国发明家丹尼·赫里斯（Danny Hillis）最初尝试用人工方法检测人血液中的蛋白质，但发现这个过程极其繁复，需要多达一百多步的连续过程，中间只要实验者稍微休息一会儿，可能就会前功尽弃。于是，他发明了仪器来完成这项工作。

"蛋白质的质谱分析提供了一种新的有力工具，来寻找基于蛋白质的癌症生物标志物。"金茨勒说，"使用肿瘤释放到血液、粪便及尿液中的游离 DNA 来作为生物标志物，也是未来癌症检测具有前景的一个方向。"

在短短几年的时间里，大量潜在的标志物先后被发现，其中也有一部分已经进入了临床阶段。不过，这个方向也并非像想象中的那样简单。

蛋白质组学技术复杂，对仪器操作的要求高。同时，由于生物信息分析的复杂性，目前的实验结果只能在实验室里得到较为理想的结论，而实际应用中的可靠性则存在问题。比如，目前能实际应用于肝癌的标志物只有 α–胎蛋白，它存在于血清中，便于检测且特异性强，但缺点是准确度不理想。

"越是简单的概念、越是简单的方法，得出的结论就越可靠，临床上就越实用。"张辰宇说。他认为蛋白质组学的方法虽然强大，让人们对癌症的发病机理有了更深入的认识，但是把它用于临床检测就太过复杂了。

张辰宇想要从另一个路径攻克癌症早期诊断的难题，他所利用的生物标志物是一种起初并不被人们所看好的物质——miRNA。

miRNA 广泛存在于动物、植物和病毒中。在许多生命活动中，miRNA 都发挥着对信号转导途径的调控作用，这些过程包括胚胎发育，细胞的增殖、分化与凋亡，免疫应答，等等。

科学家最早从血液中检测出 miRNA 时，并没有在生物学界引起很大的反响。因为血液当中提取出核酸并非新鲜事，而且人人都知道"RNA 是不稳定的"，这也就很难让人们看到它的应用前景。

但是张辰宇及其合作者却发现，血液中的 miRNA 是稳定可检测的，甚至比一些蛋白质性质的标志物还要稳定，而且不受检测者本身情绪等干扰因素的影响。他们认为，这很可能是一种比蛋白质更有效的肿瘤标志物。

"对人类癌症中 miRNA 的诊断及其他一些研究的进展，让我们以前所未有的视角了解到癌细胞究竟有何不同。"金茨勒对此也表现出乐观。

miRNA 在各种肿瘤中都有异常表达，因此它的特定变化被认为是肿瘤发生与发展的主要特征之一。目前人体中已知的 miRNA 有上千种，当某种癌症发生时，可能会有一些相应的 miRNA 浓度发生变化。如果能找到这些变化的规律，就能够形成癌症的"指纹"。这就是张辰宇所做的工作。

与蛋白质组学方法类似，只需要抽取少量的血液样本，研究者就能够检测出患者体内 miRNA 的表达谱。不同的是，这在过程上简单许多，只需要在传统的临床仪器中加入一个特定的试剂盒就可以了。

与传统方法相比，在用于非小细胞肺癌的诊断时，miRNA 能够提前 33 个月做出检测。张辰宇的实验室检测了 300 个美国的病例样本，双盲检测之后得到的结论是病例中有 108 例肺癌。这个结果只错了 3 例。张辰宇认为 miRNA 的应用前景在于它操作的简便性：个人诊所规模就可以进行患者的样本采集，再通过早已成熟的定量逆转录 PCR 处理之后就可以代入数据库对比，分析检测结果。

我与他对话的那个下午，他所在的实验室已经建立了容量上万的患者样本数据库，但是他希望在这项技术真正投入使用的时候，这个数据库可以包含几亿个样本，那样分析结果的可靠性又会大大提高。

第二节 | 消失的蜜蜂

在北美，蜂并不是外来物种，但蜜蜂却是。1622 年，蜜蜂被伦敦的一家公司首次从欧洲引入北美洲，用来酿造蜂蜜。尽管第二批蜜蜂时隔 16 年才到达北美，但第一批蜜蜂在"新世界"已经迅速扩散开来。

蜜蜂常常被人赋予象征意义。它们分工明确，每一只蜜蜂在蜂群里都有自己的位置，从不会越俎代庖。每一个蜂群里有一个蜂王，它是由工蜂们以特定的方法喂养幼体而产生的。雄蜂长着大眼睛，用来寻找蜂王。雄蜂与蜂王交配后即会死去。蜂王会跟十几只雄蜂交配，以便储存足够的精子，然后便待在巢里很少外出。它每天会排大约 2000 颗卵，直到四五年后所有的卵都排完了，也就完成了自己的使命。此后，蜂群会有新的蜂王。

蜂群里每天都会有大量的工蜂死亡，这是正常的现象。一只蜜蜂在受伤之后，腿断了或翅膀掉了，是没有办法康复的，它的结局就是死亡。蜜蜂的外骨骼受损了，那血淋巴就流出来，它也不会再好起来，只会死掉。每个蜂群在最好的状态下，一天之内也会有数百乃至上千只蜜蜂死去，这些损失都靠不断出生的新蜜蜂来补充。

天冷的时候，工蜂就聚集在一起，把蜂王团团围住，保持温暖。蜜蜂们会交替站在外围，以便让蜂群的每一个成员都不至于太冷。花开的时候，工蜂们飞出去采集花蜜，有的时候能飞 8 千米远。1 升的蜂蜜是蜜蜂们累计飞行 77000 千米的劳动成果。

蜜蜂的后腿上有一个花粉篮，用来收集花粉。一只蜜蜂需要拜访 1500 朵花才能把它的花粉篮装满。它在花丛中飞来飞去的时候，毛茸茸的身体也会把花粉挂在身上。许多花粉颗粒较重的植物没有办法靠风来传粉，就要依靠这些勤劳又毛茸茸的小动物了。

蜜蜂进入北美洲的 17 世纪正是蜂蜜生产快速发展的年代，到 1730 年，伦敦那家公司已经向葡萄牙出口蜂蜜了。根据其出口量估计，大约需要 17 万箱蜜蜂才能酿出那么多蜜来。

不只是生产蜂蜜，蜜蜂也被人们用来给经济作物授粉。在美国，农场主愿意以 200 美元一箱的价格请来养蜂人。养蜂人开着集装箱卡车，昼夜兼程，把数千箱蜜蜂带到花开的地方。在 2012 年播出的瑞士纪录片《不只是蜜》（More Than Honey）里，美国加利福尼亚州中央谷地是一个粉红色的世界。那里有世界上最大规模的杏树园，杏仁的出口量占到了全世界的 90%。

30 多年前，那里的杏仁并没有这么高的产量，是蜜蜂带来了改变。这个产业不但让养蜂人获得了蜂蜜，也获得了金钱。养蜂人买得起雪佛兰克尔维特跑车。

最早是一个名叫戴夫·哈肯伯格（Dave Hackenberg）的养蜂人让世界注意到蜜蜂病了。他住在美国佛罗里达州，养蜂养了40年。2006年11月12日，他打开自己的400个蜂箱，发现其中的360个都是空的。蜂蜜还在，蜂王还在，但工蜂们都无影无踪了。

在他把这个消息公布给媒体之前，美国的养蜂人其实也已经纷纷发现了空空的蜂箱。而且奇怪的是，蜜蜂消失的事件在2006年集中出现，这是包括蜜蜂专家在内的人都无法理解的状况。蜜蜂是一种行为十分固定的动物，它们从不会这样抛弃蜂王，飞出巢去就不再回来。

这种身长1.2厘米的小动物遭遇了什么？人们发现必须找出蜜蜂消失的原因，因为它们不仅作为一种传粉昆虫与人类的粮食生产关系密切，而且一旦消失的话，地球的生物多样性都可能发生衰退。"由于三分之二的植物是靠蜜蜂授粉的，如果蜜蜂消失了，三分之二的植物也会消失，一半到三分之二的动物也会消失。"我不止一次听到张辰宇这样说。

被科学家称为蜂群衰竭失调（CCD）的情况不但出现在美国，还出现在欧洲、中东和日本。许多人认为这不是一种单纯的疾病，他们在蜜蜂已经拥有的那些象征意义上又加了新的一层：蜜蜂的突然消失可能只是更深层的环境问题的一个写照。

美国作家汉娜·诺德豪斯（Hannah Nordhaus）在《养蜂人的哀歌》（The Beekeeper's Lament）一书中写道："人们给蜜蜂施加了很多东西，蜜蜂们只是背负起来，就像它们负担起所有其他的任务那样，因为它们没有别的选择。它们不能选择如何生活，也不能选择在短暂的生命里做些什么，也不能选择如何死去。蜜蜂可能只是一种小生命，但它们一定背负了巨大的预见性。"

对于导致蜜蜂"神秘"消失的因素，科学家怀疑最多的是杀虫剂的使用。而在所有杀虫剂中，嫌疑最大的是一类被称为新烟碱类的杀虫剂。这类杀虫剂出现于 20 世纪 80 年代，与之前的农药相比，它是一种低毒农药。然而近年来，也有越来越多的证据表明它不像一开始所认为的那样无害。湖南大学的陈明和同事于 2013 年在美国《科学》杂志上发表评论称，新烟碱类杀虫剂对传粉昆虫、鸟类生殖系统和老鼠呼吸系统均有影响。

与传统农药不同，新烟碱类农药不是在空气中喷洒的，而是早在播种之前，农民就会将种子在此类农药中浸泡。这样一来，种子可以免遭土壤中害虫的侵害。但同时，植物长成后就没有一部分是不含农药成分的，包括花粉和花蜜。因此，蜜蜂无论如何也躲不过与新烟碱类农药的接触。2008 年，德国出现了一次蜂群大规模死亡的事件，在短短两个星期里，11500 个蜂群崩溃，蜜蜂尸体堆积如小山。这次事件后查明是使用新烟碱类杀虫剂噻虫胺处理种子造成的。随后，德国禁止了种子公司用噻虫胺处理种子的做法。

不过，由于很难确切知道蜜蜂日常会受到多大剂量的新烟碱类杀虫剂的影响，再加上此类杀虫剂本身已经比以前的农药毒性低很多，所以对于蜂群崩溃是否确由此类杀虫剂引起，科学家并没有确定的答案。研究者们普遍认为，蜂群衰竭失调可能是一系列综合因素造成的。

中国农民也使用新烟碱类农药，但中国并没有发现蜂群衰竭失调，中国农业科学院蜜蜂研究所的蜜蜂病理专家周婷这样告诉我。她认为，这可能是与养蜂人对蜜蜂的照料程度有关。

中国的蜂农一个人只养几十群蜜蜂，最多的时候也只是一两百群，不像美国养蜂人会养上千群蜜蜂。每个星期，中国蜂农都会开箱一次，查看蜜蜂的生活状况，有问题当时就会处理。相比之下，美国养蜂人开着卡车，把蜜蜂放到有蜜源的地方，然后可能三四个月都不去看一眼。"所以蜂群到底是什么时候出事儿的，他们都不大清楚。"周婷说。

养蜂的方法问题也被一些美国专家怀疑是蜜蜂大量死亡的原因，但养蜂人并不接受这种解释。"我已经养蜂几十年了，不太可能我突然在 2006 年忘记该如何做了吧。"美国的养蜂人吉姆·多恩（Jim Doan）从 5 岁就开始养蜜蜂，他在争论中对媒体这样说。

在美国做访问学者期间，周婷就注意到，美国养蜂人一年只对蜂箱除一次螨。而蜂螨是一种对蜜蜂危害很大的寄生虫，它们可以在蜜蜂的幼虫阶段就寄生在其体内。其中最凶险的一种叫作瓦螨（Varroa mite），这种小虫子的外形像螃蟹，因而也有人称其为"蜂蟹螨"。它们不但能吸食蜜蜂的体液，还能传播细菌和病毒。

一种观点认为，瓦螨最初与东方蜜蜂生活在一起，长期进化的结果是东方蜜蜂能够抵抗瓦螨。而 1916 年连接俄国和中国的西伯利亚铁路建成，将东方蜜蜂带到西方蜜蜂的世界中，东方蜜蜂随后将瓦螨传给了西方蜜蜂，而西方蜜蜂对这种虫子完全没有抵御能力。1953 年，第一例瓦螨感染西方蜜蜂的事件出现在苏联,然后迅速传播。根据美国华盛顿州立大学昆虫学教授沃尔特·谢泼德(Walter Sheppard)的说法,如果不采取措施,瓦螨两年就可以毁掉一个蜂群。

然而,另一种可能性是,养蜂人为了防止寄生虫破坏蜂群,会对蜂巢施用杀虫剂。这些杀虫剂会在蜂巢中积累下来,直到蜜蜂不可承受。但是,即便采取措施,一个蜂巢一旦被瓦螨入侵,就会无可救药地走向崩溃。如果不是两年,那么最多是四年。

科学家发现,有太多的因素可能让蜜蜂这种从不离岗的小动物弃巢而去:杀虫剂、蜂螨、病毒、压力、人工喂养造成的营养缺乏或气候变化,甚至有人提出转基因作物和手机辐射的影响。

张辰宇则提出了一个颇为与众不同的猜想:植物的某些 miRNA 对于抑制蜜蜂的生长发育是个必要条件,如果自然界没有这些 miRNA 的话,蜜蜂的社会阶层是无法形成的。即便蜂群能够产生有功能的蜂王,它们也产生不了工蜂,那么蜂群就会消失,最后蜜蜂就会消亡。他认为,现在有这样一种可能性——北美的某些特定植物的 miRNA 发生了变化,使得蜂群不能产生足够的工蜂,而只要工蜂的数量不足,蜂群就会解体。

———— • ————

几乎每次张辰宇在学术会议上报告完自己发现 miRNA 在植物界和动物界之间跨界调控的现象时,听众中总会有一阵骚动。同样是生物学家,他们一时难以相信自己听到的内容。

"确实不符合生物学常识,但我们确实看到了这个现象。"张辰宇会这样回应听众的质疑。

miRNA 跨界调控的一个更大背景是过去 20 年里表观遗传学的革命性发展。相比生物学的历史，表观遗传（epigenetics）这个概念的出现非常晚——它在 20 世纪 90 年代才出现。从单词的构成上来看，它包含了遗传（genetics）和一个 epi- 的前缀，这个前缀在希腊语中的意思是"在……之上"。所以从字面上来看，epigenetics 的含义就是"在遗传之上"，反倒是中文翻译成"表观遗传"常常让人感到摸不着头脑。

遗传这个概念相比之下就悠久许多，从 19 世纪孟德尔种豌豆就开始了，因此它也更加深入人心。时至今日，许多人都认为人的特征和命运是由 DNA 决定的。2017 年，我参加一场腾讯网主办的科普活动，在活动结束的晚宴上，同桌的一位小有名气的科学家就是这样跟席间不大懂生物学的工作人员普及知识的：该吃吃该喝喝，你的健康会不会出问题那是由基因决定的，这是命中注定的事。

不过，有很多生命现象是基因决定论解释不了的。比如，同卵双胞胎，两个人的基因是完全一样的，那么其中一个人得了糖尿病，另一个人是否也注定会得糖尿病呢？研究显示，另一个人也得糖尿病的概率只有不到 50%。这是为什么呢？

历史上最著名的基因决定论无法解释的现象恐怕是第二次世界大战期间荷兰饥荒中出现的事情。从 1944 年 11 月到 1945 年春末，荷兰出现了严重的饥荒，超过 2 万人在这一时期死亡。但这个不幸的事件也给科学家提供了一次难以在实验室中获得的研究机会。他们观察了饥荒对于在这一时期出生的婴儿的影响，结果发现，如果孕妇是在孕期的后几个月经历饥荒，那么婴儿出生时的体重会偏小；如果孕妇是在孕期的前面几个月经历饥荒，那么婴儿出生时体重正常。

长达 40 年的跟踪研究发现了诡异的事情：出生体重较轻的婴儿基本上一辈子都会比较瘦小，即便营养不良问题不复存在；更奇怪的是，出生时体重正常的婴儿长大后往往会被肥胖问题困扰，甚至这些婴儿的下一代也会有肥胖问题！看起来，胎儿时期发生的某些事情影响了他们的一生，这种影响甚至还可以遗传。可是，胚胎形成的时候，他们的基因就已经确定了，这样的现象很难在基因层面去进行解释。

因此，我们必须考虑"在遗传之上"——用表观遗传学才能够解释诸如此类的现象。表观遗传指的是那些在不改变 DNA 序列的情况下产生的可遗传的现象。科学家已经发现了一些机制来实现这一点，比如 DNA 甲基化和组蛋白乙酰化。简单来说，基因就像是亮度可调的灯泡，而这些过程就像是调光开关，它们控制基因是否表达及表达的量是大是小；基因表达出的蛋白质的量不同，也就会在人体中产生不同的效应。实际上，整个过程和机理相当复杂。

举一个发生在我们身上的例子。我们都知道男性的染色体组型是 XY，女性的是 XX。Y 染色体上的基因很少，而 X 染色体上有 1300 多个基因。那么你有没有想过这样一个问题：男性只有一个 X 染色体，它上面的基因表达之后，男性的身体机能是正常的；然而，女性有两个 X 染色体，它们都表达的话，蛋白的量不就是男性的两倍了？女性的身体怎么会是正常的呢？

这个问题的答案是这样的：女性的细胞会以一种尚未被完全理解的机制，使其中一个 X 染色体保持静默，永远只保留一个 X 染色体在工作——即便是在特殊情况下，细胞内有三个 X 染色体时，细胞也知道要使其中两个保持静默，只留下一个工作。细胞是如何"数数"的？细胞如何选择留下哪个染色体？细胞是如何极其有效地静默掉 1300 多个基因的？这些是过去 60 年里生物学家在寻求答案的问题。他们已经得到了一些线索，但离真正找到答案还很遥远。总的来说，这就是极其复杂的、令人叹为观止的表观遗传学过程。

除了直接作用于 DNA，表观遗传还有一种机制，这里就涉及 miRNA。DNA 要发挥作用，需要先生成 mRNA，后者到线粒体中去合成蛋白，由蛋白实现功能，这是遗传信息的标准流程。miRNA 对基因表达的调控并非通过直接作用于 DNA，而是在中间环节作用于 mRNA，由此实现对蛋白生成过程的影响。如果张辰宇和同事发现的动植物之间的跨界调控成立，那么 miRNA 也是以这样一种方式在起作用的。

近年来，张辰宇等人发现了 miRNA 跨界调控的一个旁证，这个证据存在于蜜蜂的世界中。蜜蜂这种动物很奇特，它们在幼虫时期基因型都是一样的，后来才分化为蜂王和工蜂。科学家认为是它们吃的食物决定了它们发育成哪一种身份。关于这一形成机制的研究，大部分都集中在蜂王浆领域。研究者认为蜂王浆中包含了多种营养素、蛋白质和糖，或者是雌激素，这些成分能够刺激幼虫发育成蜂王。而张辰宇等人发现，真正的秘密隐藏在蜂粮与花粉的混合物之中。蜂王浆是从蜜蜂的背囊中分泌出来的，而蜂粮和花粉则来自植物，后两者包含了大量的植物 miRNA。

在实验室里，张辰宇和同事在蜂王浆里加上从蜂粮里面提取的"小 RNA"，包括他们合成的跟蜂粮中一样的 miRNA，蜂王就长不出来了。"小 RNA"通常是转运核糖核酸（tRNA）、核糖体核糖核酸（rRNA）和 mRNA 降解后的产物，在概念上也包括了 miRNA。相反，如果他们把蜂粮里的各类 RNA 剔除之后再喂给幼虫，它们就会朝着蜂王的方向生长。这说明植物的 miRNA 能够抑制蜜蜂的卵巢发育，并让它们的体重和体型都发育得较小。

有趣的是，他们还发现，有十几个重要的 miRNA 在植物中所起的作用是使植物的花变大，花的色泽更鲜艳，香味更浓。从另一个角度上讲，植物的花实际上是为了吸引蜜蜂来为它传粉；而蜜蜂这种社会性动物则利用这些 miRNA，形成了自己的层阶。这种现象在生物学上被称为共进化。

"达尔文发现生物进化以来，我们知道生物之间会互相作用、影响、适应，但共同进化适应环境的媒介实际上一直不是很清楚。在我们之前，从来没有人发现这么稳定的小分子能够在物种间互相传输。"张辰宇对我说。

张辰宇认为，蜜蜂社会中层阶形成的机理，证实了他所提出的越来越成熟的假说——由于细胞外 RNA 的稳定性，细胞外 RNA 介导了物种间的共进化与适应。"生命科学最基本的问题，是生命从哪儿来，到哪儿去，这实际上就是一个适应，对特定时空环境的适应。你不适应了，对人来说就是得病了。"张辰宇说，"那么调节这种适应的因子是什么？如果食物中或环境中有功能的小 RNA 是主要的，那我们就能从一个全新的角度理解疾病的发生，设计新的药物和治疗方式，并且能够在一定程度上预测或者预防生命在特定环境变化时的发展和适应问题。"

第三节 | 上帝的错觉

地球上所有生命的 DNA 都是由 4 种碱基构成的，就人类而言，我们的基因组里有 30 亿个碱基，大约相当于 75 兆字节（Mb）的数据。这看起来并不是很多，毕竟手机上的一个应用程序（App）都能轻易达到这个数据量。然而，这些数据决定了你是谁，可能很大程度上还决定了你的长相、你的体重、你的健康状况，乃至你一部分的命运。

詹姆斯·沃森（James Watson）和弗朗西斯·克里克（Francis Crick）在 20 世纪 50 年代发现 DNA 的双螺旋结构，这成为 20 世纪最打动人心的科学发现之一。许多在那个时代出生、长大的小孩，受到鼓舞，日后在生命科学领域作出了令人瞩目的贡献，这其中就包括后面要讲到的莫德里奇和卢煜明教授。

美国政府从 1984 年开始酝酿"人类基因组计划"（Human Genome Project），这是人类历史上最为庞大的生物学科研项目。它通过基因测序的方法，从物理和功能两个角度去绘制人类基因组上的所有基因。所谓基因组，指的是生物体内遗传物质的总和，在人体中，它包含了那些可以编码蛋白质的基因，也包含了非编码 DNA。"人类基因组计划"自 1990 年启动，到 2003 年才完成。这项工程艰难而庞大，但它让我们有机会以革新性的目光审视自身。

在此之后，基因测序技术的门槛越来越低，一台测序仪只需要花 100 多万人民币就可以买到，这让很多实验室都可以自己进行测序工作。我所在的 3M 实验室也有一台基因测序仪，外观有点像一台黑色的商用打印机。从便捷性上讲，它确实也像是你在自己家里放了一台打印机，不再需要去外面的打印店打印资料。

自 1998 年开始，一家名为"塞雷拉基因组"的私营公司开始与政府资助的"人类基因组计划"各自独立地进行人类基因组测序工作。塞雷拉计划的负责人克雷格·文特尔（Craig Venter）2007 年就将他自己的基因信息在互联网上公开。他认为，如果说在 20 世纪 80 年代，人们简单地认为单一的基因可以对应于人类的某种疾病，或者"基因决定你是谁"，那么现在这些想法已经过时了。只有少数的疾病是由单一基因造成的，而如癌症等许多疾病都是由多个基因的变化共同作用的结果。而且，基因只能给人们带来概率，而不是"是或否"的答案，它不决定你的生活质量。

2008 年，詹姆斯·沃森也公开了他自己的完整基因组。文特尔和他成为最早两名公开全基因组的人。由于沃森的基因组测序采用了新的技术，因而在短短 4 个月之内就得以完成。

2007 年，120 余名科研人员在深圳华大基因研究院开始了第一个黄种人基因图谱的测序工作，这项工作在不到半年后便宣告完成。这张基因图谱被称为"炎黄一号"。得益于技术上的进步，使用名为 Illumina Genome Analyzer 的新一代测序仪，DNA 测序的成本大大降低。与之前人类基因组计划耗资 30 亿美元相比,"炎黄一号"的研究成本仅仅是数十万美元。同时,测序的速度也得到了提高。相比之下,人类基因组计划绘制世界上第一个白种人的基因图谱,耗时10年,有两三千名科学家参与。

随后,华大基因研究院又启动了"炎黄99"的基因测序计划,即对99个中国人进行基因组测序和多态性比较,与"炎黄一号"共同组成100人的基础数据。

2008年初,中国、英国和美国科学家又启动了"千人基因组计划",对世界各地至少1000个人类个体进行全基因组测序。"千人基因组计划这么宏伟的工程在两年前是不敢想象的,现在能够启动归功于测序技术、生物信息学和群体基因组学等学科的发展和技术的进步。"华大基因研究院叶葭博士对媒体这样说。

技术上的进步,让测序从旷日持久的针对单个捐献者的工作,变得有可能在较短的时间内对人群进行。文特尔认为,只有建立起完整公开的数据库,这些大量人群的测序结果才能对医学和人类发挥它们的价值。

然而,美国国立卫生研究院的计算生物学家雅尼弗·埃里奇(Yaniv Erlich)和同事做了一件事——他们将DNA数据库中的信息与公开信息进行交叉比对,发现仅仅如此就可以确定贡献DNA样本的人的身份。他们甚至不需要这些人的DNA样本,而只要连接互联网就能做到。这一发现震惊了科学界。埃里奇被《自然》(Nature)杂志称为"基因组黑客"。

掌握那个DNA数据库的研究机构随即将一些数据从公众视野中拿掉,但有学者评论说:"我不认为把数据从公众视野中拿开就是解决这一问题的方式。"

2013 年，位于德国的欧洲分子生物学实验室（EMBL）首次成功测序了海拉（HeLa）细胞系的基因组，他们宣称测序的数据并不会揭示匿名捐献者的身份。"这个谎撒得漂亮！"埃里奇在推特（Twitter）上评论说。这家实验室随后承认，确实有可能通过公开数据获得捐献者的家族信息。

对于 DNA 数据库与个人隐私之间的复杂关系，杜克大学的研究者们总结了其中具有挑战性的几个方面。由政府掌握的 DNA 数据库可以在质量和安全上得到控制，而私营实体如 NGO，在安全性上则差一些，但能够将滥用权力的可能性最小化。一个国际范围的数据库可以让跨境人口贩卖的数据分享变得更简单，但是考虑到隐私问题，很难对这样大规模的数据库建立管理机构。合作关系的机构之间可以建立数据库的网络，但是需要存在无利益冲突的权威机构来监管在这些数据库中的查询行为。国际合作也存在协调不同国家的法律法规的问题。

"如果说存在一种具有正当性的 DNA 数据的使用方式，那就是用来保护被侵犯人权的受害者和打击拐卖人口。"卡特桑尼斯对我说，"对于许多类型的人口贩卖来说，DNA 是无用的，但如果它能够用来确定一小部分的受害者，那么我们在打击现代奴隶制上就取得了进展。"

一个大胆的想法是，文特尔相信他的公司能够根据基因来判断一个人的长相。如果这项技术成真的话，不但意味着警方能够通过一丁点血迹就能画出嫌犯的样子，还意味着就像前面说的那样，用于研究目的的基因组并不会真的匿名。《美国国家科学院院刊》（PNAS）在发表文特尔的研究时评论说："它在许多方面牵涉到伦理和法律问题，包括个人隐私、知情同意的适当性、数据身份隐藏的可行性和价值，以及用于警方画像的潜力，等等。"文特尔也认为如果能从基因组中读取出人的外貌特征，这对于隐私和个人化医疗中的数据身份隐藏都将构成挑战。

好消息是，并没有很多研究者真的相信文特尔能够做到他所声称的这一点。人类的体貌特征与许多因素相关，即便仅仅是从基因角度来说，人面部的一个特征可能会是由数十个基因共同作用的——它们并非像孟德尔豌豆实验中那样是由单基因控制的。尽管我们已经对基因组做了全面的测序，但得知人类 DNA 的构成是一回事，了解它们的功能则完全是另一回事。对于科学家来说，现在困难的事情不是读取 DNA，而是搞清楚每个 DNA 片段究竟在发挥什么功能。

你可能想过——人类基因组中只有 1% 的部分是用来编码蛋白质的，那么剩下的 99% 是干什么用的？它们为什么会存在？这也是困扰生物学家的一个大问题。在解读基因组这件事上，未知还太多，即便是那 1% 的部分，也比我们通常想象的要复杂得多。

◆

警察赶到丽华小区受害人连倩倩的家里，发现门锁没有被破坏，一开门一群苍蝇飞出来，进去发现没人。从血液痕迹看，刑警林涛分析应该是熟人作案，进门后将利器捅向受害人。法医秦明却说不对，这并不是溅射血而是蝇血，墙上的血迹是苍蝇吃了尸体后到处乱飞留下的，因为灯泡太烫苍蝇不敢靠近，所以灯泡上没有血迹。

秦明观察现场，想象着作案场景。从受害人的颅骨骨折边缘的痕迹看，规律且清晰，法医秦明推断凶手是带着圆形大锤子的装修工人。他连砸两名受害人的头部，导致受害人死亡后，又拖动尸体到厨房进行分尸油炸处理并抛尸下水道。

果然，凶手落网后，法医的推断被证明是完全正确的。

以上是电视剧《法医秦明》的剧情，但灵感也是源于现实的。

同样在司法鉴定领域里拥有丰富经验的法医邓亚军曾经对我说："作为一个法医的判断，我们经常开玩笑，只有这个案子破了之后，你才能知道你的判断对不对。"他们工作中的推断有相当大的不确定性，"有时就看你敢不敢说，如果案子破了以后发现你说错了，人家就会说这法医是什么水平啊。"

分子生物学的进展则正在彻底改变法医这个职业。不仅如此，它还在改变孕妇产前检查，甚至让生物学家有机会通过基因编辑来控制婴儿的表型。在这些时候，分子生物学让人有一种能够扮演上帝的错觉。

通过基因测序，人类在以前所未有的速度了解自身。科学家的目标之一是通过获取海量的数据，来建立起基因与体貌特征之间的关系。对于法医这个职业来说，这一天非常值得期待。

DNA 存在于所有的细胞核中，因而所有的人体有核细胞中都含有 DNA。历史上第一次将 DNA 测序技术应用于刑事犯罪案件的侦破是在 1987 年的英国。后来，DNA 鉴定在刑事案件中最常见的应用是对无名尸体或骨骸进行身源鉴定。

2006 年，美国一个州的警方发现了一名死者的遗骸，他们通过颅像重合、颅像复原等方法，判定出死者为一名黄种人女子。判断的依据之一是她的骨骼比较小，如果是白种人骨骼则会大一些。而一家正在推广 DNA 鉴定技术的公司为骸骨进行了一次鉴定，认为从 DNA 来看，这应该是一名白人。案件侦破之后确认死者是一名白人女子，证实了 DNA 检测的结果。

"现在很多大胆的法医会给出大胆的推测，比方说，凶手心狠手辣，身高有多少。其实，'心狠手辣'，你通过受害人的伤口，多少都能推断出来。"邓亚军说，"现在法医的推断中包含了很多的主观因素。以后 DNA 画像就会给法医增加很多的自信，而且还可以互相做一个验证，根据尸体现场勘查和 DNA 数据，可以给你一个很全面的印象。"

人的一生中，其实有太多的因素和可能性会让 DNA 出错，但现实中我们每个人从胚胎到发育成人，我们的 DNA 却跟最初时的样子保持一致，相同的生命代码伴随我们一生。这也意味着 DNA 一定存在某种修复机制。

发现这种修复机制的关键人物之一是托马斯·林达尔（Tomas Lindahl）。他出生于瑞典，在瑞典时，林达尔读的是医学专业。20 世纪 60 年代中期，他前往美国普林斯顿大学，追随雅克斯·法斯科（Jacques Fresco）进行博士后研究。他当时做了一项和 tRNA 有关的研究，却不曾想到，这对他而言竟然成了一段噩梦般的经历。tRNA 本身非常容易因为遭到污染而发生降解，不管林达尔在做实验时如何努力避免污染，他的 tRNA 都在降解。法斯科把原因归结为林达尔是个"双重残疾"：既是个瑞典人，又是个学医学的（只是源于他对瑞典人和医学生的双重偏见）。他甚至拒绝在林达尔的论文上署名。

但林达尔有自己的见解。他很确定 tRNA 的降解不是因为实验操作中的污染引起的。如果是污染引起的偶然事件，不同的对照组的降解程度应该不同；然而，在他所有的实验中，降解的速率却总是一致的。

"我就想，如果像 RNA 这样的小分子在实验室里就能够以你看得见的速率降解，那么 DNA 呢？"林达尔事后回忆说。

如果从人类受精卵中取出 DNA 分子，把它们排成一线，大概会有 2 米长。当受精卵分裂时，DNA 分子会进行复制，子细胞会得到一套完全一样的 DNA。之后，细胞会再次分裂，2 个变成 4 个，4 个变成 8 个。一周后，受精卵就分裂成了 128 个细胞，每一个细胞都有自己的一套遗传物质。在细胞进行数十万亿次分裂后，一个成年人体内的 DNA 的长度相加已经可以在地球和太阳之间往返 250 次了。

如此巨大的工程，稍有差池，就会乱成一锅粥。事实上，有太多的因素会让 DNA 出错，比如日光中的紫外线，以及各种自身和环境的因素。早在发育为胎儿之前，我们的遗传物质就应该杂乱无章了。但实际上，在我们每个人的一生中，DNA 跟最初的时候没有多少差别。

这并不是因为 DNA 本身很稳定。就像林达尔最初意识到的那样，仅仅是加热就可以让 RNA 降解。尽管 DNA 比 RNA 要稳定一点，但也好不到哪里去。

他认为 DNA 一定有一种自动纠错的机制。20 世纪 70 年代，从细菌的 DNA 入手，林达尔开始了长达 35 年的寻找这种纠错机制的征程。其间，他还因为爱情的原因移居伦敦。虽然居住的国家多次变换，他追寻的问题始终没有改变。

他最先提出了"碱基切除修复"机制：构成 DNA 的碱基容易在生理环境下发生损伤，比如碱基烷基化或者胞嘧啶丢失一个氨基变成尿嘧啶，这些损伤会引发 DNA 的功能障碍。林达尔发现，细胞内有一种蛋白专门寻找一种特定的碱基错误，然后把它修复。

这就好像用石材搭建旋转楼梯的台阶，时间久了石材会被腐蚀或风化从而引起某些台阶的塌陷。DNA 修复蛋白扮演修理工，逐阶而上，发现塌陷的台阶后就将其拆除再用相同的材料补上一级新台阶。

细胞工厂在搭建 DNA 这个旋转楼梯时，由于力学的需要还有一条必须要遵守的规则，即要么是腺嘌呤（A）和胸腺嘧啶（T）搭配，要么是胞嘧啶（C）和鸟嘌呤（G）搭配。然而由于工程浩大，搭建的过程中难免会出现原料搭配的错误，比如把胸腺嘧啶（T）和胞嘧啶（C）混在了一起。这种错误的搭配在学术上叫作"碱基错配"，它的出现会让碱基对非常不稳定，容易断裂。

美国化学家保罗·莫德里奇（Paul Modric）发现的一种修复机制，能让错误率降低到千分之一。他发现，细胞在搭建楼梯时，会在楼梯的一侧打上一种叫"甲基化"的标志。当修复蛋白发现"碱基错配"的台阶时，会以"甲基化"标记这一侧的碱基为准，替换另一侧的碱基。这个过程就像编辑在审阅稿件时，修改其中的差错。在健康细胞中，细胞分裂一次平均会产生 1 个突变，而假如没有这种修复机制，突变数量会增加到 1000 个左右。

拥有土耳其和美国双重国籍的阿齐兹·桑贾尔（Aziz Sancar）对 DNA 修复的兴趣源自在伊斯坦布尔攻读医学学位期间。他当时注意到一种近乎魔法的现象：用致命计量的紫外线照射细菌后，如果用蓝光照射它们，它们就会迅速康复。他十分好奇这种现象是如何产生的。

1976 年，在美国得克萨斯大学的实验室里，桑贾尔与合作者就细胞如何修复紫外线造成的损伤进行了研究。他的博士论文也是这个题目。然而，没有人对他的研究感兴趣。他申请了三次博士后职位，均被拒绝。最后，他只好在耶鲁大学的实验室里以技术员的身份继续研究。

他最终发现了 DNA 损伤修复的第三种途径——核苷酸切除修复机制。紫外线的照射会让 DNA 上相邻的嘧啶形成嘧啶二聚体，这会使得旋转楼梯的局部结构发生扭曲，这样的错误修复起来相比单纯地修复某一级台阶要复杂得多。DNA 修复蛋白扮演的修复工需要首先找到发生吡啶二聚体损伤的台阶，然后分别向上、向下找到处于扭曲结构中的所有台阶，再将这些台阶全部敲除、重新搭建，以确保旋转楼梯回归正常的螺旋结构。

DNA 修复机制的三位发现者有着不同的人生轨迹，其中最顺遂的应该是莫德里奇，他可以说是生逢其时。莫德里奇出生在美国新墨西哥州北部的一个小镇，家的周围被大自然包围，生态环境变化巨大，这让他从小就对自然界产生了兴趣。他的父亲是一名中学生物老师。1963年，莫德里奇读高中，DNA的双螺旋结构刚刚被发现10年，父亲对他说："你应该了解一下DNA这玩意儿。"

后来，莫德里奇真的就一辈子都在了解"DNA这玩意儿"。在回顾他的研究生涯时，莫德里奇这样说："科研让我喜欢的一点就在于解决问题的过程。我并没有感到很急迫。一点一滴的进步都让我感到巨大的满足。"

———— ◆ ————

遗传学在另一个方向上的应用，是在人出生之前。这里要提到的一个代表人物是卢煜明。

卢煜明于1963年出生于中国香港九龙，妈妈是一名音乐老师，爸爸是一名精神科医师。他有一个弟弟叫埃里克。成长于同样的家庭环境中，但兄弟俩的爱好截然不同。埃里克喜欢弹钢琴，长大当了律师；而卢煜明从小喜欢看《国家地理》（*National Geographic*），对和技术相关的事情更有兴趣，比如计算机和摄影。

卢煜明小学时学习成绩优秀，通过激烈的竞争，考入了香港著名的圣约瑟书院，在那里度过了他的中学时代。也就是在这个时候，他在生物学课本上看到了沃森和克里克站在剑桥大学校园中的照片。生物学在他的心中埋下了一颗种子。

20世纪80年代初，现今已经司空见惯的PCR技术刚刚被发明出来。卢煜明进入剑桥大学学习基础医学时，在上学的第一年就接触到了这种可放大扩增 DNA 片段的新技术并迅速上手。该技术为卢煜明打开了一扇通往崭新世界的大门。这种技术操作起来非常简单,只需要将带有 DNA 片段的培养皿放进去,仅一个小时,就能让 DNA 片段在生物体外扩增,省去了以前耗时繁复的在生物体内扩增的步骤。

卢煜明从剑桥大学毕业后,来到牛津大学攻读博士学位,在病理学家肯尼斯·弗莱明(Kenneth Fleming)的实验室里使用 PCR 技术进行了一系列的研究。弗莱明教授在向我回忆他当年的这名学生时,不吝赞美之词。他看到的卢煜明是一个精力充沛的人,而且是一个"问题解决者",总是能透彻地思考问题并找到解决方案。令弗莱明印象深刻的是,卢煜明不但能够进行大量的阅读和思考,而且乐于动手。"他有时间就用来工作,"弗莱明说,"一流的头脑,加上卓越的操作能力,就是一个无法阻挡的组合。"连弗莱明的孩子们都喜欢卢煜明,因为这个热爱计算机的大哥哥总是会花上一些时间带着他们玩电脑游戏。他还喜欢去探索各种餐馆和美食。

作为一名医学专业的学生,卢煜明需要在不同的科室实习。这段经历最终让他找到了自己的研究方向——产前检查。

羊膜穿刺术是一项已经被写进遗传学教材的传统技术,它能够让医生在婴儿出生之前就确定孩子是否患有遗传疾病,比如诊断出染色体数量异常所带来的唐氏综合征。然而,这项技术是侵入性的,会增加流产的风险。通常情况下,怀孕 16 周的流产风险是 2% ~ 3%,而实施羊膜穿刺会增加 0.5% 的风险,也就是平均 200 名接受产前诊断的孕妇会有一名因此流产。

有没有一种方法能够避免这种风险？这是卢煜明在妇产科实习时思考的一个问题。他想到，也许可以使用 PCR 技术来检测那些进入母体循环的胎儿有核细胞，这样一来，不做羊膜穿刺便可获知胎儿的 DNA。他开始把这个问题当作博士阶段的课题来做。

没有花费很大的工夫，卢煜明就在母体循环中找到了胎儿的有核细胞。看来开局良好。然而，当时的卢煜明并不知道，他正走进一条死胡同。后面的 8 年里，他想尽办法，目标却始终遥不可及。"我试图找到来自循环胎儿有核细胞的遗传信号。"卢煜明回忆当年的情况时对我说，"然而，由于这种胎儿细胞太稀少了，我无法获得可靠和一贯的信号。"这是一个始终困扰着他的巨大问题。

"他阅读文献，跟人交谈，思考，然后得出可能的解决方案。"弗莱明说，"在我的经验中，Dennis（卢煜明英文名）从来没有表现出挫败感。"

然而事情仍然不顺利，这件事根本就不可能做到。"尽管我没有达到使用循环胎儿细胞来进行临床应用的最终目标，但这些早年的经历也是非常有用的。"卢煜明说，"因为我想出了各种各样的方法，来检测低浓度的目标。"

在他的哲学里，研究者应着眼于解决眼前一个一个的小难题，所以即便是在那段最困苦的日子里，他仍可以看到自己是在进步的。他仍然发表了很多研究结果，而所有这些小进展最终将带来一个大突破。

香港回归前夕，许多不错的研究职位在香港空缺了出来，卢煜明在此时谋划着回到自己的家乡。与此同时，《自然·医学》

(*Nature Medicine*)发表的两篇文章引起了他的注意。在这些文章中,作者报道在癌症患者的血浆中检测到了肿瘤的DNA。这让卢煜明产生了一个大胆的想法:肿瘤在癌症患者体内生长,与胎儿在母体内生长,是多少有些相似性的;既然可以在癌症患者的血浆中找到肿瘤的DNA,那么在孕妇的血浆中找到胎儿的DNA也应是情理之中!

与之前的思路不同,现在要找的是那些游离在细胞之外的胎儿DNA,而不是胎儿的细胞。他和同事詹姆斯·温斯考特(James Wainscoat)开始从这个方向入手。他们面临的主要挑战是,如何将微量的胎儿DNA从母体血浆中提取出来。这个时候,泡面为卢煜明带来了灵感。

"在我第一次操作检测游离的胎儿DNA时,我把血浆煮了煮,然后取用很少量的'汤'来做PCR。这跟我煮泡面的过程是相似的。"卢煜明对我说。

当然,他并不是真的用火去煮。那个时候,DNA提取的技术还不成熟,所以卢煜明的做法是,先把血浆或血清加热,使蛋白灭活,因为这些蛋白如果有活性的话可能会降解DNA或者影响PCR的活性。接下来,用最高速度离心,把变性的蛋白沉淀下来。最后,直接吸取上清,用里面的DNA做PCR。卢煜明用自创的"土方法"完成了提取过程,而今天的方法一般是酚氯仿法提取DNA。

"当我在母体血浆中检测到游离的胎儿DNA时,我已经使用胎儿细胞在非侵入性产检领域工作了8年,所以我非常了解这个领域的文献。我非常清楚地知道,游离的胎儿DNA是此前从未被提及过的。"卢煜明向我回忆说,"所以真的是非常激动!"

卢煜明很快把他的发现写成论文发表在《柳叶刀》上:母体血浆和血清中存在胎儿 DNA。许多科学家最初看到这篇文章时都感到惊讶。他们中的很多人一时之间甚至没有意识到这项发现的应用前景有多么广阔——许多人仅仅想到可以用这个技术来确定胎儿的性别。

香港回归之际,卢煜明回到了自己的出生地香港,加入香港中文大学。

2009 年的一天,卢煜明跟太太艾丽斯(Alice)去 IMAX 3D 影院观看《哈利·波特与混血王子》。那个时候,他正在思考如何使用母体血液对整个胎儿基因组进行测序的问题。这个问题困扰他有一段时间了。当银幕上一个巨大的"H"(哈利·波特的 logo)飞向卢煜明的时候,它在卢煜明的脑海中幻化成了同源染色体,这使得他思考良久的问题突然有了答案。

2010 年,卢煜明和同事发表文章,说明游离的 DNA 片段可以用来重建胎儿的完整基因组,并可用于无创产前诊断。他这样形容"重建"的工作:"我们的工作好比要完成一个有数百万片的拼图。此外,因为母体血浆内的胎儿 DNA 是被大量孕妇本身的 DNA 包围着,我的工作便好比在拼图前,再加进多个其他的拼图,然后才开始拼合原先的第一个拼图。"然而他真的完成了这样复杂的工作。

在今天典型的临床操作中,大约在怀孕 10 周之时,孕妇会进行一系列的产前检查。医生需要根据孕妇的年龄、超声波结果,乃至对血液中特定激素和蛋白的检测,来综合判断胎儿患有唐氏综合征的可能性。如果一名妇女被认为具有高风险，那么可能会继续进行血浆 DNA 检测，以获得更加确切的结果——这就是卢煜明发展出来的技术在今天的一种应用。

唐氏综合征并不是一种由基因突变引起的疾病，它是因染色体异常而引起的。患有唐氏综合征的儿童，其 21 号染色体包含了三条染色体，而不是正常情况下的一对。这给他们的发育和健康带来许多严重的问题。

另一种疾病，名字听起来可能陌生一点——先天性肾上腺皮质增生症（CAH），患有这种疾病的胎儿会制造过量的雄性激素。因此，如果是女孩患有这种疾病，她出生后将会带有男性生殖器。但这种情况如果发现得足够早，是有可能被逆转的。血浆 DNA 检测最早可以在怀孕 7 周的时候就发现该病，而只要在怀孕 9 周之前，就仍有机会通过给母体施用甾类激素的方法，来避免胎儿产生过量的雄性激素。

卢煜明的血浆 DNA 检测方法从 2011 年开始用于检测唐氏综合征和其他染色体异常。这项检测在今天已经可以在超过 90 个国家进行，数百万妇女从中受益。

"我就像是一个科学旅途中的旅人，去一些我从未去过的地方，才有可能成为第一个看到某些'风景'的那个人。"卢煜明曾这样说，"成为第二名，就意味着成为失败者中的第一名。"他总是想成为第一个看见"风景"的那个人。

1984年10月的一天，英国莱斯特大学年轻的生物学家亚历克·杰弗里斯（Alec Jeffreys）在做实验时遇到了灵光一现的时刻。他发现每个人的DNA是不同的。尽管人与人之间DNA的差异不大，但在DNA序列的某些区域，存在一些会重复的序列，而每个人重复的次数是不同的。杰弗里斯把这些区域称为"微卫星"。他意识到，通过检测"微卫星"，可以确定一个人的身份。

这项技术后来被广泛应用在法医学中，用于通过毛发、皮肤、血液等来确定死者或犯罪嫌疑人的身份。它也被用于认定孩子的父亲是谁。还有一些医学研究会用到这项技术，比如癌症和某些遗传疾病。

杰弗里斯意外发现基因"指纹"只是一个开端。两年之后，就有科学家提出了人类全基因组测序的设想。到21世纪初，人类基因组中超过90%的部分已经得到测定。在此期间，科学家也越来越多地认识到了特定基因的功能，包括某些基因与疾病之间的关系。看起来，基因"指纹"和基因测序已经成为医学研究和现实应用中的强大工具。

然而，到了2008年，杰弗里斯却发现基因信息的采集和储存成了"令人关注的伦理和社会问题"。在英国，政府建立起来的DNA数据库包含了数以百万计的个人资料，这其中不光是罪犯留下了记录，还有很多引起警方注意但未被定罪的人也被记录在案。

在2013年发表在《遗传学趋势》（Trends in Genetics）杂

志的文章中，美国杜克大学基因组科学与政策研究所的乔伊斯·金（Joyce Kim）及同事总结了DNA采集带来的人权困境。他们指出，如今许多国家都在建立庞大的DNA数据库，这些数据库在打击犯罪，尤其是拐卖人口方面建立了功勋，但是对于基因信息的干涉本身却也被视为对人权的侵犯。"至关重要的是，这些做法应该是有效的、可以负担得起的、保护个人隐私及限制滥用权力。"金等人写道。

美国宾夕法尼亚大学的著名生物伦理学家阿瑟·卡普兰（Arthur Caplan）曾指出，没有一项站得住脚的理由可以说明在基因信息的问题上"牺牲小我"是正当的。

卡普兰认为，由于基因数据可以揭示一个人健康、历史和行为方面的敏感信息，因而当军队、政府、警察、医疗系统、研究者要获取你的基因信息时，你应该有权利决定谁可以因何目的查看你的基因信息。也许你的爱人希望你提供基因信息，以便亲属能够以更高的准确性来查看某些疾病的潜在风险；也许军队需要采样，以便万一你在战场上阵亡，能够确定你的身份；也许你是孩童，大人们希望保留你的DNA数据，以便万一你丢失了，方便寻找；或是假如发现你有患某些疾病的风险，可以进行早期干预，改善你的生活质量。

研究人员普遍认同的一个负面影响是，假如别人能获得你的基因信息的话，可能会带来社会歧视。比如老板可能会因为你在未来有患上精神疾病或令人衰弱的疾病的可能，而认为你不适合某个工作；或者在学校考虑录取你时，又或者在保险公司评估你的投保时，都可能受到你的基因信息的影响。

"在美国,我们有《遗传信息反歧视法案》(GINA),保护个人不被雇主和保险公司歧视。但我确实认为歧视是可能发生的,我担心这种状况会在其他没有类似法案的国家出现。"杜克大学基因组科学与政策研究所的萨拉·卡特桑尼斯(Sara Katsanis)这样对我说。

就在我在南京的那段时间里,美国生物伦理领域的专家们提出了一个准则,要求临床医生在对病人进行外显子组测序和基因测序时,要对偶然发现的某些基因进行报告。不管测序的初衷是否为测定这些基因,一旦医生发现了它们,就应该告知患者。在初步的框架中,生物伦理专家列出了57个需要报告的基因。

这57个基因中,包含了24个与癌症和良性肿瘤有关的基因、31个与心血管疾病风险有关的基因及与麻醉剂过敏相关的2个基因。准则的提出者认为,在临床上,这些基因的发现也许是检查过程中附带的,但它们具有很高的医学价值,也对患者的健康具有潜在益处。他们还提出,要对儿童和成人一视同仁,儿童检查出这些基因也要报告。即便携带某些基因的儿童可能在成年后才会有较大的发病风险,他们的父母也要被告知检测结果,因为这些结果可能对评估家族中成年人的健康状况也有用处。

这一准则的起草人之一、美国国立卫生研究院的莱斯利·比泽克(Leslie Biesecker)认为这一准则成为"医学基因组学领域的分水岭","它将让我们开始实践预测医学"。

然而,这一新的准则让许多医学研究者感到非常为难。美国明尼苏达大学的苏珊·沃尔夫(Susan Wolf)及同事就表达了对这一准则的诸多质疑。他们指出,患者有权拒绝不想要的医学检查及这些检查所揭示的信息，而现在这项准则造成患者要么完全拒绝基因测序，要么就要接受附带的信息，这违背了患者选择"不知道"的权利。

他们说，在许多情况下，患者可能会拒绝此类检查和信息。比如说，患者可能已经患有严重的疾病，正在与癌症作斗争或是处于生命的末期，那么这些信息对他们来说就是额外的包袱，并不会带来益处。患者还有可能担心医学检查的结果在职场上给他们带来歧视。

沃尔夫等人也指出，儿童的遗传隐私需要得到保护，要等到他们成年之后根据自身的利益来自行决定是否得知这些信息。他们同时认为准则的起草者对 57 个基因的选择是"武断的"。

卡特桑尼斯却不这么看。"我不同意说向患者报告偶然发现会侵犯他们的任何权利。恰恰相反，我认为不向患者报告一个已知的缺陷，这才是侵犯了他们的知情权。"她对我说，"随着事情的发展，这项政策将会成为医疗知情同意的一部分，那种情况下，所有的患者都知道基因测序可能带来意料之外的结果。"

◆

随着科学家对人类基因组了解程度的增加，人类的未来或许会像 1997 年的电影《千钧一发》(Gattaca) 所表现的那样，人们可以通过基因组修改来获得完美的婴儿。

早在 1987 年，日本的一个研究组在研究大肠杆菌的时候，发现了一件"不同寻常"的事情：大肠杆菌基因组上有许多直接重复的核苷酸序列。他们当时并不理解基因组呈现这种状态的功能是什么。后来，西班牙的一个研究组发现，不仅是大肠杆菌，其他许多微生物的基因组也存在这种规律。

直到 2005 年之后，多个研究组才将序列重复与细菌的免疫联系起来。他们发现，这些重复的序列常常与外界某些噬菌体的 DNA 序列是匹配的。它们就像是细菌的一种"记忆"。一旦细菌曾经被某种噬菌体入侵过，它就记录下噬菌体的 DNA 序列，下次再遇到同一种噬菌体的时候，就能够识别出来。

细菌体内有很多与外来 DNA 同源的 DNA 序列，当有外来 DNA 入侵时，细菌体内的同源 DNA 序列就转录激活形成复合体，特异性靶向外来 DNA 序列，通过一种名为 Cas9 的蛋白质将外来的 DNA 序列进行双链剪切，从而防止外来 DNA 在细菌内表达，影响细菌自身的生存。

这些发现让科学家想到，可以人为地利用相同的原理对动物细胞的基因组进行修改，由此诞生了"规律成簇的间隔短回文重复序列"（简称"CRISPR"）工具。在它之前，科学家已经发明了两种工具，一种是"锌指核酸酶"（ZFN），一种是"转录激活因子样效应物核酸酶"（TALEN）。在这些方法的帮助下，基因敲除的小鼠在实验室中已经十分常见，也有研究者希望通过基因组修改的技术来治愈艾滋病。

三种工具中最简单易行的就是 CRISPR，它在 2013 年被美国《科学》杂志当作年度科学突破的成果来进行介绍。其他两种工具都需要制造特定的蛋白来靶向特定的基因序列，而 CRISPR 并不需要，因为它只是利用了 RNA 和 DNA 的配对。CRISPR

有多简单?《麻省理工科技评论》(*MIT Technology Review*)是这样说的:"任何懂得分子生物学技巧并知道如何处理胚胎的科学家都能做这件事。"

首先,借用一种无害的病毒,向导RNA、剪切蛋白和替代DNA被输入细胞中。然后,向导RNA和剪切蛋白贴上目标DNA。剪切蛋白将DNA的双链剪断,细胞自身的DNA修复机制马上会启动对DNA的修复,此时作为替代的DNA片段被接入原有的DNA。这样,就完成了对基因的修改。

2015年3月,美国生物学家费奥多·乌诺夫(Fyodor Umov)和同事在英国《自然》杂志上发表了一篇文章,称他们的圈子中有一个传言:一项利用基因组修改技术改变人类胚胎的研究很快就要发表出来了。乌诺夫是最早发明基因组修改技术的人,他所创造出的技术就是锌指核酸酶。然而,乌诺夫和同事对最新的进展所表现出的并不是欣喜,而是沉重的担忧:"在我们看来,运用现有技术对人类胚胎进行基因组修改,可能为后代带来无法预测的后果。"

一个月之后,传言中的研究成果正式发表出来了。时任中山大学生物学副教授黄军就的研究组报告他们首次对人类胚胎进行了基因组修改。在他们的研究中,科研人员尝试通过修改人类胚胎基因的方式,来避免一种致命的疾病——乙型地中海贫血。他们一共实验了86个胚胎,其中有28个获得了成功。研究者称,他们所使用的是不能成活的胚胎,也就说这些胚胎并不会诞生婴儿。然而,这项研究仍然不出意料地引起了生物学家们的激烈争议,有人称这可能是人类走上设计婴儿的"滑溜斜路"的起点。

这是一项可以与气候变化相提并论的争论。它所涉及的技术可能会治愈包括抑郁症和艾滋病在内的多种重大疾病，但也让人担心会给人类带来一场前所未有的灾难。它被证明能够用于人类细胞仅仅是几年之内的事，但它发展迅猛，就连这个领域中的科学家都感到跟上最新进展是一件吃力的事情。

2015 年 12 月，世界上基因研究领域的顶尖学者聚集华盛顿，召开了为期 3 天的人类基因编辑国际峰会。会议上，学者们探讨了"基因编辑"这项革命性技术带来的科学、伦理和监管问题。在华盛顿会议结束后发表的声明中，与会者称，"进行任何生殖细胞的基因编辑的临床应用都是不负责任的"，并且"任何临床实验都必须在适当的监管下进行"。

英国《新科学家》（*New Scientist*）杂志在一篇社论中指出，华盛顿峰会的参与者中有当年推动过阿西洛玛会议的人士，希望他们能够"吸取历史的经验"。

1975 年，超过 150 名来自世界各地的著名生物学家在美国加州阿西洛玛（Asilomar）召开了一次会议，围绕 DNA 重组技术的生物安全性展开了激烈的讨论。当时，DNA 重组技术刚刚兴起，科学家成功地将两个不同物种的 DNA 连接起来，通过这一手段，可以把哺乳动物中合成胰岛素的基因转入细菌内，利用细菌快速繁殖的特点，生产提取丰富的胰岛素。然而，该技术也可以将其他物种的基因引入哺乳动物甚至是人类细胞中，这一可能性引发了科学界对于人工改造人类遗传基因的担忧。通过阿西洛玛会议，科学家确立了重组 DNA 实验研究的指导方针，同时就一些暂缓或严令禁止的实验达成共识。

而如今，基因编辑技术又把人类带到了一个十字路口。它能够"关闭"某些基因，也能够给人增加特定的基因。这样的技术以往通常是在科幻影视作品中看到的。尽管人为修改人类 DNA 在现实中也早就不是一件新鲜事，但从没有一项技术能够像 CRISPR 这样精准和高效地完成这件事。在实验室中，使用传统的 DNA 同源重组技术构建基因敲除小鼠不仅操作繁琐、花费昂贵，而且需要耗时 1～2 年的时间。而使用 CRISPR 技术成本较低，而且只需要掌握最基本的分子生物学手段便可以在短短 3 个月内实现基因敲除。

自 2012 年 CRISPR 技术被阐明后，科学家已经陆续运用该技术为人类健康与疾病治疗领域带来了诸多福音。实验证明，使用 CRISPR 技术敲除感染动物细胞的乙肝病毒内的致病基因，可以有效地杀死乙肝病毒，为彻底治疗乙肝带来了希望。细菌的抗药性是人类对抗细菌过程中难以突破的屏障，然而使用 CRISPR 技术敲除赋予细菌抗药性的基因，则能够大大提高抗生素的效用。

随着 CRISPR 技术的发展，越来越多的人意识到它不仅可以用于改造病毒、细菌和普通哺乳动物的细胞，人类基因组也可以成为 CRISPR 的编辑对象。人们担心这项技术可能带来"定制化的婴儿"。婴儿在出生前，其基因就可以根据需要进行修改。一些来自父母的遗传疾病可以被消除，而父母缺乏的基因也是可以被添加上去的。理论上说，这可能改变孩子的发色、肤色，乃至智商。而且，这些基因上的修改有可能会被遗传下去，最终的效应难以预料。

"我希望人们不会有去追求利用这项技术改变人类特征的

想法。"CRISPR 技术的发明者之一、法国微生物学家埃马纽埃尔·卡彭蒂耶（Emmanuelle Charpentier）认为，"当把它用于治疗和预防目的——而不是用于制造可以在人种中遗传的特征，那么讨论的重点就会是，对于某些特定的疾病，也许进行胚系基因编辑是可以考虑的方式。""届时，问题就变成，社会是否想迈出这一步。"她继续说，"从哲学上和社会学上来说，我对此存有诸多疑虑。"

科学家的担心，包括基因编辑过程中的"脱靶效应"，即实际发生改变的基因并非实验者的预设。科学家在猴子身上的实验就显示，CRISPR 在受精卵中删除或废掉一个基因的有效率是 40%，而如果要做特定的修改，有效率更是低至 20%。黄军就等人在人类胚胎的实验中，有效率大约也只是 30%。此外，参加 2015 年华盛顿会议的学者们还指出："考虑到与其他遗传变异和与环境的相互作用，想要预测基因改变在人群中所带来的有害效应是困难的。""一旦将（基因）修改引入了人类种群，遗传的变化将很难被消除，也不会仅仅局限在任何单一的社群或国家。"参与会议的 12 人在声明中说："对特定人群进行永久性的基因'强化'，可能会导致社会不公，也有可能被强制使用。"

在会议过程中，科学家探讨了基因编辑技术用于"强化人类"的可能性。它是否能够把人类改造得对疾病更具抵御能力，或者提高人类大脑的认知能力。"结论是——怀有敬畏之心。在我们对人类基因池做出任何永久性改变之前，我们应该极为谨慎地行事。"麻省理工博德研究所的艾瑞克·兰德（Eric Lander）这样说。

中国科学院上海生命科学研究院的李劲松本来是要参加华

盛顿会议的,但由于签证原因未能成行。他在电话里对我说,在他看来,用基因编辑技术对受精卵直接进行编辑来治病的做法,是需要非常谨慎的,其安全性需要进一步评估。"我也是不建议这么去治病的。"他这样说。同时,李劲松还认为我们不能用基因编辑的方法去选择性状。比如你想给孩子一双蓝眼睛,我们也知道控制蓝眼睛的基因在哪里,然后用基因编辑的方法去实现这一点,但这是违背伦理的操作。

在 2015 年的华盛顿会议召开 14 个月之后,人类基因编辑研究委员会发布研究报告,提出了基因编辑在科学问题、伦理问题及监管问题 3 个方面的原则。对于生殖基因编辑,报告中要求,有令人信服的治疗,或有预防严重疾病、严重残疾的目标,并在严格的监管体系下使其应用局限于特殊规范内,允许临床研究试验;任何可遗传生殖基因组编辑应该在充分的持续反复评估和公众参与条件下进行。

看上去,这份报告并没有完全禁止对生殖系统基因进行编辑,但它提出的 10 条标准其实是相当苛刻的。这 10 条标准是:缺乏其他可行治疗办法;仅限于预防某种严重疾病;仅限于编辑已经被证实会致病或强烈影响疾病的基因;仅限于编辑该基因为人口中普遍存在,而且与平常健康相关、无副作用的状态;具有可信的风险与可能的健康好处的临床前和临床数据;在临床试验期间对受试者具有持续、严格的监管;具有全面的、尊重个人自主性的长期多代随访计划;和病人隐私相符合的、最大程度透明度;在公众的广泛参与和建议下,持续和反复核查其健康与社会效益及风险;可靠的监管机制来防范其治疗重大疾病外的滥用。

相较于直接编辑受精卵这种风险难控的操作，李劲松认为他有一个更好的主意。简单来说，他的策略就是避开胚胎，采用精原干细胞来介导基因编辑。他在自己的实验中，先从将小白鼠的睾丸中带有白内障基因的精原干细胞分离出来开始。"精原干细胞的优势就是可以在体外培养传代。"他对我说，"我们的实验室证明，精原干细胞在体外养个两年，再移到体内，同样可以产生有功能的精子。"这样就提供了一个很好的体外系统，科研人员可以做各种各样的分析，证明遗传缺陷被修复了并且没有脱靶现象产生，然后再将这种安全的细胞移到体内去。"那后代就可以保证是健康的。"李劲松说。

在李劲松的实验室里，本来带有白内障基因的小鼠，经过精原干细胞介导的基因编辑之后，100% 成长为健康的小鼠。"我认为这种用所谓生殖前体细胞介导的过程，也许是将来可以用于人类的、用于治疗遗传疾病的一种比较靠谱的方式。"李劲松对我说。

第四节 ｜ 相信与不相信

在日本和美国生活的那段时间里，张辰宇喜欢一个人在夜间的雪地里开车。无边无际的黑暗里，车灯照亮了极其有限的一部分空间，那种感觉，就像是只有他一个人存在于世界上。张辰宇很喜欢这种感觉，但又说不上来是为什么。直到有一次，他在中国乘坐高铁，整个车厢里只有他一个人，当年雪夜开车的感觉重现了。"我突然发现,实际上我是对时间恐惧。"他对我说,"因为在那一瞬间,在那个场景下,空间有一种不变,这让我感觉到时间是凝固的。"

在人类学家沙伦·特拉维克(Sharon Traweek)所著的《物理与人理:对高能物理学家社区的人类学考察》(Beamtimes and Lifetimes: The World of High Energy Physicists)一书中,她描述了物理学家的类似感受:"高能物理学研究的内容,它对基本粒子相互作用的种种解释,屏蔽了时光稍纵即逝、生若蜉蝣的顾虑。他们确信,最深刻的真理一定是静态的,与人的意志薄弱和傲慢自大无关。"

生物实验室里的工作又何尝不是如此。当你站在科学的前沿,走到了从没有人来过的地域,周围是一团漆黑的,你手中的培养皿就是那雪夜里的车灯,以微弱的光芒照亮一小片区域。这个时候,全世界只有你一个人,时间好像凝固了,你在探索生命世界纷繁复杂的表象之下那静态的真理。

今天的生物学初看起来十分强大,它所发展出的技术在短时间之内就能测出人类的基因组,可以靠基因来推断人的长相;它在胎儿出生前,就能预测孩子可能会得什么疾病;它可以越来越早地发现癌症早期的踪迹;它甚至可以通过改变胚胎或生殖前体细胞的基因来获得"完美婴儿"。

然而,这只是车灯照亮的那小小的一部分空间。在亮光之外,是无边无际的未知与黑暗。你只需要追问一两个问题,马上就会走出光亮照到的区域。人类 DNA 上那 99% 的不编码蛋白质的部分是做什么的?它们为什么要存在?有些比人类简单很多的动物，DNA 编码的数量却是人类的几百倍，为什么是这样？女性身体中多余的 X 染色体是如何被"静默"掉的？癌症是怎么发生的？人类有没有寿命的极限？植物的 miRNA 是否真的会影响人类，甚至导致蜂群的消亡？

当你到达光亮与黑暗的交界之处时，你不知道周围有什么，你甚至不知道该往哪个方向走。在教科书上，科学的认知是黑白分明的，非对即错的。那些认知看起来顺理成章，乃是因为那都是早被前人照亮的部分。这很容易让人误认为科学研究的过程也是黑白分明的——针对一个现象，做一些实验，实验得到一组数据，事情也就水落石出了。实际的过程远远没有这么泾渭分明。很多时候，你不知道自己该相信什么。或者说，你必须"相信"你所做的方向是正确的，你提出的假说是成立的。你的同行则可能完全"不相信"。

这就是张辰宇所遇到的问题。在他实验室的那段时间里，我听到最多的两个词就是"相信"和"不相信"。他们把论文投给学术期刊，审稿人不相信他们的发现，或者，审稿人已经相信了，但期刊编辑仍然不相信。约翰·霍普金斯大学的研究人员写了一篇论文，称无法重复出 3M 实验室得到的结果。张辰宇实验室的研究人员就赶紧买了一大袋水果，分给研究生吃，然后抽血做分析，想要找出植物 miRNA 进入血液的证据，再发一篇文章去反驳。这样的争论可以旷日持久地进行下去，直到买水果的日子过去了 4 年。再次谈起这件事，张辰宇对我说："约翰·霍普金斯的那小子现在还是质疑。"

把蜜蜂层阶形成的研究结果做出来之后，张辰宇的研究组首先把论文投给了《科学》和《自然》，这两份杂志就像以往那样直接拒绝了他们的论文。张辰宇随后把论文投给《细胞》，《细胞》请了4位审稿人，审稿人有的认为他们的研究一点都不新颖，有的则认为太过新颖。张辰宇用了论文正文3倍的篇幅去回应审稿人意见，然而最终期刊编辑仍然拒绝发表。到最后这篇论文在另一家刊物上发表出来时，时间已经过去了两年半。

对于蜜蜂论文审稿过程中审稿人所流露出的质疑姿态，张辰宇认为其中很多质疑不是出于科学，而是出于情绪。"他们一辈子都在做蜂王浆怎么样，我们做出来了以后呢，这位审稿人应该不是特别喜欢。这个我倒是能够理解，可能年龄比较大吧，不喜欢这种新的东西。"他这样说。

国际上的一些研究人员不相信，国内的一部分同行也始终对张辰宇的发现保持怀疑。"国外的反对者最起码还全部看过我的文章，国内的持保留态度的，我能说100%没有完全看过我的一篇文章。"他这样跟我说，"大部分心理是，没觉得这个发现重要，反正别人有反对的，我也就反对一下，不然显得跟别人不一样，而且这是国外著名大学的好的实验室没重复出来的。有的认为重要，但是心里觉得，为什么别人都没做出来，就你做出来了？你凭什么做出来？这也占了很大一部分。对于他们来说，真相不重要。重要的是，他们知道这个事，而且居高临下地评判着，显示了他们的地位和水平。"

张辰宇激烈而坦率地为自己的研究发现做辩护，这可能仍然会持续很长时间。有不少科学家是为自己的观点辩护一辈子的。生物学家爱德华·威尔逊（Edward Wilson）在《缤纷的生命》

(*The Diversity of Life*)一书中这样写道:"这个新观念也会像大地之母一般,倍承若干重大的撞击。观念如果够好,就能留存,虽然可能历经修正。观念如果不够好,就被淘汰——这常在最先提出理论者过世或退休的时候发生。"

科学家普遍认同的一条哲学是,如果一个现象存在,那么不管是谁,只要以相同的条件来做实验,都应该得到相同的结果。这就是所谓实验的可重复性,也是科学界验证一篇论文是否可靠的最常见方式。不过,在许多不同科学领域中,都或多或少存在可重复性的危机。英国《自然》杂志在2016年做过一项调查显示,52%的研究人员认为自己所在的领域存在显著的可重复性危机,38%的认为有轻度的危机,只有3%的人认为没有危机。

在所有科学领域当中,心理学、癌症生物学研究的可重复性危机可以算得上最为突出。"不要相信你所读到的每一篇心理学文献。事实上,大约有三分之二不应该被采信。"《自然》杂志这样说。

看到跟老龄有关的词后,年轻人走路的速度会放慢。这是心理学家约翰·巴赫(John Bargh)在20世纪90年代初的一个发现,它也成了"启动效应"的一个经典实验。然而,在20年后,想要尝试重复该实验的心理学家却发现,他没有办法得到相同的结果。这个例子常常被用来表达人们对心理学领域的一种担忧:可能有大量的实验是重复不出来的。至少在直觉上,心理学家们自己都觉得文献中的阳性结果太多了。1959年,一名统计学家研究了4份主要的心理学期刊上的文章,发现其中97%都报告了统计学上显著的阳性结果。1995年,这名统计学家又做了一次统计,发现情况依旧。另一项研究显示,在自然科学的各个学科里,心理学得到阳性结果的可能性是最高的,而空间科学最低,前者是后者的5倍。

阳性结果太多很可能并不是一件好事。在科学研究的逻辑中,如果一组科学家能做出某个结果,那么其他科学家在相同的条件下也应该能做出同样的结果;假如没有人能重复出来,那么负结果也是有意义的——它们有可能证伪某些结论。这形成了科学的一种自我修正过程。一个学科中存在大量的阳性结果,但很少看到负结果,可能说明它的自我修正能力存在问题。

20世纪90年代末,当布里安·诺塞克(Brian Nosek)还在耶鲁大学攻读心理学博士的时候,他就对方法学很有兴趣。他的课程中有一些来自20世纪60年代和20世纪70年代的文章,其中提到了实验的可重复性所受到的挑战。诺塞克惊讶地发现,几十年过去了,那些当年被提出来的问题并没有得到多少改善。

"一个缺失的信息是,就心理学研究的可重复性问题的大小给出最终的、经验性的证据。"诺塞克对我说。仅仅从理论上推测心理学研究所遇到的可重复性问题是不够的,诺塞克想要真正地去验证它。"我们认为,如果我们能够以足够多的样本量来重复我们心理学领域中的发现,那么我就能为争论作出贡献。"他说。

于是,从2011年开始,已经在弗吉尼亚大学工作的诺塞克与一批志同道合的心理学家一起,开始了他们的浩大工程。他们选择了3本心理学领域内的顶级学术期刊,然后尝试重复这些期刊在2008年发表的每一项实验。这些心理学家尽最大努力还原原作的实验条件,他们也尽可能地与原作者协作,在他们的指点之下来完成那些实验。毕竟实验中往往有一些技术性的细节是没有呈现在论文中的。

诺贝尔奖获得者、心理学家丹尼尔·卡内曼(Daniel Kahneman)提出,重复性实验应该有4项操作规范:①在重复实验准备操作前(即收集数据前),重复实验者应向原作者告知重复实验的细节和准备工作,包括实际操作的方法和实际操作涉及的刺激物;②原作者应在规定的时间内(最好为1个月)回应并评价改进重复实验者的重复试验;③重复实验者可自行选择是否接受原作者的改进方案,但需要重复实验者解释原因并详细介绍最终的重复实验方案细节;④整个沟通过程将被记录,用于对双方立场的合理性的评价及检验。

这种严格重复前人实验的做法在心理学中是不多见的。心理学家所做的往往是"概念性重复"。比如巴赫发现年龄相关的词让人走路放慢,那么会有另一名心理学家做一个实验,发现手里拿着较重的笔记本的人,对待面试者时会更认真。做后面这个实验的心理学家认为这个新的实验进一步证明了"启动效应"的存在。一部分心理学家认为,概念性重复的作用是为证明一个效应的存在提供了更为强有力的证据。

然而,这种做法所带来的问题是,即使概念性重复并没有得到阳性结果,它也不会否定原始实验。换言之,如果后一组心理学家发现手持较重的笔记本没有让人对待面试者时更认真,人们也不会认为这个实验在概念上否定了"启动效应"。这就成了一个"双重标准"——只能证明，无法证伪。

诺塞克和同行们一共严格重复了 98 个实验，其中有 2 个实验分别做了 2 次，因而他们一共做了 100 次实验。其中只有 39 次重复是成功的。所有原始实验中，有 97% 报告了显著效应，而诺塞克等人的重复实验中这个比例只占到 36%。

诺塞克说，他们的研究结果并不能说明特定的原始实验是否成立，因为原始实验可能有问题，重复实验也可能存在问题，或者两种实验都没问题却在研究方法的关键部分出现差异。但是，有了这个经验性证据，诺塞克认为心理学家此前担心的状况被证实了，心理学文献中的确存在大量经不起验证的报告。

英国《自然》杂志在报道诺塞克的发现时，引用同行心理学家的话表示，由于诺塞克检验的是心理学领域的顶级期刊，这些文章是质量最高的，那么如果将其他水平的期刊考虑进来，可能有超过 80% 的研究结果是重复不出来的。

一个在心理学家之间流传的说法是，心理学实验的可重复性比其他自然学科要低。"我也听到过这种说法，但是我并没有看到在可重复率方面将心理学与其他学科做比较的直接证据。"诺塞克对我说。"然而，做重复实验的驱动力在不同学科中都是低的。"诺塞克继续说，"研究人员因为生产出新颖的、创新性的结果而获得奖励，并非因为重复前人的研究结果。所以，研究人员在压力下去强调创新，这可能是以牺牲可重复性为代价的。"

诺塞克的博士生马特·莫泰（Matt Motyl）对意识形态很感兴趣，他为此做过一个实验。莫泰找了将近 2000 个人，这些人在政治观点上有中立的，也有极左和极右的。在实验中，这些人会看到不同灰度的英文单词，他们需要选择每个单词的灰度是多少。然后研究人员会判断他们的准确度有多高。莫泰发现，政治上极端的人，他们看到的颜色也是"非黑即白"的——他们并不会像中间派那样看到更多层次的灰色。

这个发现让莫泰非常兴奋。如此新颖和漂亮的结果发表出来，对他的事业的帮助是不言而喻的。然而，由于种种原因，诺塞克的实验室对这个实验进行了一次直接的重复。他们又测试了另外 1300 人。然后，莫泰所发现的"非常显著"的效应消失了。

"我们为什么要重复这个实验?!"这是研究组的第一反应。尽管重复出的结果并不代表原始实验一定不成立，但毕竟有了这一出之后，审稿人会犹豫是否允许论文发表。并且，实验室的所有人都知道了这件事，他们也就不好当作什么都没有发生而继续去发表论文了。

研究者们判断一个效应是否存在的重要依据，是统计学中的 P 值。最初，莫泰得到的 P 值是 0.01，这通常代表"非常显著"；重复实验时，P 值则只有 0.59；而一般认为只有当 P 值低至 0.05 时效应才是显著的。本质上来讲，P 值的作用是衡量一个效应能否归因于随机结果。其发明者的本意与今天使用中的实际作用是并不相同的，而且 P 值并不能回答一个关键问题：一个假说为真的概率有多大。

在实际的操作中，研究者有许多方法来"裁剪"他们的数据和分析，最终让 P 值达到 0.05 左右。有学者注意到一个有趣的现象，有大量的心理学论文报告的 P 值聚集在 0.05 左右，这被怀疑是人为"钓鱼"的结果。

心理学研究中有太多意想不到的和微妙的因素能够左右实验结果。重复实验时，受试者的不同可能导致结果的不同；或者重复实验的人在技巧上有欠缺也会导致重复不出来；甚至像房间颜色这样很可能根本不被察觉的细节都能够左右实验结果。

"心理学研究对象具有特殊性。相比于其他学科，只有心理学是以自身问题为研究对象，心理的内隐性、复杂性和人类研究自身问题的局限性，为心理学研究设置了其他学科无法遭遇的困难。心理学兼具自然科学与人文科学的特性，生理、认知、发展、人格与社会、临床、教育、工业与组织、军事、犯罪司法、体育运动、艺术与创新等 50 余种心理学研究的细分领域所面临的困难各不相同，其可重复性也有所不同。"南开大学心理学教授周详对我说。

"科学是一个不断减少不确定性的过程，任何与可重复性偏低相关联的不确定性都无法阻止人类对自身奥义的探索与解读。"周详继续说，"与其对心理学研究非理性迷信或全然不信，更建议读者有条件地相信，面对抽象结论，尝试追溯原文（包括诺塞克这篇《科学》杂志上的原文），依据原始报告的情境与限定进行谨慎的、有条件的解释、传播及外推应用。识别与摆脱标题党的诱惑，也正是成熟读者的科学素养及社会文明整体进步的表现。"

2011年9月的一天，欧洲核子研究中心（CERN）发布了一篇新闻稿，宣布当天下午将召开一个研讨会，来自中微子研究计划"奥普拉"（OPERA）团队的研究人员将描述他们在实验中发现的中微子的新特性。

中微子是核反应中产生的一种微小的、电中性的粒子，尽管这种粒子的特性一直让人感到好奇，但令人难以想象的是，这场专业研讨会的网络视频吸引了超过12万人观看，而平时CERN的视频只能引来几百人。美国费米实验室（Fermilab）和斯坦福直线加速器中心（SLAC）的联合刊物《对称》（*Symmentry*）事后写道："即使把平行宇宙里的粒子物理学家都算上，也不会有这么多人。很明显，大量的普通人也在收听。"

就是在这次会议上，"奥普拉"研究组发布了一个爆炸性的新闻：他们探测到了速度超过光速的中微子。从欧洲核子研究中心到"奥普拉"所在的意大利中部的大萨索山（Gran Sasso）有730千米的距离，而"奥普拉"发现，欧洲核子研究中心那里产生的中微子到达大萨索山时，会领先光20米率先越过"终点线"。

换句话说，中微子的运动速度比光速快了0.0025%，或者说，中微子每秒钟跑的距离比光多7495米。对于物理学家来说，这是一件"不可能"的事情。因为根据爱因斯坦在1905年提出的狭义相对论，光速是整个宇宙中的速度上限，不可能有物体的运动速度超过光速。

"奥普拉"的科学家也十分明白，假如他们的实验结果是真实的，那么这对现代物理学的撼动将会超乎想象。"奥普拉"团队从 2009 年开始研究所谓的"中微子振荡"，没想到却意外发现了一个令人瞠目结舌的现象。团队在公布这项发现之前，已经花了几个月的时间检查所有可能令结果出错的环节，一无所获之后才决定让整个物理学界都参与进来，看看究竟他们是错了还是对了。

　　"我们对研究成果很有信心。我们花了几个月时间，反复检验数据和设备，都没有发现任何错误。""奥普拉"团队发言人安东尼奥·埃雷迪塔托（Antonio Ereditato）当时说。

　　有趣的是，对于这项发现，各国科学家的态度有着微妙的差异。美国和英国的科学家多直接表示不太可能，日本有研究人员表示有信心，而中国科学家的表态则有点模棱两可：研究超光速可能性要从本质入手。态度最鲜明的恐怕要数英国萨里大学的物理学家吉姆·艾尔－哈利利（Jim Al-Khalili）："如果欧洲核子研究中心的实验被证明是对的，中微子超越了光速，那我就在电视直播中把我的平角内裤吃了。"

　　在许多不同的场合，物理学家都会提到同一个"中微子超光速"的反例：1987 年天文学家曾观测到一颗超新星的爆发，假如以"奥普拉"实验中宣称的中微子速度来计算，那颗超新星爆发所发射出的中微子将会比它发出的光早一年到达地球，可事实却是，二者几乎是同一时间到达的。

　　2007 年，费米实验室的"主注入器中微子振荡搜寻"（Main Injector Neutrino Oscillation Search，MINOS）项目也曾发现

中微子超光速的迹象，但由于其结果在统计学上不显著，所以并没有获得物理学界的承认。这一次，"奥普拉"实验究竟是在哪里出了错呢？物理学家们认为其中的可能性太多了。"就拿测量距离来说，GPS能测到的地方都没有问题，但是山洞里面的那段距离怎么测？山洞是直的还是弯的，拐个弯怎么测？"当时在中国科学院理论物理研究所工作的物理学家李淼随口就能举出可能产生误差的地方。

尽管人们广泛持不相信的态度，但召开新闻发布会当天，欧洲核子研究中心收到的求职简历数量增加了50%。"谁不想在一个发现中微子超光速的地方工作呢？"《对称》杂志写道。

就在人们仍旧深深感到怀疑之时，2011年11月，"奥普拉"团队再次公布了他们新的测量结果。他们在两个月的时间里尝试修正可能存在误差的地方，然后得到了与之前相同的结果，中微子还是超过了光速。事实上，就他们的实验，"奥普拉"团队前后写了两个版本的论文，第一版时团队中有30多人没有在论文上署名，而到了第二版，这些人中的大部分就都署了名。埃雷迪塔托也称第二次的结果比之前"稍微好点"。

不过这仍然不能说服持怀疑态度的科学家，他们指出，同一个团队做出的实验可信度不够高，必须有其他团队做出独立的验证才能说明问题。

费米实验室此时决定来对"奥普拉"的结果进行检验。费米实验室自2007年观测到类似的"超光速中微子"之后，发表过一些其他论文，比如关于中微子振荡的，但再也没有关于"超光速"的论文。"奥普拉"的结果出来之后，费米实验室打算重新处理 2007 年之后获得的实验数据，看看是否能够发现相同的现象。

费米实验室的 MINOS 发射中微子的能量与"奥普拉"探测到的相近，而探测装置位于 800 千米之外。费米实验室计划中的第一步是要用较近的数据更新他们之前获得的结果，然后再安装一些新的、更为精确的设备，来记录中微子跑到"终点线"的时间。"看起来 MINOS 实验是在这项测量上所能做的最佳检测之一。"费米实验室的物理学家罗伯特·普朗克特（Robert Plunkett）说。

然而，人们尚未等到这"最佳检验"的结果，与"奥普拉"只有咫尺之遥的另一个团队就已经给出了验证结果。同样位于意大利大萨索山的一个叫作"伊卡洛斯"（ICARUS）的项目在 2011 年 10 月和 11 月间探测到了来自欧洲核子研究中心的中微子，而且精度更高。

诺贝尔物理学奖获得者、"伊卡洛斯"项目发言人卡罗·鲁比亚（Carlo Rubbia）说："我们的结果与爱因斯坦如果活着会给出的结果是一致的。"在他们的实验中，中微子的速度与光速接近，但并没有超过光速。英国《自然》杂志称，"对于一些物理学家来说，新的测量对这件事起了一锤定音的作用。"

欧洲核子研究中心的内部人士怀疑，中微子速度的误差可能是由于连接 GPS 接收器和电脑之间的光缆松了造成的。另外一个可能的因素是用于将"奥普拉"的探测器时间与 GPS 进行同步的一个振荡器可能存在误差。后者的误差的效果是与前面那个因素恰恰相反的——它会造成中微子速度被低估。

"对于'奥普拉'第一次发布的结果，有 99.99% 以上的物理学家都是怀疑的，第二次结果公布以后可能是 90%。我估计可能到最后是一场笑话，90% 以上的人是这样看的。"李淼在这个乌龙事件尚未水落石出的时候就这样对我说。

在整个事件中，一些编排出来的笑话流传很广，其中一个出自推特——在一家酒吧门口，酒保说："我们不允许比光速还快的中微子进到这儿。"话音刚落，他看到一颗中微子来到了酒吧门口（酒保先对中微子说话，后看到中微子）。

甚至是欧洲核子研究中心的物理学家也加入到编排笑话的行列，研究主管、来自意大利的物理学家赛吉尔·波特鲁西（Sergio Bertolucci）就说，"奥普拉"的实验结果不可能是正确的，因为它打破了自然界的一条基本法则：在意大利，没有任何事情是准时的。

2016 年秋季的一个下午，我和《科学》杂志的撰稿人郝炘在北京中关村附近的一家咖啡厅聊天。我们提到了韩春雨。

韩春雨原本是河北科技大学一名籍籍无名的分子生物学家，2016 年他却突然名声大噪。这是因为他声称发明了一种新的基因编辑技术"NgAgo"，他的论文发在《自然·生物技术》（Nature Biotechnology）上，经媒体报道后变得广为人知。中国科学家对这件事情非常在意的一个原因是，CRISPR 基因编辑技术由美国人发明，专利权也在美国人手上，虽然这种技术被中国的科研人员广泛采用，但真到成果应用阶段，需要支付给美国公司的专利费是不菲的。中国科学家迫切需要一种自己原创的基因编辑技术。NgAgo 似乎来得正是时候。一位中国科学院院士曾这样说："韩春雨实验室的成果代表了我国在基因编辑源头技术开发上的重要突破。"韩春雨也在此时名利双收。

然而，仅仅两个月的时间，情况急转直下，人们从热烈追捧韩春雨的发明，到开始质疑他的论文。原因很简单：越来越多的实验室发现，按照他的方法做不出基因编辑。也就是说，他的实验的可重复性出现了问题。有一些人开始怀疑他对实验数据动了手脚。

"你对这个事情怎么看？"郝炘问我。

我对她说，事情其实有多种可能性。是不是造假了呢？这个未必。有的时候，研究人员相信一件事，就会得到相应的实验结果。也许韩春雨是真的相信自己发明的这个工具是有效的，于是得到了"证明有效"的结果。

"那是什么样的机制导致这种现象呢？"郝炘继续问我。她看起来并不是很信服。

实际上，科学家已经在多个领域发现了研究人员先入为主的想法影响实验结果的现象。这种现象首先在心理学领域是很容易出现的。实验人员在心中对受试的反应有了预设，会下意识地引导受试朝着"正确"的方向行动。或者是，受试了解到实验人员的意图后，会有意无意地配合实验人员。不管在哪种情况下，实验结果都不是客观的。所以在实验设计上，心理学家总是要玩"花招"——告诉受试测试目的是 A，实际的测试目的是 B。

巴赫在做他的著名的"启动效应"的实验时，就要了这样的

"花招"。他给参与实验的纽约大学的研究生看一组词,让他们把这些词组成一个有意义的句子。他告诉受试说,这是测验他们的语言能力,但实际上他另有目的。当组完句子的学生走出教室时,走廊上会有另一名学生,衣服里藏着秒表,悄悄记录受试者走完走廊所花的时间。巴赫提供给受试者的词看似随机,但其中一些词能让人想起老年人缓慢行走的画面。而在对照组里,受试者遇到的词则不会让他们联想到特定的画面。秒表计时的结果显示,前一组受试者走完走廊所花的时间显著长于后一组受试者。

另一些被发现存在研究人员主观想法影响实验结果的领域包括生态学、生理学、神经科学、医学、物理学和法医学。这种现象实际上有个专门的名称,叫作"观察者偏见"(Observer bias),世界上对它研究最多的是心理学家罗伯特·罗森塔尔(Robert Rosenthal)。他在 20 世纪 60 年代的著名实验中,给不同组的学生分发了没有差别的实验小鼠,然而他却告诉一组学生,他们拿到的是聪明的小鼠,告诉另一组学生拿到的是笨的小鼠。学生们实验的结果显示,果然一组小鼠走迷宫比另一组小鼠更快。

正是由于观察者偏见的存在,科学界逐渐形成了"双盲实验"的操作标准。也就是说,不管是实验者,还是受试者,在实验中都不知道他们面对的是何种情况。这种操作最大程度上排除了头脑中的预期对实验结果的影响。

不过,以上例子当中,实验的对象往往是人或者动物,很多其他方向上的科学家并不认为自己的学科需要双盲实验。在 20 世纪 90 年代进行的一项调查中,生物学家和物理学家普遍表现出了这种态度。他们认为"自然本身就是盲的",还有一名化学家说"在不增加难度,不把它搞成'你不知道在干吗'的情况下,科学就已经足够困难了"。这在某种程度上似乎说得通,比如当你打交道的只是生物分子的时候,它们不会接收你的任何暗示,实验人员的倾向性又如何能够影响实验结果呢?时至今日,生命科学中双盲实验仍不是很普遍。但其实,实验人员的倾向性能够影响实验结果的方式有很多。

这些可能的方式包括:实验的样本量不够大;追求新颖性,对令人惊讶的结果的怀疑性不够;做了多次实验,但选择性地采用数据;在 P 值小于 0.05 的时候就停止收集数据;忽略那些"不成功的"实验,直到实验"成功"。还有其他各种在数据处理和建模过程中存在的错误操作——有些是相当隐蔽的,都可能让操作结果呈现偏见。

韩春雨在 2017 年主动撤销了论文,原因是同行无法重复出论文的关键结果。不过,他并不认为自己的路子是走不通的。"将进一步研究不能重复其关键结果的原因,以期提供更翔实有效的实验方法与流程。"他在一份声明中说。

———————— ◆ ————————

张辰宇对他的研究有一种"迷之自信",一些证据看起来也在支持他的假说。但就像我前面提到的那样,当你位于特别前沿的位置时,有太多的因素让你看不清楚现实,对与错并不是像黑与白那样简单明了。我们在科学课本上学到的事情看起来顺理成章，但当我们点击"放大"按钮，看到图景局部更多的细节，就会发现那过程是相当曲折的。还记得卢煜明走了 8 年的死胡同吗？还记得中微子超光速的乌龙是怎么发生的吗？我们在教科书上看到的理所当然的知识，都是经过相当长时间的历史沉淀的结果。

我在 3M 实验室的半年时间非常快就过去了。离开 3M 实验室的这些年，张辰宇的研究组又相继发现很多奇特的现象。除了植物 miRNA 对蜜蜂层阶的调控之外，他们还发现：金银花里存在广谱的抗病毒 miRNA，能够抑制埃博拉病毒，miRNA 可以作为帕金森病的新型生物标志物，高原缺氧环境显著影响了人类血浆中的 miRNA 表达谱等，他们甚至研究过雾霾中的 miRNA。

2013 年秋天，在即将离开实验室的时候，张辰宇和一众师生专门为我安排了一次送别晚宴。席间，张辰宇谈起了他的一个更大胆的想法。

生物的 DNA 由 A、G、T、C 四种碱基构成，它们是生命的密码。计算机的编码是 0 和 1。是否有一种可能性，A、G、T、C 与 0 和 1 之间具有某种特定的投射关系，能够把它们换算成 0 和 1，然后在计算机上运行。也许，这些破译出来的数据就是宇宙的奥秘。自然界的每一种生物体内都包含了宇宙的一部分秘密，而它们的总和，就是宇宙的全部秘密。

第二章

杯子里永远都会有三颗球

2012春天，在好莱坞富兰克林大道上历史悠久的"魔术城堡"（Magic Castle）里，美国魔术师麦克·金（Mac King）穿着他标志性的格子西服，用喜剧魔术师特有的幽默，将来自中国台湾的魔术师刘谦介绍到了台上。那是4月1日，直到看到奖状的那一刻，刘谦才确信这不是一个愚人节笑话——他获得了由美国魔术艺术学院（AMA）颁发的"年度魔术师"大奖。

刘谦那天晚上身着深色的西服走上舞台，他向台下的魔术同行鞠躬致意，介绍说今晚他将表演的是自己最喜欢的魔术之一。然后他走下台，从观众中借了三枚戒指。回到台上，他小心翼翼地向观众一一展示了三枚戒指，然后在众目睽睽之下把三枚戒指穿在了一起。

这不是刘谦第一次出现在魔术界的圣地"魔术城堡"，几年前，他还在这里不无得意地向人展示过自己如何将四枚硬币藏在一只手上的不同位置。不过他没有想到自己能够这么快就会来到这里领取"年度魔术师"的荣誉。1976年出生的他认为自己能在50岁获得这个魔术界的至高荣誉就是相当幸运了。

美国《魔术》(Magic)杂志说刘谦是世界上最知名的魔术师,看过他表演的观众数以亿计,"如果你没听过这个名字,最有可能的情况是你没有生活在东半球"。

在成名之前,刘谦就已经在魔术圈里被认为是一个有魔力的人。那个时候,他会时不时地到北京来参加一些魔术研讨会。2009年,刘谦第一次出现在中央电视台春节联欢晚会(以下简称春晚)的舞台上,立即爆红,并引发了中国大陆的魔术热潮。魔术类节目当然不是2009年才第一次出现在春晚的舞台上,刘谦的节目之所以能带来这么大的反响,他认为是因为自己把比较现代的魔术表现方式带给了社会大众。

那个时候,民众对魔术的印象,多还停留在穿着燕尾服或长袍马褂的魔术师,变出鸽子、兔子来,或者把人切成两半的印象当中。刘谦使用了日常生活中常见的橡皮筋、硬币、鸡蛋、戒指这些小物件。"我个人对魔术的体验,是我觉得魔术师不应该拿出来一看就知道是道具的东西。"他事后这么说。

长袍马褂也曾经是生活中常见的,所以在相应的年代,魔术师的这番穿着也是符合日常的,只是现在时代不同了。"魔术师使用的东西,应该就是一些日常生活里面每天能见到的东西,这才是让人感到魔术魅力的一种表现方式,而我觉得这是现代魔术师努力的方向。"他说,"可疑的、怪怪的箱子,当然偶尔还是会有,至少它会设计得比较有现代感。"

一夜爆红的刘谦在此后一年里把一辈子的钱都挣了,他的表演形式也让自己被贴上了"近景魔术师"的标签。以至很长的时间里,人们都认为刘谦是一名专门从事近景魔术表演的魔术师,但近景魔术其实只是他功夫的"十分之一"。

刘谦成为春晚上引起轰动的"近景魔术师",有其偶然因素。早在2007年,春晚导演就想推出近景魔术节目,当时也确实选择了一名魔术师来表演扑克牌类的魔术,不幸的是这个节目在直播前被"毙掉"了。春晚导演继续寻找其他魔术师,这才有了刘谦2009年的演出。到了2010年,春晚导演想让魔术热持续得更久一些,就再次找到刘谦上节目。"在近景魔术中,更多地需要语言来渲染。刘谦在语言的设计、表演节奏的控制和现场气氛的调动上做得都比较好。"晚会结束后,春晚导演金秋这样说。

刘谦从七八岁开始学习和表演魔术,但他在电视镜头前的语言风格和表现力得来其实相对较晚。他在中国大陆的电视上表演近景魔术是从2001年开始的《魔星高照》。何晃杰和刘谦以上海为基地录了三年,他们都认为那是刘谦职业生涯中非常重要的一个转折点。在那之前,刘谦的表演是以舞台魔术为主,几乎从不说话,音乐响起就开始做动作,表演结束就走下去。

《魔星高照》采用的是街头魔术的形式,刘谦走在街上,给路人表演魔术。他不得不通过语言与观众交流。街上会碰到形形色色的观众,这样的表演有时候是险象环生的。一次在上海录节目,刘谦在街头随机选了一个四五十岁的中年人,变魔术给他看。变了一次,中年人看不出是怎么回事,要求再变一次。刘谦拒绝,中年人拦住他,要他必须再变一次,刘谦再拒绝。结果那人叫来一帮兄弟,个个看起来都凶神恶煞。"我说好吧,我能屈能伸。"刘谦回忆说。他又变一次,对方还是看不出来,继续要求刘谦再变一次。刘谦欣慰的是,"他至少还有点风度,不会直接叫我把秘密说出来。""你等着！别走！"原来此人就住在旁边的楼上。他噔噔噔跑上楼，刘谦心想他莫非抄家伙去了。五分钟后他下来，手里拿着一副扑克牌："你能不能用我的牌变一次给我看？""我用他的牌变一次，他看不出来，然后拍拍手，就走了。"刘谦回忆这段往事时感到哭笑不得。

此外还发生过在农村表演时农民们非常愤怒地出来要把刘谦赶走的情况，因为觉得他在打扰他们耕作。三年里在种种情境之下给上千名路人表演魔术，让刘谦练就了后来人们普遍印象中的口才和机智。

魔术界有一句名言——世界上没有不好的魔术，只有不好的魔术师。刘谦不同意这句话。"你能说这个世界上没有不好的小品演员，只有不好的本子吗？绝对不是的。再厉害的小品演员，你给他烂本子，这个小品就不会好。"

"我相信，比如这两届春晚，包括以后我自己任何一场表演，包括我自己巡演的内容，每一个环节都是精心挑选过的，挑选过了之后，我再想怎么把它发挥到最大的效果。"刘谦 2011 年说。

2011 年 4 月末，刘谦在美国拉斯维加斯进行了两场专场演出。在这个魔术师云集的城市，刘谦是第一个受邀进行专场演出的亚洲魔术师。在从中国出发之前，他就设想好了如何让效果最大化。对于西方观众来说，他们需要一个足够猛烈的开场。因而演出一开始，刘谦先是在音乐节奏中无声地做了两个人体瞬移的效果，然后才开始跟台下的观众打招呼。

有一名魔术师在后台向刘谦献计：我有一种手法能够把穿越出来的橡皮筋再穿回去。他认为如果把这个效果加入到刘谦经常表演的橡皮筋穿越效果中，会让表演更具说服力。刘谦表示他知道这个效果，并拿过橡皮筋随手做了演示，但他认为这是一个画蛇添足的动作——橡皮筋在观众眼皮底下分开完全已经足够形成一个令他们难以忘怀的时刻了。

在刘谦的哲学里，他做的每一个表演都是在帮观众制造一辈子的回忆。在他 30 年的魔术生涯里，遇到无数的人对他讲类似这样的话："刘谦你知道吗？我曾经认为你的魔术很厉害，但是我曾经看过有一个魔术师，他表演的一个魔术更厉害，你会不会？"这些让刘谦意识到，有些人看了魔术之后，会记得一辈子，他可能老了以后，会讲给他的孙子听，或者讲给他所有的朋友听。

"我不会老了以后去跟我的孙子讲，在我年轻的时候，我曾经听过周杰伦唱歌，真好听。因为其他人都可以听到周杰伦唱歌，他们可以听 CD，或者他们可以上网，有很多方式可以听到周杰伦唱歌。但亲眼看见魔术这件事情可不是每个人都有机会接触到的，所以他可以讲一辈子。"刘谦说。

第一节 ｜ 理性的敌人

魔术是制造回忆的艺术。成功的魔术表演可以在观众的脑海中留下瞬时的图景，这些图景在观众的脑海中可以数年乃至数十年都不被忘记。2009 年春晚刘谦表演从鸡蛋里挑出戒指，2010 年春晚刘谦的手臂穿透玻璃桌面的瞬间，2011 年春晚傅琰东控制金鱼游动，都成功地将某一个图景刻在了观众的脑海里。2012

年，刘谦第三次上春晚，尽管在我看来几个效果的串接略显生硬，但结束时一只手臂从镜面中伸出的景象也足以刻下一个图景。

据说刘谦曾经考虑过在春晚上表演"巴格拉斯效果"（Berglas Effect）。这可以称得上是他最厉害的节目之一，可惜没有在春晚上表演。试想，你要用一副扑克牌做到如下效果：表演开始时扑克可以展示；观众不受限制地从52张牌中任意说一张；另一名观众任意说一个1到52之间的数字；邀请第三名观众来数牌，数第二名观众说出来的数字，表演者在表演的过程中不接触牌，而此观众最终数到的牌就是第一名观众所说的那张牌。

以上所有要求需要同时做到，这就是所谓"巴格拉斯效果"。巴格拉斯是一个英国人，全名叫大卫·巴格拉斯（David Berglas）。他生于1926年，是一个传奇性的人物，早年在第二次世界大战中为美国情报部门工作，当时他的年龄甚至还达不到招募要求。不像是很多有成就的魔术师从小就对魔术着迷，他21岁才喜欢上魔术，在5年的时间里从一名爱好者转变成职业魔术师，并对许多魔术师产生了巨大的影响。他创造的最著名的效果就是这个以他名字命名的效果，或者也被称为"任意点数的任意牌"（Any Card at Any Number）。

对于魔术师来说，巴格拉斯效果是一座圣杯，是一种职业上的智力挑战。许多人都想方设法做到这个效果。到现在，它有无数的版本，每个人都有自己实现的方法，有的对规则遵守得严格一些，有的则不那么严格。可以说，这是一个"魔术师演给魔术师看的魔术"，因为只有魔术师才知道这当中的各种门道。当另一个魔术师表演给你，你发现你的任何知识都解释不通的时候，才会受到最大的震撼！比如在魔术圈里混了几十年的肯·韦伯（Ken Webber）和理查德·考夫曼（Richard Kaufman）都讲述过此类经历。

这种震撼是没有魔术底子的普通观众所体会不到的。普通观众甚至会觉得这个表演有点无聊，因为他很容易猜到魔术的最终效果是什么，于是只是等着魔术师把它做出来而已；再不然，就把整个效果归作"有托儿"了事。或许这就是它后来会被从春晚的表演中拿掉的原因。

刘谦早就在中国台湾的电视节目中宣称过要"重现"巴格拉斯效果，但实际上他的表演与真正的巴格拉斯效果相去甚远。但随后几年，他显然取得了质的突破。2011年，刘谦在"核心魔术峰会"（Essential Magic Conference，EMC）上当着另外30多名魔术师的面，表演了他个人版本的巴格拉斯效果。他上场后便将一副扑克牌放在倒扣的高脚杯上，然后将自己隔离在两米之外，直到表演结束都没有再碰到这副牌。他通过扔玫瑰的方法，选出两名观众，其中一名说出任意扑克牌的点数和花色，另一名在1到52之间选一个数字。然后他请上第三名观众，请他一张张地数牌，直到数到第二名观众说的那个数字为止。数到的这张牌的点数和花色与第一名观众的选择恰恰完全相同！

现场观众中，就有巴格拉斯本人，他后来给刘谦写了一个纸条，上面写着："谢谢你使用我的效果，你比我做得好。"大卫·科波菲尔（David Copperfield）的团队在反复研究了刘谦的表演视频之后，也只是得出一个猜想而已，并不能确定他是怎么做到的。

有一位魔术师叫霍华德·瑟斯顿（Howard Thurston），1869年出生于美国俄亥俄州哥伦比亚纳县，在1908年到1936年达到其事业的顶峰。他与家喻户晓的大魔术师哈里·胡迪尼（Harry Houdini）是同一个时代的人物，但记得他的人要少得多。根据一名为两个魔术师充当过"影子写手"的作家的描述，其实瑟斯顿与胡迪尼在当时是同一个量级的人物。不同之处在于，瑟斯顿做宣传时的导向是将观众引入剧场观看他的演出，而胡迪尼的宣传则着重于建立一个神话，因而后者更多地被人们记住。

瑟斯顿有一个著名的节目。他从观众中找出一个小姑娘，说要奖励她一只小兔子，然后把她请到台上来。兔子是用纸包起来的，然而当瑟斯顿打开纸时，发现兔子变成了一包糖果，他便把糖果送给小姑娘。小姑娘没有得到兔子，显然有点失望。瑟斯顿把小姑娘领回到爸爸身旁，然后从她爸爸的衣领后面拽出一只活的兔子来。他把兔子也送给小姑娘，小姑娘得到了兔子和糖果。

如果你说这个魔术运用到了多么高难度的技巧或者造价多么高昂的道具，显然都未必，但是它体现了瑟斯顿想要表达的一种思想："在我们的生命中，有某些事情显得很出众，是我们永远不会忘记的。我现在就要给你们做个展示。女士们，先生们，接下来的记忆将会跟你的生命一样长。"他对魔术的这种表达时至今日仍被魔术师所使用。

有一次，我给一群五岁的小朋友做魔术表演。在我让帽子中的硬币消失掉之后，他们带着期待的眼神问我："你能变出一只鸟来吗？"我想如果我当时真的变出一只鸟来，他们一定会非常开心。与这种惊喜的记忆相比，魔术师的手法永远都是第二位的。

长久以来，对于魔术的属性，人们的看法大体上可以分为两种：一种认为，这是表演艺术的一个门类；另一种认为，这是基于肢体训练的杂耍。曾经为大卫·科波菲尔做出多个经典设计的职业魔术设计师吉姆·斯坦梅耶（Jim Steinmeyer）曾经这样说："我相信这个问题有一个简单的答案。许多魔术师着迷于谜题。其他一些人只是一直在做转盘子的事情。但是在漫长的历史中，一些魔术师真的成了艺术家。"

魔术技巧就好像是一把小提琴，单有它是成不了表演的，一名摔跤选手拿着它看起来也很别扭，只有优雅的小提琴家才能把它运用到艺术之中。胡迪尼在他职业的早期努力要成为一名魔术师，但始终不是那么成功，他后来被人们记住的身份是"脱逃艺术家"——他从各种手铐、保险柜、牢房中脱逃出来，这像是魔术，但又跟通常的魔术明显不同。瑟斯顿则是那个时代真正的魔术师，他的技巧是深藏于表演之中的，而没有将展示技巧当作一种表演。按照斯坦梅耶的说法，胡迪尼是那位摔跤选手，而瑟斯顿则是那位小提琴家。

另一方面，尽管从瑟斯顿至今已经过去一百年了，且魔术的历史更长达数千年，但魔术之所以能够起作用，或者说"愚弄"到人，归根结底是魔术师有意或无意地利用了人类行为与认知的某些规律。比如说，魔术师表演过程中为什么要讲笑话？这一方面体现了一个魔术师的舞台性格，但更为深层的原因是，当一个人大笑的时候，他就无法进行逻辑的思考。利用这个间隙，魔术师便能够完成许多关键的步骤。

我把这个层面上的"揭秘"称为"魔术的终极秘密"。这些规律正在被现代科学逐步研究和认识，它们并不仅仅是在你坐在电视机前或剧场里观看魔术表演的时候才启动，而是深刻地渗透在日常生活的方方面面。

几年前，我在办公室里做了一个实验。我请了五位同事参与，发给他们每人一个信封和一张白纸。我拿出一本厚厚的书，告诉他们接下来要做的事情来自这本由大卫·艾伯特（David Abbott）写的书。然后我用手臂在他们的眼前比画了一个钟表，请他们在白纸上写下自己脑海中浮现出的时刻。接着，我又反复念了一段话，让他们画出他们自己在听这段话时脑中出现的场景。画好之后，把那张纸放进信封里，不要签名，不要让我知道哪张是谁画的。

我拿到所有人提供的素材之后，便走出房间去做分析了。大约一个半小时之后，我拿着信封重新走进房间。我告诉他们，这是一个基于人脑中的意象所做的人格分析实验，现在每个人的分析报告都装在相应的信封里，请自行查看；由于内容涉及隐私，所以请不要看别人的报告。

每个人看完之后，我请他们为报告的准确度打分，满分为100分。有两个人打了90分以上，最低分也有65分，五个人的平均分为80分。我非常满意。

然后我让他们互相交换报告，他们这才发现其他人的报告跟自己的非常相似。这时，我告诉了他们事情的真相：每个人拿到的分析报告都是完全相同的——我把同样的内容打印了五份。整个分析过程只是一种表演。大卫·艾伯特是美国的一位魔术师，那本书跟人格分析完全无关，它是艾伯特从魔术师角度对美国各种神秘现象的探索和揭秘；想象钟表和画画只是噱头；至于我读的那段话，是我从安徒生童话《全家人讲的话》(What the Whole Family Said)里摘出来的。

那么，为什么每个人都觉得"分析报告"很准呢？这就要说到美国19世纪的魔术师菲尼斯·巴纳姆（Phineas Barnum）发现的"每个人都有一点的东西"。这个报告中的每一句判断要么是人们的通性，要么是根据年龄和人群而写的最有可能为共性的东西，另外还包括几句在当时谁也无法检验的对未来的"预言"。

美国心理学家波塔姆·福勒（Bertram Forer）早在1948年就做过类似的实验。他给39名学生发了据说是针对他们个人的性格分析，然后请他们打分；每个人拿到的分析实际上是完全相同的一段话，但大家打出的平均分是4.3分（满分5分）。这个效应被称为"巴纳姆效应"（Barnum Effect），或是"福勒效应"。我所做的版本来自英国魔术师达伦·布朗（Derren Brown）。

由巴纳姆效应延伸，就得到了在现实中应用非常广泛的"冷读术"（Cold Reading）。这种可以习得的技巧，会让与你对话的陌生人觉得你了解他/她的很多信息。某些心灵类的魔术表演常常用到这种技术。此外，灵媒、相面、读掌纹、读水晶球、读塔罗牌、读茶叶、读咖啡粉，乃至星座分析，统统用到这种技术。只不过运用时有些大师是有意的，有些大师是不自知的。

以灵媒为例，一次"通灵"中对冷读术的运用通常分为以下几个阶段：首先，抛出一些很模糊的信息（比如常见的人名），让现场观众自己认领，这样就与观众建立了关联；然后，对建立了关联的观众说一些巴纳姆效应的句子；接着，根据观众的反应，将自己的判断具体化，其实有时只是重复观众几分钟前不自觉透露的信息，但会让观众以为这是通灵者读出来的。假如某些时候一个信息不起作用了（给错了），通灵者便会把责任推给鬼魂，或者让观众"回头仔细再想想，我确信这个信息是有意义的"。通灵者是永远不会说自己错了的。

至于我那个实验的成功秘诀，总结起来有两点非常重要，它们其实也同样是以上职业的人经常运用的原则。其一，要让观众感觉到信息来源很权威；其二，"分析报告"整体上需要是正面和恭维的话——谁又会认为这些话是错的呢？

达伦·布朗在 2009 年 9 月 9 日表演了一个魔术，他在电视直播中成功"预测"英国国家彩票的中奖号码。

一开场，布朗出现在英国电视 4 频道通往演播厅的过道里，他告诉电视前的观众他要"尝试预测 6 个中奖号码中的至少 5 个"，然后摄像机跟随他走进演播厅，那里摆着一部电视机和一个金属架子，架子上放着 6 颗白球。布朗声称他在球的背面写下了中奖号码，但他现在不能公布，因为他不能做违法的事情。

很快，英国广播公司（BBC）直播的摇奖开始，布朗一边收看节目，一边在一张纸板上记下摇出的号码。整个过程中，4 频道的节目画面是分屏的,左边为布朗的现场,右边是BBC的现场。当中奖号码全部摇出后,布朗转过那些白球,每个白球上都有一个大大的黑色号码,它们与布朗手中纸板上记着的号码完全一致。

最吸引人的是,布朗在节目的最后宣布,他要在9天后公布他的"预测"是如何做到的,"你知道了方法之后怎么去用,我就不管了。"

当然没人相信布朗具有预测彩票中奖号码的能力,人们开始分析整个视频,猜测布朗魔术的秘密。一场魔术表演引发的全民猜想如火如荼,让布朗的节目观众数达到了300万,这与4频道收视率最高的电视剧《无耻之徒》(Shameless)相当。

没有人知道布朗的预测是如何做到的,对于布朗"预测"彩票中奖号码的魔术,最受观众认可的一种"理论"是电视画面采用了分屏技术:布朗站在电视机旁记录中奖号码的时候,另外一边的金属架子始终是静止的,那么架子这边的画面就可以替换为一个静态画面,而画面的背后实际发生的事情是助手按照摇奖结果把数字一个一个写到球的背面,最后再在合适的时刻将静态画面切回现场画面。甚至有人自行拍摄了一段视频来演示。

2009年9月18日,也就是布朗成功"预测"中奖号码之后9天,他又一次出现在电视上。他在时长一小时的节目里,先是表演了几个与预测有关的魔术,然后揭秘他"预测"彩票的终极秘密。他声称他使用的是数学方法:他请了24个人来帮他预测中奖号码,对每个中奖号码,每个人都"凭感觉"做出预测,然后分别算出平均数,这些平均数就是中奖号码。布朗还强调:"只有不以赢利为目的时,这个方法才管用。"毫无疑问,人们再次被布朗"忽悠"了。

布朗在他的电视节目里经常会解释自己的魔术是怎样做到的，而这些所谓的"解释"本身也散发着强烈的不可能的味道。有人批评布朗的解释不诚实，布朗在自己的书中这样做出回应："对于我运用的技术，我常常是不诚实的，但是我诚实地面对我的不诚实。就像我在每一个节目中说的那样，'我混合魔术、暗示、心理学、错引和演出技巧'，我很高兴承认欺骗，它贯穿于整个节目。我希望观众乐趣的一部分就来自不知道什么是真实的，什么是不真实的。"

达伦·布朗的魔术节目别具一格，他不是像大卫·科波菲尔或大卫·布莱恩（David Blaine）那样在视觉层面上带给人反物理规律的体验，而是在心理上给人一种看到不同寻常的现象。他最擅长的恐怕是"催眠"。很多时候，看起来，他只要简单跟人说上几句话，然后用手一捂对方的眼睛，对方就立刻进入催眠状态，任人摆布了。他曾经用催眠的方法做到很多不可思议的事情，包括让一名不敢当众唱歌的歌手克服了自己的心理障碍。布朗甚至因为这种标签式的绝技，在热播电视剧《神探夏洛克》（*Sherlock*）中客串了一把，其中他也是施展了催眠大法。

魔术与科学有一个重要的不同：对于同一个现象，科学家总是相信其背后只有一套特定的机制；而魔术，观众看到的现象可能是相同的，但魔术师用的方法可能非常不同。一个典型的例子就是前面讲到的"巴格拉斯效果"。前文提到过的美国发明家丹尼·赫里斯是一位业余魔术师，他曾经给理查德·费曼（Richard Feyman）表演过一个魔术，后者被认为是地球上最聪明的物理学家之一。费曼看完赫里斯的魔术，回家努力想了一两天，觉得自己破解了他的方法。然而，当赫里斯又给费曼表演一遍的时候，费曼就疯掉了，因为他猜想出的方法并没能解释眼前的现象。费曼的思考过程就是典型的科学家的思维，他默认了相同的现象背后的方法总是一样的，而赫里斯第二次表演的时候显然用了跟第一次不同的方法，这让提出"假说"的科学家马上就否定了自己的假说，陷入无解的境地。

一般来说，魔术师法则中有一条是，同样的魔术不给同样的观众表演第二次。这当然是有例外的，那就是当魔术师有意要重复他表演的效果的时候。他第一次给你演示效果，你可能在头脑中形成几种猜想，而此时魔术师可以通过重复效果来让你自我否定自己的猜想。最终，你把所有合理的解释都否定掉了，只留下"魔法"这唯一的解释。

魔术的黄金时期开始于 19 世纪。物理学家法拉第也曾因魔术而感到迷惑，那是在 1862 年，当时的魔术师开始大量将光学原理应用到魔术之中。魔术从那时到现在，千变万化，效果不计其数。很多人会问玩魔术的人，你会多少个魔术啊？曾经有新手对大魔术师大卫·德文特（David Devant）说，我会 300 个魔术；德文特则对他说，我自己只会大约 8 个。

他们两人的区别在于，前者说的是效果，后者说的是方法。魔术的效果非常多，但是实现方法归纳起来其实只有几种。英国的心理学家理查德·怀斯曼（Richard Wiseman）和历史学家彼得·拉蒙特（Peter Lamont）写过一本书，叫《魔术理论》（*Magic in Theory*），归纳了魔术的六种方法：

1）隐藏：物体在某个阶段被隐藏；

2）偷运：物体被秘密转移；

3）冒充：物体在某个阶段并不在那里，但看起来在那里；

4）复本：第二个完全一样的物体被使用；

5）替代：物体被秘密地换成了另一个；

6）伪装：物体在某个阶段被伪装成了另一个物体。

他们将效果也分为了六种：消失、出现、移动（物体在一个地方消失，在另一个地方出现）、变换（一个物体变为另一个物体）、复原（物体被毁坏，然后复原）和穿透。以穿透为例，它通常用到的方法是移动和复原的结合，而移动通常用到上述方法的 1+3/2/4，或是将消失和出现（均运用方法 1、2、3）结合，复原用到方法 4+5/6。回想一下，你看到的所有魔术，是不是都可以还原为以上这些效果呢？

不过话说回来，方法是一回事，效果是另一回事。德文特说得好，好的魔术师懂得"知道怎么做到"和"知道如何去做"之间的区别。很多人看完魔术后会纠结于"怎么做到"，一旦知道了魔术方法就会叫一声"原来是这样，这么简单！"然后跑开。而实际上，魔术远不是"怎么做到"的问题，魔术师需要知道"如何去做"。

达伦·布朗在电视上做到的那些效果，可以说真的将对观众的心理控制运用到了出神入化的境地。他对电视这种媒体本身的利用也到了高超的水准。英国进化生物学家理查德·道金斯（Richard Dawkins）与他有一番精彩的对话，是为电视节目《理性的敌人》（*The Enemies of Reason*）录制的，其中布朗讲述了很多他的表演技巧。即便是同样的技术方法，如果换了一个不像布朗那样能够拿捏表演技巧的人来演，恐怕也只会显得拙劣。

第二节 ｜ 终极秘密

4月末的洛杉矶已经有一点初夏的味道，坐在出租车里需要请司机打开空调。快速路上的汽车排成长龙，拥堵的情况一点儿不逊于北京。我比约定的时间已经迟到了半个多小时。

我从北京一路赶来，经历了20多小时的飞行，包括乘坐了世界上连续飞行时长名列前茅的一条航线——它从迪拜跨过北极飞抵洛杉矶。我到这里来，是为了参加加州大学洛杉矶分校为神经科学募集资金的一场活动，同时面见几位身怀绝技的魔术师和科学家。

漫长的旅行后，我的车抵达了与会者下榻的酒店。电梯里遇到了几名男子，他们每人手里都拿着一本《千万别上魔术的当》(*Sleights of Mind*)，显然他们都是来参加会议的。我出了电梯，见到的第一个人就是这本书的作者——亚利桑那州立大学（ASU）的神经科学家史蒂芬·马可尼（Stephen Macknik）。他是一位体型略胖、说话温文尔雅的中年科学家。

说实在的，这本书的中文名有点偏离作者原意。大概是因为中国人对魔术存在着普遍且根深蒂固的误解。中国的历史上并没有"魔术"这种东西，有的只是"戏法"，而且它基本上是杂技这一艺术门类中的一个小小的组成部分。人们最常说的"障眼法"和"手快"代表了大部分人对魔术的全部认知。太多时候，魔术在中国是以街头骗术的形式出现的。

然而在马可尼这里，事情完全不是这回事。魔术的出现已经有几千年的时间，最近几百年来发展成了相当成熟的一门独立的艺术类别。历史上，魔术师在西方的所有娱乐从业者中曾经排在地位很高的位置，就像今天的电影巨星。魔术花样翻新，但它们的基本原理却变化非常有限，换句话说，魔术师是利用了同样的原理反反复复地"糊弄"到观众。这是作为观众无法避免的事实——即便你知道那些基本原理。从更深的层面讲，魔术之所以能够"糊弄"到人，乃是因为魔术师利用了人脑的某些活动规律。魔术师本人不一定能从科学层面说出这些规律，他们运用的是几千年时间积累下来的经验。这些做法直到今天仍然能给科学家研究人脑带来启发，马可尼就是其中一位。这不是上不上魔术的"当"的问题，他对魔术的研究关乎你和我，关乎对人类最基本认知规律的探寻。

我最早接触魔术非常偶然，跟科学本没有关联。那是 2007 年，我看到北京卫视在播刘谦的节目《魔星高照》，就被吸引住了，几乎每天下班后的第一件事就是赶回家里去看最新一集的节目。起初还只是觉得新奇，但是有一天，看到刘谦一只手拿着一个有洞的薄纸板，另一只手伸进洞里就能拿出果汁，又看到他能够单纯用"意念"让金属勺子弯曲，我就像被什么东西击中了，突然喜欢上了魔术。

几年之后，我看到了马可尼的那本书，它非常巧妙地把我对魔术和科学的兴趣连接了起来。2011 年，我受到马可尼的邀请，来到洛杉矶,当面与他探讨这其中的奥秘。

那天,好几名魔术圈里的传奇人物都来到了现场。我是跟著名魔术师詹姆斯·兰迪同车前往会场的。我坐在车的后排,他坐在我前方的副驾驶座上。从我这里,能看到他一头银发,体型有点瘦小,但谈话间思维极其敏捷。兰迪的另一个名字是"令人惊异的兰迪"(Amazing Randi),他最初被国际社会认识,是因为他的魔术表演。他起初表演的是心灵类魔术,后来又被认为是魔术史上最好的脱逃艺术家之一。现在,兰迪的声誉主要来自他对超出科学可知范围的、超自然的和伪科学的事件的不懈调查。他曾经跑到俄罗斯,与伪科学的主张者当面对质,搞得对方十分难堪。那些所谓的超自然现象不过是使用了一些魔术手法而已,这些都呈现在兰迪的纪录片里。后来,他还设立一个百万美元的奖项,谁能通过他的测试,证明自己有超自然的能力,就能够拿走一百万美元。这笔奖金至今无人获得。

兰迪的车进入斯科宝(Skirbal)文化中心地下车库,每到一个转弯处就有一名引导员在向司机打出前行的手势,看起来这个活动排场不小。车辆停稳后,我跟兰迪乘坐电梯来到地面。他拄着拐杖,没走几步,就突然回头,看到我跟在他后面,他对我说:"我怕我走太快把你丢了。"真是一个幽默的老头。

进入活动现场,我见到了马克斯·梅文(Max Maven),他是一名心灵魔术的大师,刘谦曾对我说"马克斯·梅文什么都知道"。我还看到了阿波罗·罗宾斯(Apollo Robbins)和麦克·金,这都是魔术界的大名鼎鼎的人物。

活动开始不久,兰迪上台了,向当晚的主持人马克斯·梅文问好,并从后者手里接过麦克风。

时年 82 岁的兰迪精神矍铄,西装革履,戴着黑框眼镜,从头发到眉毛,再到圣诞老人式的大胡子,都是雪白的。他一只手拄着拐杖,一只手拿着麦克风,对观众们说:"身为一名魔术师,我今天要向大家揭示一点魔术的秘密。"台下坐着数百名观众,每人都支付了不菲的票价。

"我们魔术师非常熟悉人们会想什么或者不想什么。"兰迪说,"你不会看到一名魔术师边从口袋里拿出一副扑克牌边说'这是一副普通的牌',因为这句话会暗示人们去想'这副牌可能不是普通的'。所以魔术师一般做的就是从口袋中拿出扑克牌,跟观众做简练的对话,搞点小活动,然后继续他的把戏。魔术师不会做出任何让你怀疑这副牌的暗示。"

"魔术师还利用另外一个原理——一个非常重要的原理,我现在告诉你们,希望你们不要忘记。"兰迪要进入当晚的重点了,"人们倾向于做出臆断。"

"有人可能会说,我从不做臆断,我需要的是证据,我是怀疑论者,我是个聪明人。"兰迪边说这句话,边把手中的麦克风垂下,但他的声音却仍然能被在场所有人听到。这时兰迪做恍然发现状:"哦,这不是我的麦克风。"顺手就把麦克风放在了一边,引发台下一阵大笑。

他从梅文那里接麦克风的时候并没有说"让我用这支麦克风"之类的话。他什么都没有说。"我什么都不用说,你的臆断是自动做出的。"兰迪说。

"还有人认为我跟你们讲这些话的时候是看着你们的,其实呢，我什么也看不到，我的视力非常差。我通常都是要戴眼镜的。"兰迪说着又拿下他戴着的"黑框眼镜"，然后直接把手指伸进了镜框里，"但这个并不是眼镜。"他戴的仅仅是一个眼镜架。台下再次爆发出各种惊讶的声音。

  2013年夏天的一个晚上，我和魔术师王家宝在南京的一间酒吧聊了很久。王家宝是一名二十多岁的年轻魔术师，思想开放，充满活力。那次谈话是我们多年合作的开始，后来我们一起策划拍摄了跟心理学和魔术有关的纪录片，还在北京的剧场里表演了近30场我们自己设计制作的魔术秀。

  那天晚上，给我印象最深的是，他提到一个魔术——魔术师手里的纸牌在观众眼皮底下从一个花色点数变成另一个花色点数。类似这样的魔术效果很多，不少观众会以为魔术师使用了什么高科技产品，比如会瞬间变化的超薄的显示器。我不知道这样的显示设备在世界上是否存在，但我知道魔术师肯定不是用这样的技术做到的。他们利用的不是尖端技术制作的道具，而是人脑这部机器的"漏洞"。王家宝所提到的那个具体的魔术流程之所以特别令人印象深刻，是因为在操作中，魔术师是在观众眼前把牌换掉的，但观众却看不出来。

  为什么会有这样的事情？人们根深蒂固的一种想法是，凡是发生在视野当中的事情，人都应该看得到。但事实却恰恰相反。魔术行当中有一个术语叫"错误引导"，简称"错引"，它指的是魔术师把观众的注意力引导到关键点之外，观众因而无法意识到魔术发生的关键动作。

"就对注意力的掌控来说，魔术师是超越很多心理学家的。"刘谦有一次这样对我说，"就是因为魔术师可以做到这一点，给一般的社会大众一种错觉，觉得魔术师的手好快，'为什么我看都看不到'。其实不是快到你看不到，而是你的注意力被引导了。这就是魔术师一直在试着要去做到的事情。"

最简单的一个动作：你的手在空中画弧线还是画直线。如果你注意观察，好魔术师的手空中运动的时候总是画出弧线而非直线。之所以这样做，跟人的眼动规律密切相关。在这一点上，马可尼和他的同事与妻子苏珊娜·马丁内斯－康德（Susana Martinez-Conde）都很有发言权。他们与阿波罗·罗宾斯合作完成了一项研究。

阿波罗·罗宾斯被称为"绅士小偷"，能够神不知鬼不觉地把观众随身携带的物品偷出来。他曾当着美国总统吉米·卡特（Jimmy Carter）的面从特勤人员身上偷到东西，这段表演一经公开，便有数个执法部门来向他咨询其偷窃技术。这种"偷窃技术"成了罗宾斯的标志性节目，我在洛杉矶参加那场筹款活动时也看到了他的现场演示。

马可尼和同事注意到，罗宾斯能够运用手部不同的运动——主要分为曲线运动和直线运动两种——来不同程度地误导观众。在实验室里，马可尼等人用仪器监测观众们看罗宾斯不同运动时的眼动情况，发现人们对于两种不同的运动确实做出两种不同的眼动。在某些状况下，曲线运动比直线运动更加容易误导人们的注意力。

罗宾斯在接受"偷窃训练"的时候，就被教授如何在不同的现场状况下通过手的运动来控制"目标"（或者说观众）的注意力。如果他需要目标的注意力跟着他的手走，他的手就做曲线运动；如果他需要把目标的注意力从一点迅速调到另一点，那么他的手就做快速的直线运动。

对于科学家来说，这些效果的神经科学基础仍然是未知的。但是他们对此有一些猜测。这里很可能涉及两个与眼动有关的概念，一个叫作"眼跳"，一个叫作"平滑追随"。

眼跳指的是视线焦点从一点迅速跳跃到另一点。眼睛的这种运动对于我们看清眼前的环境非常关键，因为在任意一个时刻，我们的眼睛都只能分辨出锁眼大小的区域的细节，我们视野中其他99.9%的面积其实都是模糊的。

"你之所以没有感到你视野的99.9%都是垃圾，就是归因于眼跳。"马可尼解释说，"你的眼睛一直像嗑药的蜂鸟那样跳动。你的大脑处理掉运动中的模糊部分，并将每次定影所获得的少量信息整合在一起，以便向你呈现出一个细节丰富、影像稳定的画面。"

平滑追随是眼睛沿着连续的路径运动，在其间不经停顿或颤动。平滑追随仅仅发生在眼睛追踪移动物体的情况下，而且这种运动无法被伪装出来。有时电影演员用眼睛追随一个并不存在的物体，然后后期特效将这个移动的物体加入画面，但在观众看来，演员的眼睛看起来就是很不自然。

马可尼等人猜测，曲线运动会让目标的眼动系统进入一个长时间追踪魔术师手部运动轨迹的状态，乃是因为人脑不善于预测曲线的终点，于是人眼只好一直跟随着运动的物体。假如罗宾斯的手是以直线运动，那么人脑很容易能预测终点的方向，于是眼睛就可以以跳动的方式运动。

当目标的注意力集中于罗宾斯曲线运动的手时，他们便没有足够的精力去注意罗宾斯正在进行偷窃的另一只手了。事实上，罗宾斯发现，当他使用这种曲线运动的花招去偷窃时，他只能偷到那些预先知道他要偷窃的人的物品。正因为这些人预知罗宾斯的目的，他们就更加容易被那曲线运动的手所吸引而无暇他顾了。

从事魔术表演30多年的刘谦在引导注意力方面也积累了许多经验。"与画弧线、画直线类似的东西还有很多。"他跟我说，"比如抬一只手、降一只手，伸一只手、缩一只手，动手不动肩膀，很多这方面的东西，所有这些都是为了造成你的注意力的转移。不是视线的转移，是注意力的转移。"

马可尼等人把注意力的焦点叫作"注意中心"（Spotlight），人们以为自己知道周围在发生什么，但实际上任何时刻，你都像是处在黑暗剧场中的观众，你看到的只是聚光灯打亮的那一小片区域。你的大脑会自动忽略掉95%正在发生的事情。刘谦所说的"不是视线的转移，是注意力的转移"，其实就是魔术师对注意中心的引导，观众的视线并没有改变，变的只是注意中心。

为了说明这种变化所引起的效果，科学家设计了一幅图案。图案的构成非常简单：黑色背景上有三个淡蓝色的圆，三者存在一部分的交集。这三个圆的亮度是相同的。但神奇的是，当你盯着一个圆看的时候，就会发现它比另外两个"亮"。你再换一个

"暗"的圆来看，它又变得比其他两个"亮"了。随着你注意中心的不断转移，三个圆轮流变"亮"。但事实上，任何一个圆的亮度都没有发生变化，变化只发生在你的大脑中。

在我和王家宝参与策划的纪录片《大脑诡计》中，我们做了一个实验。首先，我们拍摄了一段短视频，这段视频中有两组手持武器的武林高手在相互拼杀，两组人拿着不同的武器，武术场面眼花缭乱。然后，我们请一组观众在电视上观看这条视频，并预先给他们布置了任务：数一数视频中两种兵器一共碰撞了多少次。视频播放完毕后，主持人询问大家观察的结果，人们数出了不同的答案。但最让人吃惊的是，主持人最后追问，刚才谁看到了一只熊？观众中只有大约一半的人表示看到。而实际上，视频中，在武林高手打斗期间，确实有一名装扮成卡通熊的工作人员在画面中大摇大摆走过去，甚至还看了一眼镜头。

这个实验的原版来自美国伊利诺伊大学视觉认知实验室的科学家丹尼尔·西蒙斯（Daniel Simons）。他和同事们做过一个心理学上著名的实验。他们让一群观众观看一个短片，片中有两组篮球运动员互相传球。他们告诉观众，你们的任务是数出运动员一共传了多少次球。影片播放时，观众们聚精会神盯着球看，生怕漏数任何一次传球。

在洛杉矶的那次活动上，马可尼又对在场的 500 名观众做了这个测试。短片播放完之后，马可尼说："如果你数到了超过 8 次，请举手。"现场举起了一片手臂。"哦，很好，不错。"马可尼说，"如果你之前看过这类影片，请把手放下……很好，你们大部分人之前都没有看过。""实际上，一共传了 13 次球。"马可尼揭晓了答案。观众中传出耳语之声。"那么，你们数到8次以上的人们，有多少人看见了一只走着太空步的熊？"这时现场只剩下两三只仍然举着的手。"你们数到了多少次？"他问这仅剩的几个人。其中一个人回答说"13次"。"好的，在你们这500个人中只有一个既数对了次数又看到了熊。"马可尼总结道。

接着，马可尼倒带然后重播这段录像。这一次，所有人都看到了那只穿着熊装、从镜头正中大摇大摆走过去的人。他在结束时甚至还走了一段太空步。这个实验的最初版本是一个扮成大猩猩的人，他走到画面正中时还会稍作停留，夸张地拍一拍胸脯。但同样的，大部分数传球次数的观众无法看到这只大猩猩。

活动的第二天，马可尼在美国西部心理学联合会年会的现场再次做了同样的测试。这一次，没有一名观众既数对传球次数又看见熊。

我跟西蒙斯说我在中国复制了他的实验，他表示很高兴看到这些实验到达了美国之外的地方。西蒙斯的这个实验显示了一个广泛存在的现象，叫"非注意盲"。也就是说，即便一个物体位于你的视野之中，你也有可能看不到它。我向人们最初提到这个现象时，许多人的第一反应是："这怎么可能？如果一个东西在我的视野里，我一定会看到它的！"

还有一部分人认为，也许那些没看到大猩猩的人是把目光都放在篮球上了，然而事情似乎也并非如此。2006年，有科学家在实验室中通过监测观察者的眼动，发现了一个事实：那些没看到大猩猩的人和看到大猩猩的人的视线停留在大猩猩身上的时间是一样长的，大约都是一秒钟。

"这是一个令人无比惊讶的结果。许多神经科学家以为人们看不到大猩猩是因为篮球把人眼在画面中拉来拉去，从大猩猩身上移开了。"马可尼认为这项研究说明了人完全可以"视而不见"。"这项研究表明视觉过程不仅仅是光进入你的眼睛然后触发你的大脑。要真正'看见'，你必须要注意。"

这是字面意义上的"视而不见"，并不是什么修辞层面的说法。有一半的人看不到大猩猩，这与人的智商、职业、性别等因素无关，这是人类认知的局限性。人脑的能量是一种有限的资源，它会被优先分配到我们关注的目标上去，而不可能无选择地用于所有信息。回想一下有多少出了车祸的驾驶员事后会说，他突然就"冒"出来了。人们往往觉得这些人是在信口雌黄，但这些驾驶员真的不一定是在撒谎，因为当他们的目标不是放在行人或摩托车上的时候，即便有行人或摩托车出现在视野里，也会有可能不被看到。

魔术师也时常利用这种错觉。当你把注意力集中于某一方面的时候，你就无法不忽略其他方面的活动。所以，观众越专心，魔术师就越放心，因为他已经成功地把你的注意力引导到了那些不重要的事情上去了。假如魔术师在给房间中的一帮人表演近景魔术，而不远处有几个心不在焉的人在闲聊。对于魔术师来讲，这几个闲聊的人才是危险的，因为他们没有集中注意，反而更可能看透魔术的秘密。还有一种情况是患有自闭症的人，他们的注意力无法被引导，因而很容易看穿魔术。他们常常并不能理解其他人为什么会觉得魔术师做得那么稀松平常的一件事如此令人惊讶。

对于魔术师来说，令他们放心的是，非注意盲并不会因为观众知道了这个原理而不再奏效。即便观众现在知道了这个原理，下一次也仍然会被魔术师"糊弄"到。

------◆------

马可尼在洛杉矶的活动现场还播放了另一个短片。片中一名侦探煞有介事地对着几名嫌疑人分析一起凶杀案，受害者就躺在他们脚边。侦探边分析边在屋子里走动，镜头也一直追随着他移动。马可尼请观众们注意在镜头摇移的过程中画面出现了多少处变化。许多观众数到了 7 处或 8 处，但答案令人惊讶——多达 21 处。

马可尼又播放了一次片子，这一次是由另一架全景摄影机拍摄的。这次，一切都一目了然：侦探走到房间的右边，左边就立即有工作人员跑上去，把桌布、花瓶、装饰画等一切能换的东西都换掉；侦探踱到房间左边，右边又上演相同的场景；更绝的是，连嫌疑人和死尸都在镜头之外被替换了。

但对于精心设计了镜头画框拍摄出来的视频，人们无法注意到其中的大部分变化。这种现象叫作"变化盲"，它也是魔术能够成功的常用原理。在变化盲发生的时候，观众无法察觉事物的前后变化，这种变化可能是渐变也可能是突变。

中国的很多观众通过春晚看到过主持人李咏表演的一个基于变化盲的经典魔术：大屏幕上显示出几张不同的扑克牌，他请电视机前的观众心中记住其中任意一张。然后他通过"读心术"读出你所想的牌,牌面发生一次反转,然后你就发现自己选的那张牌果然被他移除了。

如果观众将第一次展示的牌和第二次展示的牌做对比,就会发现,其实所有的牌都被换掉了。但是大多数情况下,人们只会注意到自己记忆的那张牌被拿掉了,对其他的牌所发生的变化则视而不见。

变化盲与非注意盲看起来很接近,不过它们之间有一个关键区别——变化盲需要观众对之前的状况存在记忆,从而进行前后对比,而非注意盲则不需要记忆。

———————— • ————————

2005 年,瑞典隆德大学(Lund University)的年轻学者彼得·约翰森(Petter Johansson)及其合作者发表在美国《科学》杂志上的一项实验,引发了神经科学界的广泛关注。

他们印了一些女性照片,这些女性看起来都是同样的端庄美丽。实验进行时,研究人员向受试者出示两张照片,请他(她)选择自己更喜欢哪一位女性。在选定之后,研究人员便把选到的那张照片扣在桌子上,推给受试者,请受试者拿起照片说说他(她)为什么选这张照片。

在扣下照片并推给志愿者的过程中,研究人员借用了魔术手法。他们从魔术师彼得·罗森格兰(Peter Rosengren)学到了一种方法,能够在这个过程中把照片调换成受试者没有选到的那一张。

实验的结果是，只有 26% 受试者发现了调包行为。那些没有发现照片被调换的受试者会拿着自己曾拒绝掉的那张照片认认真真地讲出自己为什么喜欢这张。甚至某些情况下，受试者起初选择的女性是不戴耳环的，但调包后的照片却戴着耳环，受试者会说他（她）之所以会选这张照片，是因为喜欢耳环。

对于约翰森等人所使用的这种手法，魔术师称之为"迫选"。即观众以为自己是根据自己的意愿做出了选择，但实际上选择结果完全在魔术师的控制之中。神经科学家把这种现象称为"选择盲"。

马可尼等人在他们的书中说，选择盲是伴随着日常生活的。你以为你每天是按照自己的意志做出选择，但果真这样的话，广告将不再有用，销售人员也可以回家了。

更有趣的是，当你需要适应一个你"以为"是你做出的选择的时候，你会做些什么？答案是——虚构。在以上的实验中，受试者会虚构他们选择的理由。这个实验还被改换过其他形式，比如品尝两种不同口味的果酱，然后说说自己为什么喜欢其中一种。果酱被调换之后，受试者会虚构他们的选择理由。

一些研究人员还尝试用选择盲的原理来检验人们的道德和政治观点。他们使用一种叫作"魔术问卷"的工具，来让受试者就一些道德或政治观点标记出自己的同意程度。在问卷结束的地方，受试者会被问及自己为什么持这样的态度。巧妙之处在于，在末尾这个地方，早先的观点措辞已经被调整了，而受试者往往不会发现，甚至会虚构一堆理由来支持自己早先反对过的观点。

在魔术师那里，选择盲常常被用在心灵类魔术当中。在斯科宝文化中心，魔术师马克斯·梅文表演了一个魔术。他是当今世界上最出色的心灵魔术师之一。这天晚上，他从观众席中随机请上了两名观众，将一本书交给其中一名观众，请他随便选择一页中的一个词。另一名观众则被交予了一个扁盒子。后来，梅文奇迹般地将前一名观众任意选择的那一页纸变到了另一名观众手持的盒子里。两名观众都惊讶不已。

———— ◆ ————

在聊到魔术的时候，我常常会遇到一些人对我说，他或者他的某个朋友曾经看过一个神乎其神的魔术，他们想知道那个魔术是怎么做到的。这种时候我会告诉他，我没法告诉你答案，因为你描述的只是你记忆中事情发生的经过，这不等同于事情真实的过程。换句话说，他们的记忆可能是虚假的，而这种记忆往往是魔术师有意植入给他们的。

在表演当中，魔术师为了控制观众的意识，常常会重新表述整个魔术的过程。他们会说诸如"我们之前完全不认识""这本书是你自己选的""这一页和这个词都是你自己选的"之类的话，让观众在脑中排除掉所有其他的可能性，只给自己留下一种解释——这是奇迹。

其实，魔术师这样做是重构了整件事情。人们的记忆并不像是记录影像的磁带，当我们需要的时候只要倒带观看即可。人们的记忆只是一个个片段，当我们"回忆"某件事的时候，我们是在试图将这些片段以合乎逻辑的方式连接起来。不连贯的地方，我们会虚构出合乎逻辑的内容去填充。所以，每一次回忆都是一次重构的过程。魔术师利用了人们记忆的不可靠性，把事情表达成略微不同于现实的过程，让观众产生一个自己无法辨别真假的目击记忆。

目击记忆之不可靠，历史上曾经发生过一起极为典型的事件。1975 年，澳大利亚的目击专家唐纳德·汤普森（Donald Thompson）在一档电视直播节目中讲解目击报告有多么地不可靠。他下了节目不久就被警方扣留，然后被一名妇女指认强奸了她。警方据此指控了汤普森。但吊诡的是，强奸发生的时间正是汤普森做电视直播节目的时间。这两件事怎么可能同时发生呢？

后来的调查揭示出一个令人瞠目结舌的事实：原来，这名妇女在被施暴的时候，家里的电视是开着的，当时电视中正在播放汤普森的节目，妇女将汤普森的面孔错记为了强奸犯的面孔。这件事恰恰再次证明了汤普森在节目中的论点——目击报告非常不可靠。

美国神经精神病学家埃里克·坎德尔（Eric Kandel）在 2000 年因对记忆形成的生理学基础的研究而获得诺贝尔奖。坎德尔的研究对象是一种叫作海蛞蝓的海洋动物。他把空气吹到海蛞蝓的鳃上，然后记录下海蛞蝓的神经系统做出的各种反应。海蛞蝓并不喜欢鳃部被吹起，所以它们会做出反应。但是吹气并不会伤害到它们，且做反应会消耗掉它们的很多能量，所以随着吹气的不断继续，海蛞蝓就逐渐习惯了，它们不再做出反应。这个过程叫作"适应"，它是由于神经元具有突触可塑性才得以发生的。

与海蛞蝓的适应过程类似，人们在婴幼儿时期看到爷爷戴着的眼镜，也许会抓下来，舔一舔镜片，尝尝玻璃的味道。随着经验的丰富，人们知道眼镜架上一定是有镜片的，于是再看到眼镜就不会去检查了。也是由于经验，人们看到一个人拿着麦克风说话，就会认为声音是从那里面传出来的。

人们为什么不再去检查，而宁愿相信詹姆斯·兰迪所说的"臆测"呢？"原因很简单：思考是昂贵的。"马可尼在他的书中写道，"它需要脑部活动，需要消耗能量，而能量是有限的资源。"

他进一步解释说，更重要的是，思考会占用你做其他事情的时间和注意力，"其他的事情"包括诸如觅食、交配、躲避悬崖和猛虎。你能把越多的东西当作事实存放在大脑里，你就越能集中于当前的目标和兴趣。你越少关心某个人的眼镜架上是否有镜片，你的状态就越好。

———◆———

1986年1月28日，美国国家航空航天局的"挑战者号"（HMS Challenger）航天飞机在佛罗里达州卡纳维拉尔角发射升空。不久悲剧发生，航天飞机在一万多米的高空爆炸解体，七名宇航员全部遇难。

这个突发事件使航天领域的专家们想要查清事故的原因，但它也引起了一名认知心理学家的研究兴趣。他是被誉为"认知心理学之父"的尤里克·奈瑟尔（Ulric Neisser）。"挑战者号"悲剧发生的前几年，奈塞尔刚刚发表了对"水门事件"中白宫律师约翰·迪恩（John Dean）的证词研究，显示这位自称"人肉录音机"的人的记忆其实出现了非常多的差错。

这一次，奈瑟尔在悲剧发生之后立即询问了一批大学生最早是如何得知爆炸事件的并做了记录。三年之后，他又询问了相同的人。他发现，每一个人的记忆都发生了变化，而且其中四分之一的人的记忆变成完全错误的。许多人的记忆都从平淡无奇变成了更戏剧化的情节，比如某人最初的描述是自己在跟人聊天时获知的，而三年后就变成了"一个女孩从大厅里跑过，嘴里喊着'航天飞机爆炸了'"。

人的记忆为什么会发生变化，以至于产生并不存在的虚假记忆，这是过去很多年里科学家想要弄清楚的问题。一些科学家相信，他们找到了大脑中部分负责记忆痕迹（Engram）的细胞，并且能够通过人为操作这些细胞让动物产生虚假记忆。

诺贝尔生理学或医学奖获得者利根川进（Tonegana Susumu）在美国麻省理工学院的神经生物学实验室已经做到了将虚假记忆植入到小鼠的大脑中去，并且他们的研究显示，不管是真实记忆还是虚假记忆，小鼠脑部的活动都是相同的。2013 年这项研究一经发表，立即引起了新闻媒体的浓厚兴趣，许多将它与电影《盗梦空间》（Inception）联系到一起。比如英国的《周刊报道》（The Week）就写道："莱昂纳多·迪卡普里奥（《盗梦空间》主角）只是一只大号的实验室小白鼠。"

在实验室里，利根川进的研究组为小鼠准备了两个房间。第一天，他们让小鼠进入 A 房间，让小鼠探索了这间它从没来过的新房间。第二天，他们把小鼠放进环境不同的 B 房间，这间房间的地板可以通电，小鼠在里面探索了一会儿之后，研究人员电击了小鼠，小鼠的反应是呆住不动。

这个过程中的奥妙之处在于，当小鼠进入 A 房间之后，研究人员运用技术让小鼠负责情景记忆的脑细胞被"光敏感通道蛋白"所标记。这样一来，在需要的时候，研究人员就能够在需要的时候通过蓝光激活这些脑细胞。到了第二天，小鼠进入 B 房间之后，在遭受电击的同时，研究人员就激活了前一天那些记忆了 A 房间场景的细胞。

到了第三天，研究人员再次把小鼠放入 A 房间，这一次，尽管不存在电击，但小鼠仍然呆住了。研究人员查看了小鼠出现回忆之后的脑部活动，他们发现杏仁核中的神经活动水平会上升，而杏仁核是用来处理恐惧情绪的脑区。小鼠产生了恐惧的回忆，尽管它从没有在 A 房间中被电击过，但在它的记忆中，它曾经在这个场景中遭受过电击。

就记忆的形成而言，在大脑活动的层面上，一只小鼠和一个人的差别是很小的。在这项实验之前，科学家已经反复证明，人脑不但经常会出现虚假记忆（就像在"水门事件"和"挑战者号"爆炸事件的记忆上），而且想要给人植入虚假记忆也不是件难事。

英国华威大学的心理学家金佰利·韦德（Kimberley Wade）就曾经成功地给人植入虚假的童年回忆。她首先咨询了一些学生的父母，确定那些学生在童年时并没有做过某件事，比如乘坐热气球。然后，她加工了一些照片，把学生儿时的形象放进正在飞行的热气球的篮子里。她把这样的照片拿给学生看，然后在两星期后再访问学生，有的学生就会以令人惊讶的细致程度讲出小时候乘坐热气球的经历。

英国杜伦大学的心理学家查尔斯·费尼霍（Charles Fernyhough）在他的著作《光之碎片》（Pieces of Light）中这样归纳："随着时间的流逝，我们可能会被别人描述的记忆所说服，误把别人的记忆当成自己的记忆。如果实验条件设置正确，想要给别人一些他们从没经历过的记忆会是一件相当简单的事情。"他同时还说，"在记忆的王国里，回忆的生动并不代表事情真的发生过。"

如果虚假记忆只是发生在童年是否乘坐过热气球这件事上，那可能不会有太糟糕的后果。但如果出现在法庭证词上，后果可能就会很严重。正因为如此，利根川进向《纽约时报》（The New York Times）表示他的研究的重要性之一就在于"让人们比以前更多地意识到人的记忆有多么不可靠"。

根据美国心理学家的一项统计，在警方安排的指认中，目击者有 20%～25% 的可能性会指认警方明确知道并不正确的人；假如犯罪嫌疑人并不存在于指认行列中，则有超过半数的目击者仍然会指认一个"犯罪嫌疑人"。这就造成有些人蒙冤入狱，其中只有幸运的人会在 DNA 证据下被还以清白。然而尽管目击报告被科学家一次又一次证明非常不可靠，但在法律体系中，它仍然被当作重要的依据。

科学家还注意到，一些因为大脑海马体受损而患上失忆症的病人，在进行想象时也会出现困难。人们在设想未来的时候，脑部被激活的区域与回忆过去时是一样的。这让科学家提出了对记忆的一种新的理解，它被称为"场景构建"（scene construction）。

这是一种在过去几年里引起科学家很大兴趣的新理论。人们常常会认为记忆就像是录影带，每次回忆时只是找出相应时间内的某个段落。但场景构建的理论却提供了非常不同的机制。人脑在编码记忆的时候并不是像摄像机那样工作的，它只是会记录下一些碎片。而海马体中的神经网络给这些记忆碎片提供了一个空间，让它们能够在这里重新组合。不管是回忆还是想象，都是在这个空间里构建起来。

对于碎片的不连贯之处，回忆者会按照自己的逻辑和当下的信念来填补。所以回忆并不是从资料架上寻找光盘的过程，而是每回忆一次都要重新构建一次场景，并且结合了回忆发生时回忆者的想法。所以记忆总是会发生变化，甚至有时会出现对没有发生过的事件的记忆。

场景构建理论还让人们意识到，记忆可能并不是一件跟时间有很大关联的事情。比如提示"1980年7月9日"，你很可能并不会回忆起那一天你在干什么。把时间属性从记忆中抽离出来，就让它更加接近于想象，记忆是可以从过去一直延伸到未来的。这就是为什么《科学》杂志在把场景构建理论评为"2007年十大科学进展"之一的时候为介绍文字起了一个"回到未来"的标题。

在每次构建回忆的时候，人脑需要把神经元通过化学和物理变化留下的记忆痕迹重新建立关联。"这些信息是分布在大脑的许多不同部位，还是说有一个特定的位置是用于储存这种记忆？这是一个非常基础的问题。"利根川进表示。

为了研究这个被科学家争论了很久的问题，利根川进的研究组采用了一种近几年新兴的技术——光遗传学。科学家可以把一种特殊蛋白的基因转入神经元细胞，以便让神经元的细胞膜上出现这种蛋白，然后他们就可以通过光照的方式来控制这些蛋白的开放和关闭，起到激活或抑制神经元的效果。

在用这种方法处理小鼠海马体的神经元的同时，他们还设法让那种特殊的蛋白，也就是前面提到的光敏感通道蛋白，在一种名为 c-fos 的基因被表达的时候就会产生，而这种基因是记忆形成所必需的。

这样一来，研究人员就能够做到这样的事情：他们让小鼠进入到一个房间，然后对它进行电击，小鼠呆住不动。小鼠记住这次电击的时候，c-fos 基因就被表达了，而光敏感通道蛋白也会产生。在第二天，研究人员让小鼠进到另一个房间，不对它进行电击，仅仅用光激活那些形成记忆的神经元，小鼠就会因为回忆起前一天的遭遇而呆住不动。

这正是利根川进等人在 2012 年成功做到的事情。他们展示了记忆痕迹是储存在海马体中一些特定的细胞中的。在这之后，他们又进一步做到了控制小鼠产生虚假记忆。同样研究记忆的挪威神经科学家爱德华·莫泽（Edvard Moser）评论说，最让他感到惊讶的是，利根川进小组的研究让人知道了记忆的物理底版具体在哪里。

在人类当中，一种产生虚假记忆的有趣方式是，如果你仅仅假想自己做了某一件，到后来你可能真的以为自己已经做过那件事了。比如有研究人员曾让受试者在校园里经过自动贩卖机的时候想象自己向它跪地求婚。一段时间之后，在受试者的记忆中，真的可能认为自己当时确实在肢体上做过这件事。看起来很不可思议，对吗？但这样的事情总是在发生：你记忆中自己已经邀请过某个朋友参加活动，但实际上只是你设想过这件事而已。

第三节 | 不可靠的大脑

2015年，互联网上出现了一张神奇的裙子照片，在不同的人看来，裙子的颜色截然不同：一部分人看它是由蓝色和黑色条纹构成的，其他人看到的则是白色和金色的条纹。这条裙子究竟是什么颜色，让无数人争论得不可开交。根据一项对社交网络的计算机数据分析，有42%的人看到的是蓝色和黑色，另外58%的人看到的是白色和金色。

正确答案是什么？裙子制造商的网站展示了这款服装，图片清楚地显示出裙子是蓝色和黑色的。那么，为什么有超过一半的人，会坚持认为自己看到的是白色和金色呢？

这件事情并不像表面看来是对裙子颜色的争论，它实际上涉及人脑对色彩的感知规律及研究问题的方法。它也以现实生活中的案例提醒我们，人脑在认知外部世界时存在有趣的"缺陷"，这与魔术起作用的方式异曲同工。它们不仅涉及人的视觉（视错觉），还涉及许多其他方面的心理现象，关系到你为什么会欣赏抽象画、人们为什么容易相信流言以及为什么很多人认为占星是准确的。

人们很早就注意到，一些图形是可以被人脑做双重解读的。比如同一张图片，你可以把它看成是一个花瓶，但也可以看成是两个人头，你对图形的解读可以在两者之间自由切换。这种现象被称为"双稳态刺激"。

美国纽约大学的神经科学专家帕斯卡·华力士（Pascal Wallisch）打过一个比方。在视觉上，他把人脑比作一个电脑系统。只有眼睛是直接接触环境中的光信号的，这些信号在被大脑解读的过程中，至少有 30 个不同的脑区参与工作。很大程度上，大脑是在尽力"猜出"眼睛看到的究竟是一个什么东西。有些时候，答案不唯一，于是就形成了"双稳态"的情况。

华力士注意到，被人们热议的裙子照片可能是迄今首例在色彩上的双稳态刺激。它不是人脑对形状产生不同的解读，而是对颜色。之所以会出现这种情况，可能涉及被称为"色彩恒常性"的原理。在生活中，同样一件物品可能会处在不同的光照和环境中。比如客厅里的一张桌子，早上阳光的照射和中午阳光的照射就会不同，那么为什么我们能够认出那是同一张桌子呢？这在于人脑能够判断环境光，并将环境光从眼睛看到的图景中"剔除"掉，还原出物体的本来面目。这样，处在不断变换的光影环境中的物体才能始终被我们认作同一件物体。华力士猜测，正是由于不同的人对照片上环境光的颜色做出了不同的判断，导致了人脑还原出不同的裙子颜色。

从照片上看，如果你着眼于照片顶部，环境光看起来偏蓝；

如果你着眼于照片底部，环境光就是偏黄的。

"特别令人好奇的地方在于，在其他的双稳态刺激中，观察者能够在两种解读之间轻易地切换，但裙子却并非如此。"华力士对我说。一些人完全不能切换；一些人能够切换，但需要较长的时间；而还有一些人一旦切换为另一种颜色，就切换不回去了。

他就此提出了一些猜想，其中一种可能性是，每个观察者的视网膜上的锥体分布不同，这造成人们看到的图像不同。美国犹他大学的研究者早先发现，不同的人，视网膜上用于感知不同波长的锥体的分布是不同的。不过，通常认为，这种差异对人们感知色彩的影响微乎其微。另一种可能性在于每个人对于当前的视觉刺激的处理是基于早先经验的。比如说，早睡早起的人和习惯于夜间活动的人，他们在不同光线环境中被"训练"出来的对光的判断可能是有差异的。这可能造成他们在看到同一张照片时，会对光源产生不同的假设。

华力士还认为，某些人在观察这张照片时，可能有某种知觉上的快速学习过程。就像是在经典的"斑点狗"图片中，起初你可能看到的只是杂乱的黑白斑点，但只要有人给你指出其中"隐藏"的斑点狗，从此你就很难不再看到那只斑点狗了。与此类似，有些人在他人指点下看到裙子的另外一种颜色之后，发生了快速学习，就很难再切换回去了。

马可尼多年来以研究视错觉为方向，在他发起的视错觉大赛上，每年都会有科学家提交他们专门设计出的视错觉图片或动画。马可尼跟我说，裙子颜色这件事让他感到"特别有趣和激动"。而且他认为自己经过深思熟虑，已经找到了问题的根源。

起初，马可尼认为这件事跟神经科学没有什么关系。在贾斯汀·比伯（Justin Bieber）、泰勒·斯威夫特（Taylor Swift）、爱莉安娜·格兰德（Ariana Grande）等娱乐明星都加入到裙子颜色的讨论中后，有美国媒体找到马可尼，马可尼当时说："我不相信这是大脑的原因。我完全不认为这是一个有趣的神经科学问题——它只是照片成像问题。"简单来说，他认为就是显示器造成的差异。这种论断看起来得到了美国《连线》（Wired）杂志分析的支持。杂志编辑用电脑软件调节照片的白平衡，裙子的颜色就能够从"蓝色和黑色"转换成"白色和金色"。

我的一位朋友向我描述了他的奇妙经历："我之前一直觉得是蓝黑，直到早晨坐在马桶上，盯着浴霸看，突然看出白金了，关掉浴霸，五秒后又渐渐变回蓝黑了，之后就可以（在两种颜色间）切换了。"

"来自浴霸的光线改变了浴室中的观察条件，就像《连线》杂志关于改变白平衡的分析一样。"马可尼评论说。不过，这种解释存在一个问题：如果仅仅是白平衡的原因，那么在调节白平衡时，黑色为什么不是变成灰色，而是变成金色？

马可尼的助手马克斯·多尔夫曼（Max Dorfman）发现的一个细节解决了这个问题。多尔夫曼在裙子制造商的网站上，看到商家提供了一种放大图片的功能，当鼠标移到裙子的图片上时，相应的部分会被一个半透明的滤镜覆盖（虚拟的放大镜）。透过这个半透明滤镜看过去，裙子就像是白色和金色了。此时是不存在环境光变化这个因素的。这让马可尼意识到，当黑色被蓝色环绕的时候，人脑是有可能产生金色错觉的。"从神经科学的角度来说，这说明我们的大脑的确把并不存在的金色给认出来了，这也就是色彩恒常性。"马可尼在他的博客中写道。所以，马可尼告诉我，他的结论是，"既有色彩恒常性的因素在起作用，也有图像显示的因素在起作用"。

马可尼对白平衡和显示器差异的强调在网络上引起不少人的质疑。这些人表示，他们用同样的显示设备、在相同的环境下给不同的人看相同的照片，人们回答的颜色仍是不同的。对此，马可尼说："人们的差异可能是由观测条件造成的，但准则（Criterion）也起到作用。如果你控制好准则，我不相信观察者的个体差异能够造成'蓝色和黑色'和'白色和金色'这种差别。"他所说的"准则"，指的是观察者的预设信念，它可以强烈影响到一个人的知觉判断。比如你是贾斯汀·比伯的粉丝，你在看图片前可能就受到他的说法的影响。或者你是站在蓝天下看手机，你可能就会将照片的环境光预设为蓝色。诸如此类。

"没有任何轶事证据是足以得出一个知觉过程的结论的，这就是为什么视觉神经科学会存在；不然的话，我们靠常识就够了。"马可尼回应说。即便是专业的科学家，也常常会控制不好准则。在不久前的一项研究中，马可尼发现一个引起视觉神经科学的研究者们争论了的一个多世纪的问题，就是因为实验设计存在缺陷造成的。他认为，就算有一种办法能够将人们的准则控制好，让人们完全不知道自己要回答的是什么问题，你仍然会发现视错觉的存在，但大部分人报告的颜色都会是相同的了。相反，不太可能的情形是：地球上存在两类人，一类偏好蓝色和黑色，一类偏好白色和金色。

历史上，无数的艺术家和评论家都曾对绘画作品的美感做出解读。研究人脑的科学家在 21 世纪也加入了这一行列。尽管还存在大量的未知，这个所谓"神经美学"的学科也遭到一些艺术界人士的质疑，但科学家已经开始获得越来越多的有趣发现。

人们对画作做出的反应是随机和主观的吗？研究发现，答案是否定的。对于很多作品，人们的打分具有共同的倾向。

绘画作为一种视觉艺术仅仅会刺激人的视觉吗？科学家发现情况也并非如此。画作能够启动人脑中的多重感觉区域，让人体的其他感觉被连接起来，而眼睛是连接这些感观的渠道。

抽象画是杂乱无章的点和线吗？是不是那些深奥难懂的作品连小孩子和黑猩猩随意涂鸦都能做到？完全错误。

神经美学的创始人、英国伦敦大学学院教授萨米尔·泽基（Semir Zeki）在提出"神经美学"的概念时指出："许多人认为绘画是要取悦人心，或是为后代留下一幅场景，抑或滋养、骚动、激发。一些人相信绘画具有社会功能，或者心理学功能，或是社会的镜子，或是能够参与和引导社会的变革。我不打算就这些观点进行争论，因为所有这些都可能是绘画的附加功能。"然而他认为，绘画有一个总的功能，与"视觉脑"（Visual brain）的功能非常相近。他认为，这种功能就是：描绘物体、表面、面孔、情景中不变的、持续存在的、必要的和不朽的特征，由此让我们获得知识。

就像在日常生活中，一个物体总是处于不同的光影或角度之中，而它在人脑看来并不会成为很多个不同的物体，因为人脑会辨析出物体必要的和持续不变的特征。

抽象画的创始者之一、荷兰画家皮特·蒙德里安（Piet Cornelies Mondrian）热衷于在作品中使用水平和竖直的线条，以及各种颜色的矩形。他对自己的绘画原则非常坚持，以至于他的朋友、同一风格的荷兰画家特奥·凡·杜斯堡（Theo van Doesburg）仅仅因为在画作中使用了斜线，而不得不与蒙德里安决裂。

生理学家注意到，蒙德里安等人画作的组成部分的形状与人脑中的"感受野"的形状很接近。感受野是神经科学中一个经典的概念，感受野里的适当刺激能够引起相应神经元的反应。感受野可能很小，也可能相对较大，但不管它们的尺寸如何，它们的形状往往是矩形的。

泽基在他的《脑内艺术馆》（Inner Vision）一书中举了一个例子。在实验室里，科学家发现有一个感觉神经元会对白色背景上的蓝色方块优先做出反应，而假如把背景改为黑色，该神经元就不会有反应。在凡·杜斯堡的作品《构图八（奶牛）》[Composition Ⅷ(The Cow)]中，就存在几乎一模一样的白色背景和蓝色方块。

蒙德里安本人强调过多次，他画作中那些矩形并不是随意安放的，它们构成的图案是平静的，远离紧张。泽基推测，蒙德里安一定是经过很多试错的过程才获得了这些图案。"但是平静与否又由谁来裁判呢？"他问道。他认为，这些图案其实并不是新的形式，而是在人脑中已经预先存在的。"事实是，这些由大量直线、方块和矩形组成的新形式，可以极好地激发视觉皮质中的细胞，而这些细胞的特性正是我们脑中预先存在的'创意'。"他在书中写道。

美国波士顿学院心理学系的安吉丽娜·霍利-多兰（Angelina Hawley-Dolan）设计了一个实验，来查看抽象画杰作与杂乱无章的涂鸦之间究竟有没有区别。她找来两组画，一组是抽象画艺术家的作品，一组是婴儿、黑猩猩或是大象的涂鸦。实验中耍了个花招的地方在于，她给其中一些画加上了标签，而事实上这些标签是混乱的；也就是说，当受试者以为他看的是一幅艺术家作品时，他看到的实际上可能是大象的作品。不过，即便如此，受试者们还是表现出更喜欢那些被人们普遍接受的人类的作品。

这是为什么？加拿大多伦多大学的欧信·瓦塔尼安（Oshin Vartanian）所做的实验也许为此提供了一点线索。瓦塔尼安和同事从资料库中选择了20幅具象派画作和20幅抽象派画作，然后用PhotoShop把画中的图形挪一下位置。他们借此来考察画作组成部分的重新摆放是否会影响观众对画作的欣赏程度。他们还将这40幅画做了虚化处理，于是又产生了另外40幅看起来很模糊的画。每幅画都会在受试者眼前停留6秒钟，受试者需要根据其喜爱程度打分。研究人员用功能性核磁共振（fMRI）记录下受试者的脑部活动。结果发现，所有人都更喜欢原作。此外，在观察被改变的画面时，受试者大脑中负责意义和解读的区域的活跃程度降低了。这说明人脑会注意画家在画中所做的精心安排和画作背后的意图，即使这是人们自己意识不到的事情。

抽象画与具象画不同，画面中的图形不与现实世界中的任何物体相对应。那么，一个人在欣赏抽象画杰作的时候，大脑中究竟发生了什么？"这是一个非常好的问题，许多人都已经尝试探究。"英国卡迪夫艺术与设计学院美术教授罗伯特·佩珀雷尔（Robert Pepperell）对我说，"就我所知，现在还没有清晰或简单的答案。"

"有些人说画作的质量有点虚无缥缈，是由我们赋予艺术家的神秘力量造就的；一些人说我们能够探知的信息的复杂程度和组织方式具有特定的性质；其他人说世界具有一些内在的、让人感到愉快的形状，而其他的形状则太平淡和无聊了。在我看来，事情很可能是以上因素的综合，而就具体画作而言，相应因素的比重或大或小。"佩珀雷尔说。

英国利物浦大学的心理学家亚历克斯·福赛思（Alex Forsythe）开发了一种压缩算法，能够把抽象画压缩到最小的字节数。越复杂的画作，压缩后的字节数也就越大。这为客观考察画作的复杂程度提供了一种方法。通过压缩的结果发现，一些历史上著名画家的作品的复杂程度是处于一个特定的范围之中的，这种复杂度可能是最能够取悦人脑的复杂度。如果过于简单了，人就会觉得无聊；如果太过复杂了，知觉就会超载。

符合这一特点的画家之一是美国抽象表现主义画家杰克逊·波洛克（Jackson Pollock）。佩珀雷尔将波洛克1952年的作品《蓝杆》[*Blue Poles (Number 11)*]作为例子。"它有大量的混乱图案，但是整体上又是具有结构的。"他说。

有学者认为，人们在欣赏波洛克作品的时候，脑内的"镜像神经元"起了作用。这种神经元让人和猴子能够在头脑中模仿他人的动作，就像自己在进行这个动作一样。已经有研究表明人在看到手写的字母时会在脑中模仿书写的动作过程。而美国哥伦比亚大学的大卫·弗里德伯格（David Freedberg）及同事则提出一种观点，认为人在欣赏画作的时候，人脑会试图重现作者的绘画过程。这可能至少部分解释了人们为什么会觉得波洛克的作品动力澎湃。

意大利特伦托大学研究认知科学的教授大卫·梅尔彻（David Melcher）曾在一篇文章中写道："为什么视觉科学把目光投向艺术品呢？其中一种可能就是理解视觉的过程能够让我们更深刻地理解艺术的本质。视觉系统的知识也许能帮助我们解决在研究艺术史时遇到的问题，比如说，为什么一些艺术作品能够扬名于世而另一些却只能随着时间流逝淡出历史舞台。其中一个重要的解释就是，许多艺术手法通过眼睛——视觉系统的外周感觉器官这一途径，来唤起人体其他感觉、认知、情感和运动系统。"

佩珀雷尔和同事还做过一个实验。他们请受试者观看一些抽象画，看看里面是否有熟悉的物体。结果发现，有四分之一的情况是，受试者指出画中存在某件真实的物体，而事实上作品中并没有真的画这件东西。这可能说明，人们观看画作时是把它当作一个谜来看待的，要在其中寻找意义，一旦解开便会有一种"报偿"的快感。佩珀雷尔本人作为抽象画家也利用了这种"视觉不明确性"来创作作品。对他来说，这个过程中的一个困难的问题便是如何既不让画面过于杂乱无章，又不让画面太简单而让人轻易认出物体。

在梅尔彻看来，人类为什么会欣赏抽象画是一个非常有趣的问题。"据推测，人脑的进化并不是为了欣赏画作，这就意味着画作一定是利用了人脑知觉的某些机制，而这些机制的存在本有其他目的。"梅尔彻对我说。

已有的来自功能性核磁共振的数据揭示出，不管是视觉艺术、音乐、食物，还是其他任何会让人有愉快体验的事物，当我们享受这些刺激的时候，大脑中负责"报偿"的区域就会被激活。这些区域会对我们喜爱的东西做出响应，而对我们不喜欢的东西则不做响应。它们是独立于感觉（听觉、视觉、味觉、嗅觉、触觉）之外的，对艺术的和常规的刺激都适用，也就是说，刺激可以来自巧克力，也可以来自伦勃朗的作品。但另一方面，有特殊的脑部活动是与抽象画相关的，这个活动与我们享受巧克力或音乐时不同。梅尔彻和其他人的研究都显示，一系列因素，包括颜色、质地、形状、次序、对称和组成都会在此过程中起一定作用。

人们之所以能够欣赏抽象画，"首先重要的是，你是在特定环境中接近画作的，比如在画展上或博物馆中。这让你能够将注意力集中在作品的美学层面上。"梅尔彻解释说，"其次，画作中特定颜色或其他素材的放置次序或组成看起来也很重要。一笔一画，或是其他人为动作的痕迹，都能够影响人们。比如在'泼洒画'中，你可以看到某人在活跃地做某件事，画面不是随机产生或由机械完成。"

在我们观察一幅画作时，以上这些与颜色、形状、暗含的动作有关的因素可以启动我们的情绪。"这种情绪响应，加上观察者的美学视角、他们自身的知识储备、文化背景，共同作用，制造出总体的审美体验。假如一幅作品让观察者产生出情绪上的共鸣，比如喜悦、冷静、忧伤或惊讶，同时它的构图看起来又是'正确'的，那么人们会倾向于对这幅作品表示欣赏。"梅尔彻说。

───────◆───────

人们在生活中总会遇到一些没有根据的谣言。这个时候，如何让人相信正确的事实？也许，在了解事实真相的人看来，事情非常直接：只需要把事实告诉那些误信了谣言的人，他们就会改变自己的信念。然而，心理学研究却发现事情远没有这么简单。

1998年，英国医生安德鲁·韦克菲尔德（Andrew Wakefield）在医学期刊《柳叶刀》上发表了一篇文章，声称麻疹、流行性腮腺炎、风疹三联疫苗（MMR）与自闭症存在相关性。这个报告引起了轩然大波。西方社会的许多家长由此不敢给孩子打三联疫苗。然而，韦克菲尔德的报告后来被证实是错误的，其部分内容2004年被撤回，全部内容更是在2010年被撤回。作者也因为存在学术不端而被吊销了行医资格，世界卫生组织（WHO）、美国疾病预防控制中心（CDC）、美国儿科学会（AAP）等权威机构都对此作出了专门的说明，指出没有证据支持三联疫苗与自闭症存在关系。那么人们是否会因为这些信息而改变错误的看法呢？

美国达特茅斯学院的政治科学研究者布伦登·奈恩（Brenden Nyhan）及同事对此做了研究。他们随机选择1700多名父母，这些父母的孩子都在17岁以下。针对三联疫苗的传言，这些父母接受了四种不同的干预方式：一部分人看到了来自美国疾病预防控制中心的说明，其中指出三联疫苗与自闭症存在关联的看法是缺乏证据的；一部分人看到了文字信息，告诉他们三联疫苗所预防的疾病是具有很大危险性的；一部分人看到了图片，上面是未接种疫苗而患病的儿童的照片；最后一部分人，看到的是一个故事，讲述了一名婴儿是如何死于麻疹的。

哪一种干预措施更有效？奈恩发现，无一有效。在研究中，没有任何一项措施提高了父母未来给孩子打三联疫苗的意愿。这个结果出来后，奈恩对媒体说："令人郁闷，我们真的是郁闷了。"

不仅如此，这些辟谣措施还可能适得其反。纠正性的信息可能加深父母对疫苗的错误认知，降低他们为孩子注射疫苗的意愿。这种现象奈恩在2013年的一项研究中也曾发现。当时他考察了媒体对政治家说法的纠正会产生什么作用。结果他发现，政治家的支持者看到纠正信息之后，会更加支持政治家的说法。这种现象被称为"逆火效应"（the Backfire Effect）。

奈恩和同事还考察过用科学信息纠正人们对季节性流感疫苗的错误认知所产生的效果，其结果也是令人不安的。美国民众中有43%的人担心接种流感疫苗会让自己患上流感，这种错误认知阻碍了流感的防治。将权威机构所提供的科学事实传达给这些人的话，会产生什么效果呢？奈尔从美国疾病预防控制中心网站上找出相关说明，稍作修改后给受试者看。结果，这大大降低了人们对流感疫苗安全性的担心。但这并不意味着人们就会更愿意去打流感疫苗。恰恰相反，在被问到是否愿意接种流感疫苗的时候，人们更加不愿意去了。这个结果与奈恩之前研究三联疫苗的发现是具有一致性的。

人们为什么会相信一件事情为真，而不是其他事实？对于这个问题，心理学家有一套解释。

首先，在日常的沟通中，人们有一个"隐性的规范"，即默认对方跟你说的话是真诚的、重要的、清晰的，除非有显著的反面证据让你对此产生怀疑。

根据英国布里斯托大学的心理学家史蒂芬·莱万多夫斯基（Stephan Lewandowsky）的解释，尽管人们可以对一个信念产生怀疑，但这需要较高程度的注意力、信息高度可疑，或是在接收信息时就存在高度不信任。所以，在大多数情况下，人们是倾向于接受信息而不是拒绝它，因为并没有突出的标志物提醒听者对它产生怀疑。甚至，一部分学者还提出，一个人如果要理解一个说法，那么他必须至少暂时性地接受这个说法为"真"。换句话说，"相信"是人类理解一件事情的必要前提。

心理学家过去的研究已经反复证明，即便一个错误说法被修正，它在人脑中的影响也可以是持续性的。在实验中，研究者常常会给受试者看一个故事。故事讲述了一间库房起火的事情，起初火灾的起因被认为是柜子中的油漆或汽油起火。然后，这个起因会被修正，比如受试者会看到诸如"柜子里其实是空的"这样的话。看完这个故事之后，受试者会回答一份问卷，研究者查看的是他们会多少次提及汽油或油漆。同时，受试者也会被问到是否注意到文中存在的修正。

从 1988 年至今的大量研究共同显示，即便受试者完全能够回忆起并理解文中的修正，这种修正也极少能够达到预期效果。

在一些研究中,受试者由此提及错误信息的次数会减半;而在另一些研究中,修正没有产生任何效果。换句话说,即便人们能够意识到错误信息被纠正,强烈的信念也仍然会影响他们的判断。为什么会这样?科研人员提出了许多不同的猜测,目前并没有一致的答案。不管原因为何,一个没有疑义的事实是,对于已经接收了错误信息的人来说,让他们回复到从未接触过的状态,是极为困难的事情。

美国俄亥俄州立大学的研究人员发现,如果一个错误信息在出现后立即被纠正,乍看起来,这种纠正起了作用,一些人改变了自己的看法。但是当他们再仔细去考察这个现象的时候,他们发现,这种改变只发生在起初就对错误信息倾向于不信任的人身上。如果一个人本来就很相信错误信息,那么纠正信息不但不会起作用,反而还会加深此人对纠正信息的信源的不信任。

研究人员认为纠正事实之所以并不会有效改变人们的信念,可能与人的自我防御的心理机制有关。心理学家提出了"自我肯定理论",它指的是人们有动力去维护自我的完整性。比如在实验中,如果让人们先写一篇自我肯定的文字再去参加考试,那么考试成绩就会更好。这是人们将他们的行为与自我一致化的结果。

基于这种理论,奈恩尝试以一种不同寻常的方式去纠正错误信念:不是着眼于告诉人们正确的事实,而是把着力点放在人们对自我的信念上。比如说,他已经发现,如果先让人们回忆自我感觉良好的时刻,再让他们去接触那些意见分歧很大的话题,比如气候变化,那么人们就会在接受不同观点上变得更加开放。当然，这样的做法如何运用到现实中仍然是个问题。正如《纽约客》(*The New Yorker*)杂志在报道奈恩的这项发现的时候所说，不可能每次在纠正人们错误认知的时候先让他们写一篇文章回忆自己感觉良好的时刻。

在现实的情境下，奈恩给出的是另一种解决方案。比如围绕埃博拉病毒，非洲社会就出现了许多谣言。有人认为这种病毒并不存在，有人认为它是政府的阴谋，也有人认为它是西方人带入的。在防治方法上，民间也存在不正确的流言，比如说喝盐水能够预防。而根据世界卫生组织的声明，这种无效的方法已经让多人丧命。面对这样的情况，仅仅通过世界卫生组织和疾控中心提供科学事实是不足以改变人们的信念的。他提出一种相对耗时但也许会更有效的方法：跟当地被人们信任的社区领袖合作，一个一个村子地做工作。任何人在灾难面前都会惊恐，你作为外来者越是强调疫情的严重性，当地人越是会倾向于不相信，因为人们总是想要抓住希望。"在我们能让人们感觉到情况处在控制中之前，他们以任何方式寻求心理上的平衡，都不应该令我们感到惊讶。"奈恩在一篇评论中写道。

人们在内心当中需要确定性，人们也需要给自己以自信。这样的心理特征是"星座运程"能够成功的关键。

从人类用自己的头脑去观察世界的那一天起，星空就是一个神秘的存在。我们的祖先曾经认为夜空中的点点繁星是那些居住在天上的部落的篝火。夜间没有电视可看、没有互联网可上的人们，也很自然地将星星连接起来，想象出神话人物和他们的故事。

社会神经科学的研究者认为，这正是人脑强大的地方——它善于将没有意义的几何图形想象成具有生命、个性和社会关系。这样的思考时刻在锻炼人脑的社会性，而社会性恰恰很好地帮助人类作为一个物种生存下来。

如果我们只是机械地去看待星空，那么它就完全不是星座世界中的生动模样。由于人眼物理结构的限制，我们非常不善于分辨物体的远近。设想一下你去看500米外的楼群，它们是不是看起来都在一个平面上呢？星星们看起来都位于一个球面上，也是同样的原因。天空中一共有88个星座，每个星座里我们看到的星星都不大可能在事实上与我们距离相同。是人眼的错觉加上人脑的想象力，让我们把那些毫无物理关系的星星用线段连接起来。

今天在社交活动中流行的"星座分析"，脱胎于88个星座中的12个黄道星座，也就是太阳运行过程中会经过的那些星座。人们相信，在一个人出生的时候，太阳运行到哪个星座，这个人就会具有这个星座的气质。

占星学萌芽于公元前2500年古人对宇宙和灵魂关系的追问。在那个时候，黄道上的确是有12个星座。然而，地球在运行时有一个叫作"岁差"的现象，也就是地球自转轴的周期性摆动。这个摆动的结果，就造成会有新的星座进入黄道。我们现在的黄道星座实际上就不是12个，而是13个，与几千年前相比多了一个蛇夫座。

这就是占星学与天文学密切联系的地方——它必须随着天文学的发展来不断修改自己的理论。比如，在 2006 年，冥王星从行星降级成矮行星，那么如何在占星中处理冥王星，就成了占星学界要马上解决的一个问题。

黄道星座不是 12 个而是 13 个，占星学家怎么说呢？他们给出的回应是，我们仍然用 12 个星座，因为我们的星座与天文的星座不是完全对应的。占星当中所使用的星座是"均分星座"，也就是将黄道平均分成 12 份，而不是按照有大有小的天文星座来划分区域的，这样一来，就没有第 13 个星座的困扰了。

流行文化中的"星座"是一种非常简化的模型，严肃占星学的体系实际上要复杂得多。后者可能要将太阳、月球和行星的位置都考虑进去。这样一来，要用科学方法去考察占星学的"经验"论断，就变得更为复杂。太阳、月球和行星，与遥远的恒星需要分开讨论。问题的核心在于，这些天体是通过什么力量影响一个人的性格乃至命运的。

天文学上很难理解太阳之外的恒星能够对地球上的生命产生什么影响——这样的科学证据是缺乏的。这些恒星的距离超出了人类直观的理解范围，比如 150 光年之外，那究竟是多远？这完全在我们的生活经验之外。但是如果不能理解这种距离的遥远，就很难理解为什么它对人体产生影响看起来是那么的不可能。

另外，太阳和月球对人类的影响是的确存在的，也有越来越多的科学证据支持这一点。比如 2013 年的一项生物学研究，就发现月球周期与人类的睡眠质量是存在相关性的，月圆之夜睡眠可能会不好。

医学上也有一些关于季节性疾病的研究，不过这些研究颇受争议。比如有人统计了历时超过 60 年、覆盖全球 34 个国家的 250 多次统计研究，发现绝大部分研究显示冬春之交出生的人群中，精神分裂症患者比其他季节多出 5%～8%。荷兰的一项研究还发现，怀孕失败的女人的生日高峰集中在两个相当小的时间范围：1 月 1 日至 2 月 11 日，7 月 1 日至 8 月 11 日。这些现象为什么会出现，并没有科学的解释。

有研究者尝试从太阳的活动周期、地磁风暴等角度分析出生时间与个性、健康的关系，但其中缺失的链条还非常多。即便如这些研究者所说，太阳活动的极小期具有 179 年的周期，太阳黑子有 11 年的周期，太阳活动还有 154～158 天周期、80～90 年的格雷斯伯格周期、180～200 年的德维里周期等，这些周期也很难与占星学中的时间点相对应。

可以看出，天体（主要是太阳和月球）与人类生理确实会产生一些关系。可能在人类几百万年的进化过程中，人类的生存繁衍也会与这些天体活动相协调。但是二者之间的联系并没有细致到如占星学所言的程度。

人们之所以会认为"星座分析"很准，会很愿意谈论"星座"，更多的是出于心理学和神经科学上的原因。人们通常会认为一段概括而模糊的人格描述非常适合自己，这种现象就是前面提到过的"巴纳姆效应"。心理学家已经在实验中演示，当一个人认为某段"星座分析"讲的是自己的星座的时候，就会认为那段描述非常准确，尽管事实上那段"星座分析"最初是设计给另一个星座的。这其中一个重要的过程就在于，当你相信一个判断适合自己的时候，就会自己寻找证据不断靠近。如果某一个论断太离谱，靠也靠不上，你就会自动忽略它，你永远只会记住那些"说中"的部分。

巴纳姆是美国的一个马戏团演员，他在表演中发现有一些叙述大家都会认为在说自己，他就利用这一效应进行演出。巴纳姆效应起作用主要有几个要素：首先，信息来源的权威性。所以占星师或其他你遇到过的任何一名具有"能力"的人，首先会通过某些方式建立自己的权威感。其次，他还要让对方感觉是"一对一"的，提供尽量个性化的体验。在解读出的内容方面，也有几个特点：①内容整体而言是正面的，恭维性质的话占到绝大部分，太负面的评价谁在内心当中都会不愿接受；②在整体正面的前提下，包含一定的负面信息，可以增加可信性；③要包含一些普适性的话，或者是特定年龄阶段通常存在的困扰和问题。

"星座"之所以会流行，还可能与人脑一个根深蒂固的特性有关。你可以回想一下，当你空闲下来发呆的时候，你头脑当中想得最多的事情通常是哪方面的？如果不出所料的话，应该是人际关系：你在别人眼里的形象如何？别人是什么性格？他（她）那样做是什么意思？你和他（她）以及他们之间的关系是怎样的？

神经科学家在实验室里也发现了这一点。他们让受试者在功能性核磁共振的监测之下做数学题，他们发现，哪怕是在解完一道题、进入下一道题的短暂间歇，人们也会把思维放到人际关系上。看起来对人际关系的思考是人脑的"默认配置"，只要不执行其他任务，它就会自动回到这个问题上。

这样就不难理解我们为什么热衷于分析自己的星座、分析别人的星座。即便仅仅把它作为社交时的开场方式，也是非常有利的。两种情况都被我们认为有助于社交。而社交是人类的一种基本需求，甚至有研究者认为它就像水和食物那样基本。

综上所述，"星座"如果从天文和物理的角度来看，肯定是缺乏科学证据的。如果你去问一名天文学家，可以预测他会无情地批判占星学。但是如果从心理学和神经科学家的角度来说，"星座"的流行又是非常科学的，因为人脑是被这样"编程"的。正是由于人脑思维的社会性，才让人类作为一个物种拥有了一项重要的生存优势。

第四节 | 魔术的意义

2004 年春天，在中国四川的碧峰峡景区里，一个名叫陈建民的男人创造出了奇迹。他在自己搭建的玻璃房子里饿了 49 天，不吃饭只喝水，然后活着走出了房子。据说先后有 3 万人目睹了他的绝食行为，四川省雅安市公证处在他被人搀扶出房子后也宣布这 49 天的挑战真实有效。

时年 51 岁的陈建民是四川泸州的一名中医。他的父亲就是中医，所以自幼便受到熏陶，而且年少时就开始习武。32 岁时，陈建民开始习练一种叫作"辟谷术"的功夫。据说这是一种自中国古代流传下来的养生方法，掌握了它，就能通过限制饮食来延年益寿，乃至于修炼成仙。大概是有了中医养生和武术中的气功基础，陈建民的辟谷术显然进展迅速。不足两年的时间，他就达到了可以连续 12 天只喝水不进食的水平。

最为传奇的是，他自称在 41 岁时曾经做到过连续 81 天不吃饭。当时陈建民正在泸州市皮革化工厂当厂医，他从 1994 年 5 月 26 日开始，到同年 8 月 14 日为止，只去锅炉房接开水喝，不跟同事们去打饭吃。在周围的人看来，他虽然在这段时间里明显消瘦了，但精神头一直不错。甚至他还跟人掰过手腕。当时《泸州广播电视报》还就此刊登了一篇报道，标题是《81 天不进食，称奇；不进食动静依然，真绝》。

到了 2004 年，陈建民决定做一个前所未有的挑战，并且要向世界展示他的辟谷全过程。他建造了一座八面全是玻璃的屋子，面积是 20 平方米，里面的陈设包括一张简易床、一个写字台、一台收音机、一台小洗衣机、一个洗手间和一个淋浴器。他把这个玻璃屋吊离地面 14 米，然后自己钻进去，要在众目睽睽之下绝食一段相当长的时间。

陈建民在玻璃屋里的一举一动都在观看者的监视之下——不但现场的游客能看到，而且一家网站还做了 24 小时不间断的直播。人们看到陈建民每天只是通过一根管子喝点水，通通电话接受一下采访或者得到鼓励，很多天才洗一次澡，完全没有吃饭的举动。

那个时候，陈建民并不是中国唯一想要做绝食挑战的人。新疆有一名医生亦产生了同样的念头，但因为日程之类的因素没有实现。还有一名年轻人想要挑战陈建民，但被陈建民劝阻。为什么这些人都突然想要公开挑战绝食的极限了呢？答案是他们都受到了来自魔术师大卫·布莱恩（David Blaine）的激励。

布莱恩是美国的一名魔术师，或者，也许他更喜欢的身份是"幻术师"（illusionist）和"耐力艺术家"。2003年9月5日，他在英国伦敦的泰晤士河畔开始了长达44天的绝食表演。他把自己关在一个透明的大玻璃箱子里面，悬吊起9米高，每天只喝4.5升水，不吃任何食物或者营养品。布莱恩走出玻璃箱子的时候，体重相对于他的原体重减轻了高达25%，也就是24.5千克。他出来的时候对着所有围观的人喊："我爱你们所有人！"然后迅速被送去医院就医。

布莱恩的这场表演被媒体密集报道，以至于不光是英国和美国的观众看到了这场史无前例的演出，中国的很多人也看到了。陈建民作为一名资深绝食爱好者，认为布莱恩的作为虽然令人瞩目，但当中国人采用了中医养生之道修炼之后，想要超越他是完全可能的。

陈建民给布莱恩写了一封挑战信，其中他指出自己的高超之处："首先我对饥饿感的表现没有您那么强烈，其次我的恢复期没有您那么长，最重要的是我的精神状态可以在整个过程中几乎没有什么变化。由此看来，这是中医养生理论的一个重大作用，也充分表现了中国中医的博大精深。"对于这个挑战，布莱恩没有做出什么反应，倒是中国本土的打假人士纷纷站出来对此进行质疑和批判。

相比之下，大卫·布莱恩在泰晤士河畔的玻璃屋里经历了什么？一群人在一名电台DJ的怂恿下到玻璃屋旁播放像噪声一样的音乐，24小时不间断。有人向玻璃屋上砸鸡蛋，这项活动还被设计成了Flash小游戏。令布莱恩印象最深刻的事情之一是，有天凌晨他看到玻璃屋外面有一对男女在做爱。

没有人站出来指责布莱恩是在故弄玄虚或者骗人。医学界的权威期刊《新英格兰医学杂志》(*The New England Journal of Medicine*)甚至正儿八经地发表文章称，44 天绝食之后重新开始吃饭的阶段是他整个表演中最危险的部分。在泰晤士河畔，绝食挑战成了各色人等的狂欢活动，甚至还有了科研成果。

在魔术的历史上，布莱恩做过许多开创性的工作。1997 年推出的一档电视特别节目《大卫·布莱恩：街头魔术》(*David Blaine: Street Magic*)可以说是最早的一个。这档节目之所以具有开创性，并不是说他把魔术搬上了电视——这件事早就有魔术师做过，而在于他在电视中着重表现了观众看到魔术效果时所做出的种种反应。换句话说，以前电视上播放魔术，其实就相当于把电视当作了舞台，观众们坐在电视机前观看；而在布莱恩的节目里，观众也被纳入镜头，而且会重点呈现他们的反应。

一个略带神秘感的男人在路上走过来，拿出扑克牌、硬币或是更加日常的物品，在围观者的眼皮底下演示出难以置信的效果。在这个时候，人们没有种族、肤色、国籍之分，他们做出的是最原始的反应。布莱恩认为这才是魔术：每个人都有防御性，有许多层外壳，但在他的魔术面前，这些防御的外壳都暂时不存在了，每个人的烦恼也被片刻忘却。你从他的节目中可以看到，他为形形色色的人表演魔术。有一次他甚至在热带雨林的原始部落了待了 10 天时间，到第 7 天的时候他才获得部落首领的信任，准许他用摄像机拍摄一个小时的魔术表演。

同时，他的节目的另一个特点就是他着装之普通。他并没有

"穿得像个魔术师"。美国《时代周刊》(Time)评论说："他的具有欺骗性的低调和超级冷淡的举止，比搞成炫目的风格更能让观众们感到惊讶。"后来他拍的另一部电视魔术片《大卫·布莱恩：魔术师》(David Blaine: Magic Man)也是同样的风格。

此时，布莱恩已经被评为"当前魔术领域最热门的名字"。但是，他却并没有在街头魔术上一路走下去，而是在风格上突然发生了巨大的转变。他开始"挑战极限"了。

他表演过"活埋"和"冰冻"。"活埋"的想法来自他和威廉·卡卢什(William Kalush)的思想碰撞。我见过卡卢什本人，他是一名魔术师但更是一名魔术研究者。他建立了一个叫作"魔术艺术研究中心"的机构，收藏有数以千计的与魔术有关的书籍、手稿、信函。他尤其是研究胡迪尼的专家，写过一本书叫作《胡迪尼的秘密世界：美国第一超级英雄的诞生》(The Secret Life of Houdini: The Making of America's First Superhero)。布莱恩在与卡卢什一起研究了几本关于印度苦行僧的书籍之后，产生了表演"活埋"的念头。

"活埋"这种表演确实是由来已久，至少我们能看到很多19世纪的报章都有记载。比如1880年，英国的《伦敦电讯》(London Telegraph)就发表了一篇文章详细讲述了一个名叫赛湖·哈利达斯(Sadhu Haridas)的印度苦行僧活埋40天的故事。文章的作者最初是抱着极大的怀疑去看待这件事情的。在这位作者的监督之下，哈里达斯在被活埋前进入假死状态后，人们对他进行了生命体征的检测。在埋入地下之后，为了防止他有可能中途溜走，人们还在墓地的四周建了围墙。中途还曾刨开墓地查看他是否仍然在里面，发现他连胡子都没有长出来，这似乎证明他确实停止了新陈代谢。埋下 40 天之后，人们把棺材挖出来，又经过一系列奇特的过程，苦行僧慢慢苏醒了过来，完全变成了活人。"你们现在相信了吧？"他说。

布莱恩借住在卡卢什位于纽约的家里，创意最初也是由卢卡什提出的。他建议布莱恩躺到地下，然后通过秘密通道逃出去，做一场历时一个月的活埋表演。但布莱恩不想搞得那么假。"我想来真的，做一个星期。"布莱恩这样回忆说。

于是，在 1999 年 4 月 5 日，布莱恩躺进了一口透明的棺材里，棺材的顶部有一个水箱，水箱里灌了 3 吨水。这口棺材被安放在曼哈顿西边一个叫"特朗普广场"（Trump Place）的地方。现场的观众能够通过透明的水箱看下去，看到躺在下面的布莱恩。布莱恩与外界交流的唯一通道是一部手持对讲机，他的团队成员在周围随时待命。在随后的 7 天时间里，至少在外界看来，布莱恩从未离开过那口透明棺材。有 75000 人先后来到现场参观，包括胡迪尼的侄女。她说："我叔叔做过很多令人惊讶的事情，但他可能做不了这个。"当地的一份报纸更是在报道这场表演的时候把标题起为"下一个胡迪尼"。

布莱恩真的如他所说是"来真的"了吗？这应该算作秘密吧。但是对于观众来说，他们看到了令人惊异的魔术。布莱恩后来回忆，在这个过程中，他自己也看到了魔术。有一天乌云遮住了太阳，他躺在棺材里对已经过世的妈妈说："妈妈，如果你在我身边的话，给我个信号吧。让太阳出来。"很快，乌云真的散开了，太阳出来了。他甚至后来在回放的视频中看到有一段时间棺材表面出现了十字架的图案，但实地的观众和当时在棺材里的他都不曾看到。在他走出棺材的那一刻，他看到了所有人的笑脸，不管这些人是什么肤色什么身份，全都在笑。"我看到魔术了。"布莱恩说。

很快，在第二年，也就是 2000 年，他又表演了第二个极限挑战，所谓的"冰冻时间"。他整个人被封在一块来自阿拉斯加的大冰块里面，站在人群熙攘的纽约时代广场，站了 63 小时 42 分钟。他为了准备这个魔术，曾经锻炼在冰水里泡澡，大冬天穿着短袖骑摩托车兜风，以及站着睡觉。由于他只能站在冰块里，不能坐下或躺下，所以他连睡觉的时候都是站着的。他在额头上垫一小块布，用前额顶着冰块睡觉。要破冰而出的时候，数以千计的人前来围观。他一出来就被裹上毯子，整个人的状态看起来很不好，医生担心他随时可能休克，立即将他送入了医院。

2002 年 5 月，布莱恩在纽约的布莱恩特公园（Bryant Park）表演了他新的极限挑战"眩晕"。你看到那个景象就会马上知道它为什么会叫这个名字。布莱恩站在一根 30 米高的柱子上，柱子的顶端的直径只有 56 厘米。他的表演很"简单"——他就那么站着，不吃饭、不睡觉，喝很少的水。他不能出一点差错，不然一旦从柱子上掉下来，后果不堪设想。这确实是对身体极限的挑战，连他的团队最初都反对他这么做，因为这实在是太危险了。布莱恩自己也说，很多魔术师会做一些看上去危险实际上安全的事情，他做过的有些挑战是看上去安全实际上危险，而这一次的"眩晕"表演是看上去危险实际上也危险。

布莱恩从表演之前一年就开始为此做训练，比如说站在高层建筑的楼顶。由于他表演结束时要从约 25 米的高度跳下来,摔在纸箱子里,因而他的训练项目也包括了如何从高处跳下而不会伤害到自己。就这样,他在真正演出时在柱子上站了一天半的时间,包括一个漫长的夜晚。他曾经瞌睡到直点头,这是非常危险的信号。他的腿实在麻木到不行时会示意工作人员把一个很矮的扶手升上来,他扶着做一些伸展动作。到了后期,他甚至都出现了幻觉,眼中看到了并不存在的东西,比如把建筑物的轮廓看成一个狮子头。

仅仅一年多之后,在 2003 年 9 月 5 日,布莱恩开始了他最为疯狂、最令人难以置信的表演,即那场绝食演出。《新英格兰医学杂志》上的文章把它当作一个罕见的绝食案例来研究。研究者在文章中写道:"研究长时间绝食之后重新进食的机会很少有……布莱恩在他的绝食过程中只摄入了水。"

随后,《营养学》(*Nutrition*)杂志也发表了一篇研究文章,同样以科学的方法把布莱恩的这场表演当作个案来研究。来自英国南安普顿大学的研究人员监测了布莱恩 44 天绝食过程中体内脂肪、不含脂肪的组织及某些营养物质的变化情况。根据他们的记载,布莱恩在表演之前进行了增肥,他通过特殊的饮食来让体重增加了 6～7 千克。他还服用了一些含多种维生素的药片,进入玻璃屋之后就停止了服用。表演开始之后,随着时间的推移,他的身体状况越来越差。在两个星期之后,他如果突然站起来的话就会出现头晕的状况,有时还会出现视觉问题,有时会感到四肢和躯干疼痛,气温低的时候还会有能量耗尽的感觉。进入屋子的第五天还曾流过少量鼻血,但并未出现更多流血的迹象。

布莱恩身高184厘米，进入玻璃屋之前，研究人员测量了他的体重、上臂的周长和皮褶厚度。当时他的体重是96千克，其中包括20%的脂肪。绝食进行的过程中，研究人员还收集检测了他的小便。一名研究人员在没有事先通知的情况下，于绝食的第24天和第33天去现场采集了布莱恩所喝的水的样本。44天的时间里，布莱恩的体重掉了24.5千克，其中有74%是非脂肪，26%为脂肪。在非脂肪减重的部分里，占据最大份额的是来自肌肉的减重，他的肌肉减少了10.4千克。整个过程中他的尿样都呈现酸性，氨的排放随着时间的推移而增加，并且在氮排放中所占的分量越来越大。研究人员的检测也显示，在供给布莱恩的饮用水中，查不出酒精或葡萄糖。

研究人员专门在他们的文章中讨论了这个绝食案例的有效性。就他们的观察来看，布莱恩身体出现的情况与其他科学研究中受控的饥饿实验的表现是一致的，布莱恩的临床表现也是典型的。他的身体成分的变化与饥饿持续时长之间的关系是协调的。他出现的头晕等症状与饥饿的典型症状一致。三项独立的对他身体能量消耗的调查，也显示出了相近的结果。而饮用水也被确认是纯水。所有证据都指向同一个结论：布莱恩的表现与彻底绝食是完全一致的！

从活埋、冰冻，到眩晕、绝食，一路下来，我们能发现魔术师布莱恩表演的一贯性——挑战人类的脆弱。他的绝食表演之所以伟大，乃是因为它能够让观众为自己身为人类的一员而感受到信心和自豪感。因为日常的经验和科学的事实都在反复告诉我们，我们作为个体乃至一个物种，是多么的脆弱，我们的能力何其有限，所以当我们之中的成员能够做出超出我们极限的事情的时候，我们便能在内心中获得一丝慰藉，增加一份信心。

  中国科学院国家天文台的一位朋友曾对我说，那些看到几张宇宙照片就悲鸣自己是尘埃的人，根本还没明白宇宙到底有多广阔。他说自己甚至从来不会试图把人和宇宙作比较。在我们看来，我们所生活的地球已经够大了，能够做一次环球旅行简直就像做梦一样。然而，几十年前，当一台飞往太阳系之外的探测器在木星那里回望地球的时候，它拍出的那张照片里几乎看不到地球。地球只是一束阳光里的一个苍白的点，只有一个像素的大小。美国天文学家卡尔·萨根（Carl Sagan）由此写下了那段经典的独白："你所爱的每一个人，你认识的每一个人，你听说过的每一个人，曾经存在过的每一个人，都在它上面度过他们的一生。我们的欢乐与痛苦聚集在一起，数以千计的自以为是的宗教、意识形态和经济学说，每一个猎人与粮秣征收员，每一个英雄与懦夫，每一个文明的缔造者与毁灭者，每一个国王与农夫，每一对年轻情侣，每一个母亲和父亲，满怀希望的孩子、发明家和探险家，每一个德高望重的教师，每一个腐败的政客，每一个'超级明星'，每一个'最高领袖'，人类历史上的每一个圣人与罪犯，都在这里——一个悬浮于阳光中的尘埃小点上生活。"

  我们现在发射一台探测器去木星需要花费 5 年的时间，而阳光从离开太阳表面到照射到木星则大约需要 41 分钟。光速是最快的，可是太阳光传到离它最近的恒星也要 4 年多的时间。这 4 光年的路程对于人类来说已经是不可逾越的距离，然而与整个银河系比起来，太阳和它的邻居的距离仍然算不上什么。我们的银河系里有 2000 亿颗恒星，太阳没有任何出众之处，既不是最亮的，也不处于什么特殊的位置。当我们把尺度再放大的时候，就会发现连银河系都会被淹没在数以万亿计的星系之中。在茫茫的海洋中，我们连一朵浪花都算不上。

几百年前，人们还认为人类在宇宙中是有特殊地位的。就像《创世记》里面所说的："凡地上的走兽和空中的飞鸟都必惊恐、惧怕你们；连地上一切的昆虫并海里一切的鱼，都交付你们的手。凡活着的动物，都可以作为你们的食物。"人们甚至一度认为每一种动物都是为人类的某种目的服务的。人类是按上帝的形象造出来的，比其他任何动物都外形更美丽，结构更完美。追寻人类独特的优越性也是西方哲学家最持之以恒的追求之一。

对人和动物的研究越多，就会发现二者之间的差别越模糊。类人猿也会去照顾受伤的个体，它们还能从镜子里面辨认自己，黑猩猩很快就能用镜子查看自己身上平时看不到的部位，动物世界中也存在文化和自尊。现代生物学，尤其是进化生物学，更是让我们看到人类无法剔除的动物渊源和特性。我们现在的许多行为和心理都能找到进化意义上的解释，我们的情感甚至都能从生物化学上得到解释。

人类不但在空间上是渺小的，在时间上也微不足道。与地球 46 亿年的历史相比，现代人类走出非洲仅仅是 6 万年前的事情，人类发展农耕和畜牧只是在 1 万年前才开始。宇宙已经存在了 138 亿年，不要说一个人的一生，即便是一个朝代，乃至整个人类文明，与之相比都短到连白驹过隙都不足以形容。

科学进步的过程，也是人类优越论土崩瓦解的过程。我们更多地看到人类作为生物的一面，看到我们无法脱逃的脆弱，看到种种在科学上无法逾越的屏障。我们已经被告诉了太多的"不可能"，我们需要的不是听到更多的"不可能"，而是获得更多的信心和梦想。对生理极限、耐力极限的挑战，是获取信心的途径之一。哪怕我们看到同类能够做到某些不可思议的事情，也会为此感到高兴。魔术的最大意义也在于此。如同看一场喜剧会让人片刻忘却烦恼一样，观赏魔术表演会让人从现实的桎梏中脱逃片刻。

———— ◆ ————

刘谦每一次在春晚上做完表演，网上就会出现大量的臆测。他对此不以为意，因为那些都是外行人的猜想。还有很多人怀疑他"用托儿"——这似乎是技术上无法破解时的最后一根稻草。我就此问过刘谦本人，他在电话中对我说："等下我请你想一个数字，请你想7，这叫托儿；我告诉你，当你看到魔术发生的时候，你要拍手，这不叫托儿。"

2011年春天，刘谦受邀到美国拉斯维加斯演出，那个时候，我在洛杉矶参加完加州大学洛杉矶分校（UCLA）的筹款活动，就飞到了拉斯维加斯拜访他。三天的时间里，他给了我很大的自由，舞台和后台的所有区域我都可以随意出入，他的彩排我也看了两遍。我意识到，他不但是不需要用托儿，而且可以说根本就没有任何环节有用托儿的必要。

第二场演出的那天下午，我到达剧场时，刘谦已经在卖力地彩排了。我没有想到他在每一场演出前都要做彩排。偌大的剧场一片黑暗，只有一束聚光灯打在舞台的中央，一个敏捷的身影从灯光照射下的箱子上跳下，站定后嘴里念叨着"说话说话……好"，然后走向舞台的另一个位置。

这场演出对他来说是件大事，它让刘谦成为第一个在拉斯维加斯做专场演出的亚洲魔术师。"我们从小就看拉斯维加斯魔术秀的录像带。那时就幻想，长大后有一天能跟他们一起站在拉斯维加斯的舞台。这是我人生的梦想。"临行前，刘谦在北京录制一档电视节目时说。

刘谦演出用的道具二十多天前从上海发出，通过海运抵达美国。此刻，它们都躲藏在舞台两侧的黑暗区域里，神秘又敏感。韦恩酒店位于拉斯维加斯商业街的北端，临街的巨大电子屏上滚动播出着正在这里上演的节目的宣传片，包括了以水中演出为特色的 Le Rêve（法语中"梦"的意思）和刘谦的魔术演出。同时张贴在拉斯维加斯各处的海报，还包括曾给少年刘谦颁过奖的大卫·科波菲尔，在美国电视上人气最旺的魔术师克里斯·安吉尔（Criss Angel），以及中国观众不甚熟悉的顶级魔术师们，比如佩恩和特勒（Penn & Teller）、麦克·金和"不可思议的乔纳森"（The Amazing Johnathan）等人。在拉斯维加斯，再大牌的魔术师都不会遥不可及——不久前，连续无休工作了 31 年的魔术大师兰斯·伯顿（Lance Burton）刚刚在附近的蒙特卡罗酒店完成谢幕演出，开始享受他的退休生活。

早在 20 世纪 90 年代初，拉斯维加斯的各种演出中就经常会包含一些小的魔术表演。把魔术独立出来进行演出的是一个叫作"齐格弗里德和罗伊（白老虎兄弟）"（Siegfried & Roy）的组合，两位性感的男魔术师总是与白狮子、白老虎同台演出，每年为酒店带来4500万美元的收入。从那个时候开始，魔术逐渐在拉斯维加斯流行开来。"他们的秀火起来以后，其他的秀就希望加入更多的魔术元素。这就是一个'山寨城'，一旦有什么元素火了，所有的秀都想要加入这种元素。"麦克·金在他剧场的后台对我说。

"齐格弗里德和罗伊"之后，按照在拉斯维加斯火爆的先后顺序，分别迎来了魔术师道格·亨宁（Doug Henning）、大卫·科波菲尔和兰斯·伯顿。

2010年春晚上"手穿玻璃"的视频在国际魔术界传开之后，许多人都开始追问："这个亚洲男孩是谁？"国外讨论"穿玻璃"魔术效果的论坛也开始热烈讨论刘谦所使用的方法。春晚上穿玻璃的方法是刘谦自己研究出来的，那也是他人生中最为得意的演出之一。

那个除夕夜，当刘谦出现在电视上，"打麻将的停下来看一下，'挺好挺好'，继续打麻将吃饺子；变扑克牌魔术，'挺牛挺牛'，大家继续吃饺子打麻将；硬币穿过玻璃，'挺好'。可是当手穿过玻璃的这一刻，我听过太多人说，所有在吃饭的人停下来了，打麻将的也停下来了，大家都呆掉了。"刘谦说。

8分半钟的表演，最后30秒是完全没有语言的。"我不想摧毁掉那个心中震撼的感觉。"他说。对于其魔术表演的特别之处，刘谦说："我把比较近代的魔术表现方式介绍给社会大众，这是我一直希望的。我一直希望大众能用全新的眼光来看待这种古老的表演艺术。"

历史上，有一名叫约翰·亨利·安德森（John Henry Anderson）的苏格兰魔术师，23岁时遇到了一位勋爵，他邀请勋爵观看了自己的魔术表演。勋爵看完后深感愉快，为安德森写下了一纸证书："综观本人阅历之其他艺人，无论国内国外，迄今无一人能与先生媲美，谨此奉闻。"然后安德森凭着这张证明开始了他为期三年的巡演，经苏格兰、爱尔兰后抵达伦敦。

安德森是最早大量使用海报进行宣传的魔术师之一，魔术也是在他的努力之下从街头地摊走上舞台。他把自己的舞台命名为"玄妙实验室"，各种设备五光十色，闪闪发光，他声称这些道具都是用纯金纯银制成的。他自称"教授"，还取了很多其他夸张的头衔，表演时身着燕尾服。

这发生在19世纪30年代，至今许多人仍然认为魔术师的形象仍然是安德森这个样子。其实全世界的魔术师都在努力丢掉一些旧有的东西，更多地运用日常所见的器物。"可疑的、怪怪的箱子当然偶尔还是会有，但至少它会设计得比较具有现代感，不太会有人把龙画在上面。"刘谦对我说。

刘谦最为推崇的魔术前辈是大卫·科波菲尔。他认为科波菲尔把魔术提升到了一个全新的高度，甚至可以称为是"整个魔术史上最厉害的魔术师"。刘谦的舞台风格显然也深受科波菲尔的影响。"这个世界上有很多种不同的魔术师，他们擅长的领域不一样，有些专搞恐怖的东西，有些专做好笑的表演，就像动作片演员和喜剧演员，他们通常都有自己的戏路在。我相信，艺术表演迷人的地方就在这里。"刘谦说。

1926年10月31日，历史上最伟大的魔术师之一哈里·胡迪尼在一次演出之后猝然去世。他在合上双眼前说的最后一个词是"相信"（believe）。

"我猜胡迪尼想表达的意思可能是'相信魔术'或是'相信生命'。"刘谦的魔术顾问、西班牙魔术师米尔科·卡拉奇（Mirko Callaci）对我说。

"人在看一个好魔术时，人性会让他宁愿相信这一切都是真的。因为人都需要保留一个梦想或想象的空间，会希望这是真的。"刘谦说，"就像我们看电影，两个小时的时间，看的人都会相信这是真的，不然干吗买票去看？如果你说'那是假的，那是假的'，那就没有乐趣了。"

拉斯维加斯演出中的大部分魔术是他在之前的巡演中反复表演过的，而考虑这里很多观众可能并不认识他，所以刘谦对演出做了一些特别调整。在国内演出的时候，因为观众知道刘谦是谁，所以开场的部分可以用比较慢的节奏。先跟大家聊聊天，"然后大家可能看到我开心的样子"。可是在国外，整个秀的开场，就需要比较震撼的东西，先让大家认识刘谦，然后再进行接下来的演出。

晚上7点半，演出正式开始。刘谦先是几乎没有语言地表演了两个快节奏的人体瞬移效果，然后才跟观众们打招呼。"哇！"刘谦打开双手在舞台上转了两个圈，才继续说，"朋友们，拉斯维加斯，大家好吗？"正如他之前所预料的，演出的第一天台下观众有80%是华人。大概因为这天是周六，许多一家子来拉斯维加斯度假。而第二天的表演就多了很多西方面孔的观众。

演出中，刘谦重现了春晚上的硬币穿玻璃，他也将自己的人生经历融入到表演之中。有一个时刻，他坐在那里，桌子上只有一只咖啡杯和三颗小球。

"我有一个朋友，有一只一模一样的杯子，这个朋友叫路易斯。他是我的魔术启蒙老师，他的年纪大我 12 岁。我在 8 岁那年认识他，他像大哥哥一样照顾我，告诉我很多做人做事的道理……他给我表演了我这辈子看过的第一个魔术。在我 19 岁那年，他过世了，这让我一度想要放弃魔术这条道路。"刘谦说着开始向观众展示那只咖啡杯和三颗小球。

"这个魔术是纪念他的，这是世界上最单纯的魔术。"刘谦拿起一颗小球，丢进杯子里，又拿起一颗丢进杯子，第三颗拿去放进口袋，然后倒下杯子，有三颗球从杯子里滑落。"杯子里永远都会有三颗球。"他说着又重复了几遍刚才的过程，然后又以慢动作做了一次。每次都是一样的结果。

"我还记得我第一次看到这个魔术时我是怎么对路易斯说的。我说，你桌子底下肯定藏了很多球，或者你手很快，把球放到了杯子里。他对我说的一番话我永远都不会忘记，他说，刘谦，我们任何人都不应该去探讨魔术背后的奥秘，因为只有这样我们才能去体会生命中那些不可思议的——惊喜。"

"那时我就决定长大也要当一个魔术师。"刘谦继续说，"他说，刘谦，如果你要当一个魔术师的话，就会发现在这条道路上充满了——挫折。"刘谦把一颗小球丢进杯子。

"悲伤。"刘谦把第二颗小球丢进杯子。

"……和孤独。"刘谦把第三颗小球放进口袋。

然后他把杯子倒下,有三颗小球滚落了出来。"因为在这条道路上,很多人都不知道,你是在制造——梦想。"他把一颗小球丢进杯子。

"回忆。"他又丢入一颗小球。

"……和快乐。"他把第三颗球放入口袋。然后倒下杯子,依然有三颗小球滚落出来。

第三章

午夜阳光灿烂

40多年前，美国哥伦比亚大学教授华莱士·布勒克（Wallace Broecker）在《科学》杂志上发表了一篇标志性的文章《我们是否处在全球变暖的边缘？》，首次在学术文章中使用"全球气候变暖"一词。到今天，尽管准确预测气候变化仍有相当大的困难，但许多人已经开始想方设法来解决这个世纪难题了。

在种种方案中，人为地用硫为地球降温的设想随着美国经济学家史蒂芬·列维特（Steven Levitt）和作家史蒂芬·都伯纳（Steven Dubner）的畅销书《超爆魔鬼经济学》（*Super Freakonomics*）在2009年的出版而广为人知，并且引发了激烈的争论。

两位作者在讨论这一话题的时候提到两个故事。

第一个故事是关于马粪问题的。19世纪60年代，纽约市最快速的交通方式是有轨马车。这种出行方式广受欢迎，马的数量也随着需求不断增加。到了1880年，纽约市的马至少有15万匹。由此带来的问题是——马粪。城市里每个月产生4.5万吨马粪，这带来令人极为头痛的环境和健康问题。这个问题不单困扰着纽约，也困扰着世界各大城市。1898 年，一次国际性的会议召开，专门研究马粪问题，但原定为期一周半的会议却因为无法找到任何解决方案而只开了三天就草草结束了。

第二个故事是关于医生洗手问题的。19 世纪中叶，产褥热造成的产妇高死亡率困扰着医学界。匈牙利医生塞梅尔维斯（Ignaz Philipp Semmelweis）在那时发现，产褥热很大程度上是因为医生不洗手造成的。尽管当时许多人不相信问题仅仅出在是否洗手上，但后来事实证明塞梅尔维斯是对的，之后洗手也成了医生的操作规范。然而时至今日，在每个医生都知道洗手这项标准操作的情况下，对美国最好的医院进行调查却发现，医生们洗手的次数比规范要求的次数少一半以上。

列维特等人认为第一个故事传达出来的意思很简单：如果在某一个时刻，人们觉得事情是没有希望的，那是因为他们看问题的角度错了。在那个令人绝望的国际马粪会议之后仅仅十几年，纽约的汽车数量就超过了马匹数量。又过了几年，有轨马车就彻底消失了。

他们讲第二个故事想表达的是，人们知道某件事应该如何做是一回事，人们会不会做则是另一回事。他们还举了吸烟有害健康的例子。人人都知道吸烟有害，但还是有那么多吸烟的人。

他们由此认为，环保人士在气候变化问题上所做的"唤醒民众"的努力，既开销巨大，又效率低下。列维特等人主张的是用"纯技术"的方式来应对全球变暖。就好像当年对付马粪一样，要用新的技术来解决旧的问题。他们最推崇的办法是所谓的"长袜子方案"。这种方案是人为地将硫化物通过特制的 25 千米高的"长袜子"排放到平流层，以抵消温室气体所带来的暖化。

　　长袜子方案并非列维特和都伯纳二人原创，它来自曾任微软首席技术官的内森·梅尔沃德（Nathan Myhrvold）。在梅尔沃德的设想中，"长袜子"的直径不到 0.3 米，由高空气球牵引，一直伸到平流层。"袜子"上排列着一些喷口，从这些地方，二氧化硫被释放出来。只需要建立一个这样的设备，就能为整个北半球降温；然后再在南半球建一个，全球的问题就一举解决了。

　　梅尔沃德很清楚这样的方案一定会遭到一些人的激烈反对，因为那些人会条件反射式地认为"改造环境"只会带来更大的灾难。于是他解释说，在他的方案中，每年排放的二氧化硫为 10 万吨，这只相当于人类每年排放量的一个很小的比例。确实，根据一项估计，2005 年全球排放二氧化硫 11550 万吨。如果你觉得连这样的增加也不可接受的话，那么改造现有的工厂，让它们把二氧化硫直接排放到平流层如何？这样既没有增加排放，又解决了变暖问题。此外，一旦发现"长袜子方案"带来了意料之外的负面效应，那么可以立即停止排放，二氧化硫在平流层中最长也就停留两年。

　　列维特和都伯纳二人认为，以减排二氧化碳的方式去应对气候变化，即使会产生效果，可能也远在几十年之后了。而梅尔沃德的方法能够迅速起效，这才是更务实的解决方案。至于对环境的改造，或者说地球工程，人类自几千年前就开始做了。

　　他们的这些观点引来了许多人的嘲讽。在《纽约客》的一篇书评中，作者伊丽莎白·科尔伯特（Elizabeth Kolbert）认为列维特他们是用对科幻的信仰代替了科学的信念。她在文末说：

"当某些形式的马粪不再是问题的时候,其他一些形式的总跟我们在一起。"

在多种应对气候变化的思路中,令阿尔·戈尔(Al Gore)最为不屑的就是地球工程的方案。"我们已经卷入了一场大规模的、计划之外的行星实验",他在《我们的选择:气候危机的解决方案》(Our Choice: A Plan to Solve the Climate Crisis)一书中写道,"然而我们不能再开始另一场行星实验,寄望于它能够魔术般地以某种方式抵消掉我们已经造成的后果。"

在科学层面,一些研究人员也提出了用二氧化硫降温可能带来的一些负面效应。美国国家大气研究中心(NCAR)的西蒙尼·蒂尔梅斯(Simone Tilmes)及其同事研究了从火山喷发出的二氧化硫对大气的影响。他们发现,在极地的平流层底部,虽然硫酸盐不会直接参与反应,但它们能够帮助氯活化,从而引起一系列化学反应,最终破坏臭氧层。如果按照假设的方案向北半球的大气中排放二氧化硫,在几十年的时间里,它可能破坏北极上空四分之一至四分之三的臭氧层,同时还会把南极上空臭氧空洞的修复时间拖后 30~70 年。

在《科学》杂志的一篇文章中,两名研究者讨论了人为减少地球接收到的太阳辐射对降水产生的影响。他们指出,历史上的火山爆发确实降低了地球的温度,但往往被人忽略的一点是,它们同时也减少了降水,加剧了干旱。"如果地球工程把注意力集中在暖化问题上,那么由这些'治疗措施'带来的重要风险可能无法得到适当的评估。"他们警告说。他们同时认为,把注意力局限在解决暖化问题上,会给人们带来一种错误的确定感,也会低估地球工程解决方案的影响。

另外，美国罗格斯大学的环境科学教授艾伦·罗伯克（Alan Robock）指出，温度上升只是二氧化碳浓度增加带来的诸多效应中的一个，人为降低气温并不能消除二氧化碳的其他负面作用，比如海洋酸化。罗伯克甚至总结出了"地球工程可能是坏主意的 20 个原因"。

不过，所有的质疑并没有阻止那些寄望于地球工程的人。在 2010 年上映的纪录片《冷静一点》（Cool It）中，美国麻省理工学院的化学家丹尼尔·诺塞拉（Daniel Nocera）说："解决方案就是我们——科学家。"

这部纪录片以丹麦环境活动家比约恩·隆伯格（Bjørn Lomborg）为主角，介绍了他的演讲和他的观点。隆伯格演讲中很重要的一部分便是指出阿尔·戈尔著名的《难以忽视的真相》（An Inconvenient Truth）中所存在的误导性的信息。而且，显然，隆伯格是一个技术派。影片大量讨论了用技术方法应对气候变化的点子。比如，城市比乡村要热（热岛效应）乃是因为城市的暗色的路面和房顶吸收了太多的阳光，并且排水系统太好造成缺少水分，那么把城市涂成白色以及研究新型的水泥就能缓解这一效应。风能、太阳能、核能、波浪能等，也是处于研究中的对煤炭的替代方案。梅尔沃德似乎很喜欢使用的一个词是"重新发明"，他在片中表示正在致力于"重新发明"核能。他还在关注，如何制造更多的白云而不是乌云，因为白云有更高的表面返照率。

"有些人说，瞧，最初就是技术把我们带入了现在的境况，你们这些人只会把事情搞得更糟。我想合适的回答是，好啊，你们有什么解决方案？"梅尔沃德说，"不要阻止我，如果你自己没有解决方案的话。"

隆伯格算了一笔2500亿美元的账，这相当于欧盟每年减排二氧化碳的预算。按照他的设计，同样一笔钱，完全可以采取这样一种使用方式：每年1000亿美元用于研究应对气候变化，即那些绿色的解决方案；50亿美元用于研究地球工程，120亿用于对付热岛效应，360亿用于应对海平面上升和内涝。以上这些加起来一共是1530亿美元，剩下还有970亿美元可以用于处理其他全球性问题，比如健康问题（330亿美元）、饥饿（320亿美元）、供水（100亿美元）和教育（220亿美元）。

"或者，我们想把2500亿美元按照现在的思路使用，最终在21世纪末让气温降下0.1～1摄氏度。我们真的认为这种方案比同时解决以上问题要更好吗？"隆伯格诘问。

影片的末尾，隆伯格与美国国会议员杰伊・英斯利（Jay Inslee）在一场听证会上产生了辩论。

英斯利说："我想我明白你的意思了。恕我直言，也许丹麦能处理这些事，那让我告诉你美国是怎样的。我们能够解决艾滋病、疟疾，以及承诺我们的子孙我们不会损坏这个星球。我们有道德义务做这些事情，并且我们在这个国家里会把三件事都办了。你有什么评论，请讲。"

"我想简单说两点。"隆伯格的脸上带着顽皮的微笑，"第一，你说美国是个伟大的国家，绝对的。美国也比丹麦大多了。第二，你说你们会把疟疾、艾滋病、气候变化都解决了。我们也可以在这个名单上再加一些项目，比如洁净饮水、教育，等等。我很高兴听到这个。那么我想请教的问题是：为什么你们在过去十年里没有这么做？你们为什么还没有解决这些问题？"

英斯利摘掉眼镜，无言以对。

影片就此结束了，但是争论旷日持久。丹麦一位名叫库尔·弗（Kare Fog）的生物学家专门建立了批驳隆伯格的网站，十几年的时间里持续地指出隆伯格的错误。他在网站上替英斯利回答了最后的问题："英斯利无法动员起大多数人按自己的方案行事，部分的原因就在于很多政治家听信了隆伯格的主张，认为减少石油和煤炭的消耗是错误的。"

毫无疑问，气候变化是一个既新颖又极为复杂的话题。要理解这个问题，我们也许需要从考察"第一现场"开始。

第一节 | 一张照片顶一千个单词

脚踩在冰上，冰面轻微破裂发出的脆响迅速消失在风里。这是2009年7月的盛夏，我第一次踏上北极的冰川。

在直升机上的时候，我就问杰森，他是怎么把相机安放在冰面上的。杰森·博克斯（Jason Box）是美国俄亥俄州立大学拜尔德极地研究中心的一名冰川和气候学家，他也是第一次实地研究我们直升机下方的这条冰川。他回答我说，直接将直升机降在冰上，人上到冰面上去安装就行了。

这个回答让我有点惊讶，但很快就想通了：这里的冰至少有十几米厚，直升机落在上面应该是不会把它压破的。不一会儿，我们的直升机就稳稳当当地降落在了冰面上。

坐在那里等了几分钟，旋转的机翼逐渐停了下来，飞行员马丁伸出大拇指示意，我便摘下耳机，打开舱门。踏上冰面的那一刻，我有一种不真实的感觉。

这里是北纬 81 度，格陵兰西北角的彼得曼冰川（Petermann Glacier）。白得刺眼的冰面像凝固的波浪一样起伏延展，两侧是难以判断高度的峭壁。一条深深的裂缝从身边一直延伸到视野的尽头，像是横切了整条冰川。杰森和同行的英国冰川学家阿伦·哈伯德（Alun Hubbard）一边沿着裂缝快速行走，一边观察和拍照。

在他们看来，这条裂缝正发出危险的信号。当裂缝足够深、足够长的时候，大面积的冰面就可能从冰川上断裂。这会让冰川一下子失去很多冰，并让人很容易就联想到格陵兰乃至整个北极令人担心的未来。

一个国际科研小组 2009 年发表的一项研究结果显示，此前 10 年的北极是近 2000 年来最热的。他们通过分析钻探得到的冰芯、北极湖底的沉积物、树木年轮以及其他取样，重建了近 2000 年来北极夏季温度的变化，最后得到这样的结论。

我随绿色和平组织的"极地曙光号"（Arctic Sunrise）考察船自 2009 年 6 月下旬从北极圈附近向北航行的一路上，也体验到了一个温暖的北极。

船航行在格陵兰与加拿大埃尔斯米尔岛（Ellesmere Island）之间的内尔斯海峡（Nares Strait）时，水域开阔，海风常常不带有一丝凉意。一天下午，我吃惊地发现杰森穿着一件短袖 T 恤就来到了甲板上，问他穿成这样冷不冷。"这十分不正常。"他看着海面说，"我们应该看到冰才对的，可现在什么都没有。"

我们遇到的这种现象英文叫作"polynya"，翻译成中文叫"冰隙"。在正常情况下，内尔斯海峡从每年的 2 月初开始冰封，到了 7 月的最后一个星期冰才会破碎。可是，现在是 6 月底，极地曙光号却在这里畅行无阻，全速北上。

"今年它在冬天就没有冻结，这是至少 32 年来的第一次。"杰森说。

在后来的日子里，我每次到甲板上去，几乎都看到温度计的水银柱停留在零上 5、6 摄氏度的位置，有时甚至达到 8、9 摄氏度。这大概也就相当于北京的深秋吧，我在心里想。杰森等人后来在彼得曼冰川表面安装的小型气象站的监测结果也印证了我的观察，冰面上的气温总是在 5 摄氏度以上。

我们达到的最高纬度是北纬 82 度 34 分，那里有一座"冰桥"（Ice bridge）。这里所说的"冰桥"，指的是一段边缘呈弧形的海冰，它连接着格陵兰和埃尔斯米尔岛，阻挡了更北边的海冰，使得后者无法通过海峡漂到南边去。

在地图上与往年海冰的位置比较，冰桥所在的位置比通常情况高出了两三度。科学家认为，这种现象通常是由于海水温度高或者风力作用形成的，而且很可能是两者在共同起作用。美国国家航空航天局（NASA）的卫星观测显示，冰隙形成时，海水的热红外辐射显著高于周边。此外，一股北风持续地从海峡中吹过,冰桥处新形成的冰被不断吹走,漂向南方。这就造成海峡北端的冰桥边缘始终处于破碎状态,冰层也总是很薄。

北冰洋海冰的面积在每年3月冻结到最大面积,然后随着天气的转暖开始融化,在9月份达到最小,进入秋冬季节后再次变大。如此往复。

美国有两颗卫星从1978年开始记录每个月北极海冰覆盖的面积。通过对比这些记录,科学家注意到,从1979年至2006年,每年相同月份的海冰覆盖的面积都呈现下降趋势。其中最明显的是在9月份,大概平均十年下降9%,或者说平均每年减少10万平方千米。海冰的面积在2005年创造了最低纪录,只达到历史平均面积的四分之三,是50年来的最低。这一纪录没有维持多久,到了2007年便又被打破。

没有跟我们一起考察的美国科罗拉多大学国家冰雪数据中心主任马克·塞雷泽(Mark Serreze)对我说:"我想现在已经太晚了,我们没有办法拯救夏季的海冰了。"科学家做出的悲观估计是,到2030年,北冰洋在夏季就会在我们的历史上首次出现无冰的状况。

———————◆———————

在此之前,我乘坐一架空客A330型客机从丹麦哥本哈根向西飞行,在经过冰岛上空之后不久,就接近了格陵兰。这时,飞机上的每个舷窗前都至少有一个脑袋向下张望,世界上最大的岛——一个冰雪世界——吸引着众多目光。

格陵兰的面积相当于中国国土面积的 23%，其中 80% 以上的地方被冰雪覆盖。与北冰洋的海冰不同，这里的冰是由降水带来的淡水形成的。

这座岛有五分之四的面积位于北极圈以内，冰盖最厚的地方达到了 3.4 千米，如果它上面所有的冰雪融化，将使地球的海平面上升 7 米。而问题在于，它现在正在加速融化。因此，它不但吸引着旅行者的目光，更是气候学家和冰川学家关注的焦点。

飞机接近格陵兰东海岸时，首先看到的是白色的斑点在深蓝的海平面上构成巨大的不规则图形，那些白色的斑点都是浮冰。很快，这些浮冰的源头就出现了，也就是冰川。土地却迟迟没有显现，人们看到的只是一些突兀的山峰，以及山峰周围白茫茫的冰雪。这种状况也没有持续很久，当飞机飞到更为内陆的地方时，目力所及便只有无边无际的耀眼白色了。

不过，当飞机到了格陵兰的西侧时，一种罕见的地貌让人怀疑自己究竟是看到了什么。只见平坦的白色冰盖上出现了一个个深蓝色的椭圆，就好像质地上乘的蓝宝石。这些"蓝宝石"其实都是冰面融化形成的湖泊。它们通常出现在格陵兰的东北部、北部和西部。尽管看上去极其漂亮，但它们也正在引起冰川学家的担心。

这些湖最大的直径大约有 2 千米，最深的地方有 15 米。也有些湖并不是圆形的，它们能长达 5 千米，但宽只有 800 米。这些湖中面积最大的有 9 平方千米。每一个湖都像是一水池的水，也有放水的"管道"。科学家已经在南极洲的冰盖上观测到，湖水像钻头一样钻下去，使冰盖出现很宽的裂缝。显然，有太多的湖出现并不是一件好事情，它们会破坏冰盖。

这些湖只在融化大于降雪的地方形成。格陵兰上的这些湖在5月下旬开始出现，然后它们在夏天的某些时候可能会放空，而那些没有放空的湖可以持续存在到9月中旬。没有放完水的湖在冬天就会再次冻结，但是大多数的湖最终都会将水放完，而且实际上这个过程有时候是非常快的。

冰川学家只有10年的数据，但如果查看这10年的数据，对比气温高的夏天和气温低的夏天，就会发现在温度较高的时候，会出现更多的湖。同时，事情是复杂的，因为湖会放水，而冰川学家们记录到的并不是放水的时间。所以有另一种可能是，这仅仅是一个当地的个别事件，并不是气候变化的信号。

那些湖是自然形成的，并非近些年才出现，但已经有研究显示，湖的数量在变多，面积也在变大。有些冰川学家发现，在较热的夏季，会出现比较大的湖。他们还推测，如果气候持续变暖，我们应该会看到更多的湖。

假如裂缝将冰面完全分开，冰川就会释放出一个面积数十乃至上百平方千米的"冰岛"。杰森一直担心这种情况发生，尽管看上去断裂并没有他想象的那么快，他所预测的断裂并没有出现。

在杰森亲自到彼得曼冰川做研究之前，他对彼得曼冰川的研究是通过美国国家航空航天局的卫星照片完成的。他和他的研究生一起监测格陵兰32个主要冰川的变化。在2006年至2007年，他们测量到格陵兰的冰架面积减少了62.9平方千米；到了2007年至2008年，数字达到183.8平方千米，几乎是前一年的3倍。

冰川是依地形流动的冰，它们的冰来自冰盖，从陆地延伸到海中，其在海面上漂浮的部分称为冰架。

———————◆———————

飞机首先抵达康克鲁斯瓦格（Kangerlussuaq），这个格陵兰的城镇几乎刚好位于北极圈上。从这里转小飞机向西北继续飞行半个小时，就到了格陵兰第二大城市锡西米尤特（Sisimiut）。

6月24日，绿色和平组织的极地曙光号在这里靠岸。它十多天前从荷兰阿姆斯特丹启航，横跨了大西洋。在哥本哈根转机而来的中国参与者从这里上船，同时还有杰森。

极地曙光号打算沿着格陵兰的西海岸一直向北航行，考察气候变化对格陵兰冰川的影响。

政府间气候变化专门委员会（IPCC）在2007年发布的气候变化报告中，对1993年至2003年格陵兰对海平面上升的贡献的估计是平均每年0.21毫米上下。

IPCC的这份报告采纳了杰森的部分研究数据。具体来说就是格陵兰冰盖的表面每年融化了多少，又有多少降雪，看这两者的平衡情况。他得到的结论是，降雪量呈现出增加的趋势，但是融化的趋势比降雪增加的趋势还要强。"就像是一个银行账户，有更多的钱进来了，但花的钱比进来的钱还要多。"他说。

实际上，杰森认为格陵兰的冰川融化的情况比IPCC报告中所说的还要严重。IPCC的这份篇幅巨大的报告容纳了数以千计的科学家的研究结果，这些结果都是基于已经在正规学术期刊上发表的论文。2006年1月，报告截稿，但仅仅就在一个月之后，一项重要的研究结果在美国《科学》杂志上发表了。

美国国家航空航天局喷气推进实验室（JPL）科学家、美国加利福尼亚大学尔湾分校（UCI）教授艾瑞克·瑞格诺特（Eric Rignot）及其合作者分析了1996年至2005年卫星雷达对格陵兰的冰川的观测数据，发现了令人惊讶的结果：在格陵兰中东部，康格尔隆萨克冰川（Kangerdlugssuaq Glacier）在2000年至2005年间的流动速度增加了一倍不止，从每年6千米增加到每年13千米，成为格陵兰流动速度最快的冰川。此外，南部的黑尔海姆冰川（Helheim Glacier）的速度加快了60%，西部的雅各布港冰川（Jakobshavn Glacier）也加快了一倍。这些冰川如此大幅度地加速流动都仅仅发生在几年之内。

与此同时，发表在《冰川冻土》（*Journal of Glaciology and Geocryology*）上的一篇文章则指出，在1992年至2002年间，格陵兰冰盖的收支已经接近平衡，平均每年新形成的冰仅仅比融化掉的冰多出11立方千米。而在总体上，由于底部的融化和向外释放出冰山，格陵兰冰盖每年失去47立方千米的冰。在瑞格诺特发表的那项研究中，这一数字高达每年224立方千米上下，另一篇发表在《科学》杂志上的研究给出了每年148立方千米的数字。还有一篇发表在《地球物理研究快报》（*Geophysical Research Letters*）上的文章认为这一数字是每年82立方千米。

尽管四项研究结果给出的数字各异，但它们都毫无例外地显示出格陵兰冰盖正在萎缩。

"没有任何一个冰川流动模型预测了会有如此之快的变化。"当时华盛顿大学的冰川学家伊恩·朱金（Ian Joughin）这样评论，"如果你看教科书，你会看到冰盖的响应时间是一千年或是更长。"

"正在萎缩的冰川"被《科学》杂志评为 2006 年十大进展之一。然而正是由于截稿时间的原因，IPCC 的报告并没有把冰川流动得更快这个最新的研究结论纳入在内。因此，海平面上升的速度实际上可能比 2007 年报告预测的要快得多。

现在科学家观测到的海平面上升的速度是一年 3.2 毫米，这其中有三分之一都是格陵兰贡献的。或者说，格陵兰每年对海平面上升贡献 0.6～0.9 毫米。3.2 毫米中另外有 40% 来自气温升高后海水的热胀，而剩下的 30% 来自美国阿拉斯加、南美洲巴塔哥尼亚、冰岛、南极洲等地的总和。

极地曙光号从荷尔斯泰因斯堡（Holsteinsborg）向北启航的第二天，也就是 6 月 25 日，海面上已经能够看到一座座冰山。控制室里时刻有人戴着深色太阳镜观察海面，看到前方一英里（1 英里 =1609.3 米）处有冰山时便调整航向，避免相撞。

这些冰山来自上文提到的雅各布港冰川，它是整个北半球最富生产能力的冰川。冰山从雅各布港冰川分裂出来，在颜色浓重的海面上向南漂移。Jakobshavn 音译是"雅各布海文"，其中的"雅各布"是人名，"海文"的意思是港口，是安全的地方。这显然与实际的情况大相径庭。

但是，到了两天以后，海面上却再也见不到任何冰山了，至多偶尔有一些小块浮冰漂过。这是因为北边的冰山流动得没有那么快，也就不会产生那么多的冰山。此行的主要目的地是位于超过北纬 81 度的彼得曼冰川。与雅各布港冰川相比，虽然后者比前者宽两倍，但它产出冰山的能力只是前者的十五分之一。彼得曼冰川并不是一个流动速度很快的冰川，其他在格陵兰北部的冰川流动得也都不是很快。

加拿大的监测资料则显示，内尔斯海峡在 2007 年没有冰封，使得来自北冰洋的大冰块能够一路南下，直达巴芬湾（Baffin Bay）。它在 2008 年倒是冻上了，但冰封的区域却比以往更为靠北。2009 年，至少到 6 月底为止，它也没有任何冰封的迹象。尽管与 2007 年不同，2009 年在格陵兰与加拿大之间形成了冰桥，冰桥阻挡了北冰洋古老的冰块南下，但冰桥的位置却极为靠北，在地图上看，其纬度比通常的情况高出了两三度。

6 月 28 日，船在短短的几天时间里就从北纬 67 度的荷尔斯泰因斯堡开到了北纬 81 度以上，接近彼得曼冰川。"还有三个小时——哦，不，还有两个小时我们就要到达彼得曼冰川了。"水手鲍勃 28 日上午 11 点在控制室里说。"一路上顺风顺水，我们才能开这么快。这对我们的航行来说是个好消息，但就气候来说它真是个坏消息。"

———— ◆ ————

这是杰森第 18 次来格陵兰远征。从 1994 年开始到 2005 年，他每年都会来到格陵兰。在那个阶段里，他参与的是美国国家航空航天局的一个研究项目，重点研究冰盖收支平衡的情况，也就是降雪与消融之间的平衡，观察冰盖对气候变动的短期和长期响应。

在那个时候，诸如"气候变化"和"全球变暖"这样的词汇还非常新鲜。"我们并不以为格陵兰会是个重要的地方，因为那个时候的常规观点是，冰盖移动得非常缓慢，对气候也没有响应。"杰森在极地曙光号的酒吧里对我说，"但是现在这种认知已经大大改变了。"

到了 2002 年，冰川学家才真正开始严肃地考虑气候变化对冰川的影响。美国国家航空航天局戈达德飞行研究中心的杰伊·兹沃利（Jay Zwally）发表的一篇论文给出了全球定位系统（GPS）观测的结果，显示了夏天格陵兰内陆的冰在加速融化，速度加快了 60%。实际上，现在这一速度更快了，在很暖的夏天达到了 100%。

当时的冰川学家还只是认识到了气候和冰盖融化之间存在关联，而到了 2007 年和 2008 年，科学家又认识到了更为重要的事实：冰川正在以相当快的速度终结冰盖，冰川将冰送到海中的速度比内陆冰融化的速度快得多。相比之下，内陆冰盖融化的速度加快了一倍，这只在千年的尺度上有影响，而在短时间内产生影响的是冰川。

冰川与冰盖的区别在于，冰川是在山之间流动的，换句话说冰川是受到地面形状控制的，而冰盖如此之厚，以至于能把山都给埋起来，而且它并不被地面所控制。冰川是内陆冰盖的开口，就好像巨大水池的狭窄出口，它们将冰盖中积存了上万年的冰释放出去。

与最厚处达到 3.4 千米的冰盖相比,最厚的冰川大概能达到 900 米。随着它们离海越来越近,厚度也在迅速降低,最后薄到大约 10 米。它们在往外流动的过程中变得越来越薄,是因为与水接触以后融化变快——这一点在科学上其实是一项相当晚近的发现。在 20 世纪 90 年代,科学家并不知道漂着的冰川的底部的融化是多么重要,而现在他们已经完全不会忽视这个方面。

实际上,表面融化和底部融化都是重要的。虽然底部融化的速度要快得多,但表面融化之所以重要,是因为冰盖上有很大的面积都在进行表面融化。如果融化的水流进一条裂缝,那它就很可能把冰分开,一直钻到冰底下去。

———— ♦ ————

站在冰川旁边的峭壁上或是站在冰川的表面上,一个人并不会感到冰川在流动。相反,它好像是完全静止的。杰森读博时的导师想到了一个办法来观察冰川的流动,即用延时相机对冰川进行拍照。

从到达彼得曼冰川的第一天开始,杰森就频繁往返于船和冰川之间,他这是在安装他的冰川照相机。之前他已经从别的冰川那里收回了两年前放置的相同类型的相机,其中几部继续使用,此外他又带来了四部新的相机。

"在彼得曼冰川,可选择的安放相机的地点并不多。"杰森说,"但我们找到了一些不错的地点,我们把相机放到尽量高的地方。使用广角镜头,比如 24mm 或 28mm 的,所以视野开阔。"

杰森使用单反数码相机，这些相机都加装了手柄，以便能多放一块电池。他将相机放在一个灰色的小箱子里，箱子的一侧有窗户，这样既不影响拍照又对相机起了保护作用。相机上还加了一个电子装置，能够控制相机每隔一段时间便自动拍摄一张照片。机箱由一个结实的三脚架支起，另一端连着一大块笨重的电池。三脚架上还有一块中国制造的太阳能板。在白天的时候，太阳能板把阳光转化为电能贮存到大电池中，电池充满电的状况下能供相机使用整整一个冬天。

他一共在彼得曼冰川安放了7部相机，其中2部位于冰面上，一部看着冰面，一部看着陆地。其他5部均在冰川两侧的峭壁顶端。他所选择相机的位置和视角，是为了看到尽可能大的范围。尽管专注于冰面上的某些区域也许是有价值的，但杰森此次想要观察的是大范围的裂缝。

"这些相机非常有用，因为就像是一直在看，就像是盯着，每分钟睁开一次眼睛。"相机把拍摄的照片存在存储卡中，杰森则过一段时间就要乘直升机去把照片拷回来。杰森对相机获取的数据非常满意："我们说一张照片顶一千个单词，而我们有几千张照片，所以，相当于很多本书了。"

杰森在取得照片后，把静态照片合成为动画，这样就能看到冰面的连续变化了。杰森现在已经有了10天时长的动画。画面中，太阳像复印机中的灯管一样一遍遍从冰面上空扫过，能清楚看到冰相对于地面的移动，也能看到裂缝在变宽、有些碎片裂出来。杰森说，冰面的流动速度是平均每天5米。而且在我们做观测的那些日子里，流动速度呈现出加快的迹象。

他认为，这种观测方法真正革命性的地方在于，让科学家看到冰川裂缝的形成，能够测量一片冰掉下来需要多少时间，并且能够了解到冰川前缘的水有多深，而比这些都更加重要的是，以极短的间隔测量冰川流动的速度。

数据的处理过程很快，照片被连贯起来播放，形成极为罕见的视频。画面中可以清晰看到冰川快速流动、破裂、快速崩塌的过程，景象令人瞠目结舌。当我用摄像机录下他在大屏幕上播放的视频时，他有意阻止了对其中某段视频的拍摄，说是不想吓到他的同行。那天晚上他把所有的内容讲了两遍，船上的随行摄影师尼克也津津有味地听了两遍。

杰森和他的同事获得了冰川每天流动的情况，这是之前没有人做到过的。他们发现，当日光强烈的时候，冰川就流动得更快，非常敏感。比如说，冰川旁边有一座山，太阳一从山那边升起来，冰川就做出反应，比他们之前能够想象的还要敏感。

他们已经发现，冰川流动的速度不是恒定的，当表面在融化的时候，冰川的流动速度就更高。它们在白天加速，或者在气温较高的时候加速。而且，在较暖的气候中，加速流动的时间会更长。"我喜欢说，随着气候变暖，冰川流动得更快，加速的时间更长。"杰森说。所以这是多重效应：当流动更快加上加速的时间更长，那速度的增加就不是线性的了。杰森和同事们用相机观察到了这一点。

在他们的视频中，昼夜之间能够看到冰川流动速度的周期，而如果是多云的天气，就看不到多少加速。在白天，速度会增加高达 50%。但这是冰川前缘的情况，因为杰森只观测了前缘的情况；

如果是在冰川深入陆地的部分，速度也可能并不会增加这么多。

美国斯坦福大学的史蒂芬·施耐德（Stephen Schneider）教授在发表于英国《自然》杂志上的一篇文章中说："对于格陵兰来说……我预测，有些许的可能性是，融化的水将热量带到冰盖底下，这已经造成了冰盖无可挽回的消融。如果气温再升高1摄氏度，那我将这种可能性增加到25％；如果升高2摄氏度，那这种可能性就是60％。如果是3摄氏度的话，由于这个系统是高度非线性的，那可能性就是90％。"

对于"无可挽回"的开始，人们常常用"拐点"这个词来表达。在我们这次考察的3年前，《自然》杂志就曾统计过，英国的报章在5个月的时间里有234篇文章提及气候的"拐点"。但究竟什么样的情况才意味着气候到达了拐点，以及拐点在什么时候会到来，科学家并没有一致的答案。在被问及格陵兰的冰盖什么时候会到达拐点时，杰森略微思考了一会儿，然后说，当冰的表面融化量比降雪量更多的时候。

好消息是，目前冰的表面融化量还没有大过降雪量，只是在变化的趋势上前者超过了后者。格陵兰之所以每年都在失去大约200立方千米的冰，是因为它除了表面融化外，它的底部还在融化，以及释放出大量的冰山。

在对冰芯的研究中，科学家已经发现，在14000年前的冰期结束后，格陵兰曾经变得温暖，而且在这之后温度也时有起伏。公元800年至1300年间，出现了中世纪温暖期，维京人在这个时候踏上了格陵兰。那时的温度曾跟现在不相上下。而公元1300年以后，小冰期又出现了，气温迅速下降。那么，格陵兰现在是否又在经历相似的过程呢？

"与公元 800 年至 1300 年那段历史不同的是，现在人类给大气增加了太多的二氧化碳，所以并没有先前的情况可与今天的情况做对比。"杰森说，"我们所知道的就是气候继续变暖的可能性很大。但真正如何发生，是不确定的。但不确定性并不代表会有很大的降温的可能。也许会有 1 年、5 年的冷的年份，但你如果看 30 年，那这一点的波动是很小的。所以它是个长期的趋势。"

"有趣的是，科学利用怀疑来促使自身发展，所以怀疑是科研过程的一个自然的和重要的部分。大部分的关于气候变化的科学论文都已经对自身的研究持有怀疑，所以如果你读 IPCC 的报告，就会看到它用词极其谨慎。所以那已经是一份相对保守的文件。"杰森补充说。

"人类活动是引起气候变化的最强的因素。"他继续说道，"如果我必须打赌的话，我会说是的，气候会继续暖化。"

船只在彼得曼冰川做了短暂的停留，便继续北上，行程之紧张就好像是在参与一项竞赛。从卫星图片上看，格陵兰和加拿大之间的冰桥很可能会在短时间内断裂。这种状况一旦发生，北冰洋的大量海冰可能会顺着海峡直冲下来，将船体包围，船就有可能会被困在彼得曼冰川。所以，当务之急是去冰桥看看那里的情况。

冰桥所在位置已经超过北纬 82 度。

"我对彼得曼冰川感兴趣，是因为它是格陵兰 6 个或 5 个特

别宽的冰川之一,它们都是在海里终结的。"杰森说。格陵兰大约有 200 个海洋性冰川,由于气候变化,它们正在加速流动,将格陵兰积蓄的冰释放出去。杰森相信,彼得曼冰川是格陵兰 5~10 个最不稳定的冰川之一。

在极地曙光号到达彼得曼冰川之后的至少 17 天里,冰面上的气温从未低于过融化点。现在,彼得曼冰川的前缘正在断裂,很有可能在一个多月的时间里释放出一座浮在海面上向南漂流的"冰岛"。"冰岛"的面积将有 20 平方千米。在杰森看来,如果一块浮冰大到能让一两百人在上面驻扎,这块浮冰就足以被称为"冰岛"。在 2009 年之前的几年里,北极的冰川已经多次释放出"冰岛"。

2005 年,加拿大埃尔斯米尔岛北部的一个冰架断裂,释放出一个面积 66 平方千米的"冰岛"。"冰岛"向着波弗特海(Beaufort Sea)移动。波弗特海位于美国阿拉斯加东北和加拿大北极群岛西北部的北面,是石油开采的重要海域。"冰岛"的出现对石油平台构成了威胁。但好在这个大冰块在 2007 年 8 月走进了一个海岛的死胡同,在那里停了下来。科学家希望它一直在那里融化殆尽——这可能需要数十年的时间。

2008 年,埃尔斯米尔岛一共又失去了 200 平方千米的冰,包括加拿大 5 个北极冰架之一完全断裂,漂入北冰洋。同样是在那年夏天,彼得曼冰川断裂出了一个 29 平方千米的"冰岛"。在这个事件发生之前,杰森和他大学里的同事们是最先向世界发出预警的人。这座"冰岛"顺着内尔斯海峡南下,对海上的船只和石油平台都构成潜在的威胁。

这座"冰岛"被命名为"彼得曼冰岛"。为了应对它的威胁，2008年9月，加拿大科学家在岛上安装了GPS，用于随时追踪其移动情况。此时，彼得曼冰岛已经漂流到了埃尔斯米尔岛的东南角。2009年3月下旬，这座"冰岛"已经越过了北极圈并以每天9海里的速度继续向南漂移，而它的质量已经减少了大约25%——它最初的质量有10亿吨。到了2009年6月，它漂移的里程达到了2000千米，此时它已经失去了大约一半的质量，面积减小到12平方千米，但仍在加拿大海域威胁着过往船只。

让杰森等人担心的是，同一个冰川正在制造面积数倍于彼得曼冰岛的新"冰岛"。这座庞大的新"冰岛"的面积将达到100平方千米。看起来，彼得曼冰川接下来可能会断裂出5座"冰岛"。在卫星图片上，杰森用A～E五个字母标示冰面上正在裂开的5片区域，其中面积100平方千米的"冰岛"对应的是A片。A片位于冰川的最前缘，与它并列的是面积20平方千米的D片。它们的后面还有B片、C片和E片。

但是，在A片断开之前，可能需要D片先断开。"我们认为，如果D片走了，那E片也会走，也许B片和A片也会走。D片是其中连接情况最弱的，它只有3～4千米还连着，而A片有7～8千米还连着。"杰森在2009年7月15日时说。"D片很快就会走。"他继续说，"如果天气继续暖和，风很强，海浪也强的话。"

我问他："你预测在我们8月初离开这里之前，D片走掉的可能性有多大？"

杰森摸摸自己的胸口，摸摸自己的胳膊肘，又摸摸自己的膝盖，说："我感觉……我用胳膊肘想想，我用膝盖想想……"他也没有任何把握。之前他曾估计彼得曼冰川会在7月3日到15日之间断裂，但这一预言并没有成真。

杰森又琢磨了一会儿，说未来两个星期中，D片断裂的可能性比不断裂的可能性大，"我认为赔率是60∶40。我想，到了9月份的时候，断裂的可能性是90%。"

"我认为冰川是一种十分有趣并且能激发兴趣的自然形体，它自身带有很多谜题和问题，十分复杂。"7月16日晚上9点半，阿伦坐在甲板的长椅上晒太阳，手里拿着一听啤酒。他之前在格陵兰冰盖上做了很多工作，这是第一次走上冰川来研究。"在一个层面上，它们非常直接，是某种容易理解的现象。"他说，"雪积存下来，质量越来越大，然后变成这种移动的状态，就像一条传送带。这是一种十分容易形成的理解方式。"

"然后当你到达这些冰川的时候，"阿伦接着说，"你就会看出它们的巨大和它们的变化，它们不同的融化方式，它们对外界不同因素的各种响应。你遇到的问题从根本上来说是科学问题，但同时也是令人遐想的问题。"

的确，在船上看去，彼得曼冰川是一条白线；从卫星图片上看，彼得曼冰川是一条白色的条带；但是，当从直升机上看，或是踏上冰川的时候，它的复杂结构和起伏便会立即打破脑海中冰川缺乏个性的固有印象。

冰川的表面并不是滑雪场或溜冰场，它表面的起伏就像公园里的人造小山，行走其间，是需要花费一点力气的。有所不同的是，冰川的"山脊"往往更为锋利，几乎只够一个人在上面行走通过。

在这些起伏之间，点缀着大小不一、形状十分不规则的小水洼。这些小水洼呈现出浅蓝色，底部往往有黑色物质。在水洼旁边，也常常能看到直径三四十厘米的圆柱形水坑，这些水坑往往有半米深，但也有比较浅的。也可能看到冰面刚刚开始呈放射状破裂，这是水坑形成的前兆。水坑底部也都沉积着黑色物质，与水洼的黑色物质相同。

对于患有密集物体恐惧症的人来说，从直升机上俯瞰冰面，也许会是一件带来不快的事情。因为从高处看去，冰面上的水洼实在太密集，简直快要赶上鳞片了。

水洼与水洼之间可能会有溪流连接，走在溪流边上，只能听到三种声音：风声、流水声和脚步踩压冰面的嘎吱声。但冰面实际上是十分结实的，走过时脚并不会陷下去，只会留下浅浅的鞋印。在彼得曼冰川前缘，冰的厚度达到了 10 米以上，科学家在工作中经常会把直升机停在上面。

其实这里也存在着危险。溪流有时会从"冰桥"下流过，"冰桥"看上去很厚，但实际上是由积雪构成的，人不慎踩上去后，会把大半个身子陷进去。好在分辨冰和积雪并不太难，虽然都显白色，但积雪看起来颜色更深，有点发黄。另外，北极熊对行走在冰面上的人也构成威胁，船上的澳大利亚探险家艾瑞克·菲利普斯（Eric Philips）就在冰面上发现了被北极熊分尸的海豹。

在某些地方，溪流在更深的缝隙中流动，这些缝隙就是冰川的裂缝。站在冰川上看过去，很难说出裂缝有多少千米，因为你会看到它一直延伸到视野的尽头。流水让裂缝更容易扩大，因为在冰川上，融水就像是刀子和钻头。

彼得曼冰川由陆地流向大海，冰川底部与海水最初接触的位置被称为"接地线"（Grounding line）。从接地线到前缘，彼得曼冰川延伸 70 千米，厚度也从最初的 600 米逐渐减少到十几米。换句话说，这 70 千米长的冰面是浮在海水上的，形成所谓的冰架。

———— ♦ ————

尽管彼得曼冰川位于超过北纬 81 度的高纬度地区，但它是一个已经被很好地研究过的冰川。这些研究中最主要的工作是由艾瑞克·瑞格诺特完成的。

他用卫星遥感的数据研究彼得曼冰川，同时也做野外考察。瑞格诺特和他的同事在 2001 年发表论文称，格陵兰包括彼得曼冰川在内的三个大冰川每年的质量收支为负数，每年大约丢失掉 4 立方千米的冰。他在 2008 年的另一篇论文中又说，冰架底部的融化是彼得曼冰川最主要的融化方式，这种融化的速度是表面融化的 20 倍，是释放冰山的 18 倍。

冰川不只是表面结构复杂，其内部和底部也极其复杂。瑞格诺特注意到，冰川内部也存在水道，这些水道对冰川的融解起到了很重要的作用。就彼得曼冰川来说，某些冰面之下数十米的地方存在水道，而这些地方的冰的总厚度有 100 米。

"如果这种状况对冰架来说是普遍的，比方说对南极洲西部的派恩艾兰湾（Pine Island Bay）也是这样的话，那就意味着由温暖的海水所引起的冰架融化将比基于冰架厚度减小所做的预测更快地令冰架破裂。"他和美国科罗拉多大学的康纳德·史戴芬（Konrad Steffen）在 2008 年的论文里这样写道。后者是杰森的博士生导师。

———————◆———————

这一次，阿伦和合作者在冰川表面的水道里划皮艇，希望借此了解冰川的内部结构。他们的研究方式是，用雷达向冰川内部发射高频脉冲信号，信号在冰面、冰内分层的地方及冰底与海水接触的地方都会发生反射，他将反射信号记录下来之后用计算机对信号进行分离，最后制作出冰川内部的分层结构图。

起初，他想以滑冰的方式在冰面上行进，以进行这项测量。他把自己的想法告诉了探险家艾瑞克，后者曾用相同的方法在南极洲和北极海冰上行进。结果两人讨论出了一个更加疯狂的想法：用皮艇漂流的方式进行测量。

彼得曼冰川上有一条长达 40 千米的水道，漂流就选择在这里进行。2009 年 7 月 11 日，也就是漂流的前一天，直升机就把皮艇吊了过去，人们在冰川上一直为第二天的工作准备到晚上 10 点才返回。第二天早上 7 点，他们又继续过去做准备。

漂流在上午和下午分两次进行，探险家艾瑞克坐在最前面的皮艇里，第二艘皮艇里坐着阿伦和英国圣安德鲁斯大学的地球物理学家理查德·贝茨（Richard Bates），第三艘皮艇里放着雷达和 GPS，第四艘皮艇里坐着杰森和极地曙光号上的水上运动好手泰科萨斯。

一开始的时候,水流缓慢,到后来就越来越快。冰上的助手们一开始是跟着皮艇跑,后来干脆换乘直升机。他们要预先到达终点,在那里拴一条绳子,以便皮艇到达时抛给他们。那一天,阿兰等人一共划了 5 个小时的皮艇,行进 27 千米。实际上,他们并不希望皮艇走得太快,不然的话雷达信号会有衰减。

阿伦试图理解的是冰川从表面到底部的结构,而对于冰川学家来说,研究中更大的难题其实来自更低的位置——海床岩石的形状。对于预测冰川的流动来说,这是一个非常大的未知数。"海床岩石不是很平,有山,有谷,如果渠道向左转向右转,那会很强地影响冰川的流动。"杰森说。虽然有卫星雷达,但由于它们位置非常高,对于测量冰川底下的海床来说精度不够。所以,科学家需要用飞机做雷达探测。当时大约只有四分之一的冰川被用机载雷达测量过。

彼得曼冰川的测量完成得不错,但在其他的许多冰川,雷达没有完全成功地穿透它们。因为还没有雷达能够穿透表面很粗糙、底部很湿的冰。这是两个技术上的挑战:需要能胜任的雷达;而且要飞很多冰川,每条冰川不是做一条线的测量,而是做很多条。

"得到海床岩石的图像是非常重要的,在未来 10 ~ 15 年里,也许会有成像雷达让我们得到深入南极洲和格陵兰 1000 米、500 米和 100 米的图像。"杰森说。

另一方面,冰川学中还存在着一个根本性的未知:冰川对不同力量的敏感程度如何。冰川学家当时没有可靠的模型来模拟冰川的流动。此时已有的模型只是二维的，缺乏可靠的三维模型。这就直接影响到科学家如何预测、模拟冰川的流动。

就彼得曼冰川而言，它的一个特殊之处在于，在接地线上游，还有50千米长的陆地是位于海平面以下的。格陵兰许多其他的冰川也有相似的状况。这种状况意味着，一旦冰川变薄，接地线向上游移动，那就会有海水迅速灌进去，使更多的冰浮在水面上，科学家称之为"海洋不稳定性"（Marine instability）。这种不稳定性会如何影响冰川，也没有被很好地解答。这种未知数正引发科学家的担心。

"我们知道的是，当冰接触到海水的时候，冰流动得更快了，我们知道这一定是某种水润滑效应。因为水就像油，帮助减少摩擦力。"杰森说。

———— • ————

杰森主要从气候的角度研究冰川，阿伦的兴趣是考察冰川本身的物理性质，而船上的第三名科学家理查德则主要是进行海洋学的研究。理查德此行的首要任务是测量洋流的温度。"我们需要更好地理解它。"理查德说，"它可以改变气候状况，可以改变海洋的整个生态系统，因而非常重要。"理查德带来了温盐深仪（CTD），它是一个近一米长的圆柱形仪器，用于测量海水的温度。

他寻找具有不同特征的地点进行测量。在他们皮艇漂流的终点处，是一个直径大约20米的漩涡，在他看来，这个地方是特别的。漩涡呈现蓝黑色，说明它非常深。7月9日，他和艾瑞克一起来到这个漩涡旁,他们支起架子,然后拉着 CTD 上的长绳慢慢把它放进去。实际上,漩涡的底下是一个冰洞,这个冰洞穿透了 60 米厚的浮冰。CTD 被一直往下放,穿过了冰层,一直到达 190 米深的地方进行测量。除了这个地方之外,理查德共在彼得曼冰川附近的 45 处地点进行了测量。

在对洋流的研究中,科学家有一种担心是,保持欧洲温暖的大西洋洋流会在短时间内中断,从而引起气候的迅速变化。但一项发表在《科学》杂志上的研究则认为,这种状况的来临比人们担心的要慢。

这里所说的大西洋洋流的中断是其对汇入海洋的冰川融水的一种响应。美国俄勒冈州立大学的彼得·克拉克(Peter Clark)等人的计算机模拟显示,冰川融化呈现出一种渐进的趋势,所以洋流并不会像有人担心的那样在几十年内中断。他们的研究结果显示,洋流目前正在减慢,到 21 世纪末可能会减少 30%,这种变化速度"会给生态系统更多的时间适应新的生存条件"。

瑞格诺特在 2008 年美国地球物理联合会(AGU)秋季会议的报告中说,格陵兰和南极洲正在以更快的速度为海平面上升作"贡献"。他指出,预计到 2100 年,海平面很可能上升 1 米而无主要的冰盖消失,在 2100 年之后,海平面可能会上升数米。"2100 年之后的情况'属于科幻'。"瑞格诺特说。"没有必要往山上跑,"他总结道,"走去就行。"这引发了全场的笑声。

其实,阿伦在彼得曼冰川所做的皮艇漂流只是他此次研究中重要性位居第二的任务。他的首要任务是,在彼得曼冰川上安装数台 GPS,这些 GPS 有的通过卫星、有的通过中继站发回数据,以便科学家监测 A ~ E 五片大冰块的动向。

他们的想法是，一旦"冰岛"断裂出来，人们便可以在互联网上直接通过谷歌地球（Google Earth）来随时追踪"冰岛"。"这种方式可能会引起更多人对气候变化的思考。"杰森说。

到 7 月 19 日为止，GPS 还在静静地等候着，冰面仍然没有断开。也许，此行中阿伦最大的亮点就是那次冰川皮艇漂流了。

7 月 12 日傍晚，完成了 27 千米漂流的皮艇终于到达终点时，阿伦却突然对大家说："啊，我忘记打开仪器了！"这句话说出去后，他看到了一张张拉长而阴郁的脸。

当然，阿伦是跟大伙儿开了一个玩笑。所有的数据都已经在那儿了。

◆

北极曙光号到达的另一个冰川，是位于北纬 79 度的洪堡冰川（Humboldt Glacier）。如果说远看过去，彼得曼冰川是天边的一道白线的话，那洪堡冰川就是一堵黑墙。

冰川的前缘有七八十米高，冰面显得很脏，而且越接近地面的地方颜色越深。走到跟前看，冰面上附着着泥土样的物质，也有许多大小不一的石头镶嵌在冰面上。冰川上方还不断有融水形成的水流急冲下来。选择一个坡度最缓的地方，借助于这些泥土和石块提供的摩擦力，一个人向上攀爬并不困难。

爬上去之后会看到，这里并没有像彼得曼冰川那样布满水塘，作为替代的是密密麻麻的直径从十几到数十厘米的圆柱形水洞。每一个水洞都清澈见底，大概有数十厘米深，底部沉积着一层黑色的泥土样物质。

杰森在彼得曼冰川和洪堡冰川分别采集了冰面的化学成分样本，他可以肯定的是，那些黑色的物质中存在人类燃烧化石燃料所形成的烟灰。

他将采集到的样本装在塑料瓶中，以便带回实验室用分光计对其具体成分进行鉴定。科学家已经知道的是，冰川表面的黑色物质主要有三种来源，分别是附近陆地上的灰尘、来自宇宙的陨石物质和燃烧物的灰烬。燃烧物的灰烬则主要来自野火和柴油机燃料的燃烧——这些灰烬共同构成了所谓"黑碳"（Black carbon）。

对于纯净的冰面来说，它的表面返照率能够达到80%，也就是说，它能将80%的太阳光反射出去。但对于存在污染物的暗色冰面来说，其表面返照率则只有20%。这样一来，后者吸收的太阳辐射便是前者的四倍，冰就融化得更快。

对于站在它面前的人来说，高大的洪堡冰川是一个庞然大物，而与整个格陵兰冰盖比起来，洪堡冰川又只是巨人的一根脚趾。

北极地区过去30年里的气候变暖很大程度上与大气中的气溶胶有关。气溶胶是一种悬浮在大气中的微小颗粒物，自然界的火山活动和人类的工业生产都会向大气中释放气溶胶。科学家发现，地球北半球中高纬度对于大气中气溶胶浓度的变化尤其敏感，北极过去30多年来地表温度上升了1.5摄氏度，其中约45%是由大气中的气溶胶造成的。

北极变高的气温有可能导致北极地区永冻土融化，使埋藏地下的甲烷大量释放到大气层中，从而又加快全球变暖的进程。还有研究发现，在北极地区的海洋洋底，甲烷正在随着海床的一些喷发口逃逸上升，并最终进入大气层中，其释放的速度也比预想的要快得多。

对居住在北极圈内的 10 万因纽特人来说，这些并不是坏消息。春天，冰面比以前更早化开，猎人们有了更长的时间捕猎白鲸。在格陵兰，冰盖的消融让当地人看到，他们将有机会开采深埋于地下的矿藏。地质学家相信这座世界上最大的岛上蕴含着丰富的矿藏，只是由于被冰雪覆盖而始终无法开采。

理查德说，格陵兰上冰盖的融化会造成全球海平面的上升，但这不一定会造成格陵兰海平面的上升，因为失去了冰盖重压的格陵兰抬升的程度可能会超过海平面上升的幅度。

没有参与此次科考的英国国家海洋学中心的阿兰·坎普（Alan Kemp）等人预测了 2030 年时的北极。他们从北冰洋的洋底获得了泥土样品，这些泥土中留有恐龙时代的生态线索，也就是硅藻的痕迹。硅藻是一种相当低级的海藻，接近食物链的最底端。坎普等人在泥土中发现的硅藻说明当时北冰洋里的生物应该是相当丰富的。他们同时发现了强有力的证据，表明在那时的夏天里，北极也是没有海冰的，但冬天会经常冰封。这些发现为人们想象数十年后的北极提供了一些依据。

"根据我们的发现，我们可以说，未来的夏季无冰的北冰洋也可能是非常多产的。"坎普说。尽管这并不意味着在未来几十年里会出现新的大型动物，但许多原本生活在更低纬度的生物可能会迁徙到北冰洋来。也可能大型动物会在夏季来觅食，然后天冷了再离开。"无法预测的是别处的哪些物种会迁徙过来并占据新的生态位。"坎普说。

北极已经成为全球气候的一个风向标。尽管气候的变化对北极地区来说不完全是负面的，但世界尽头的悄然改变很可能仅仅是更大范围的变化的一个信号，后者被认为是令人担忧的。在我所参与的历时八周的科考中，这个信号一直没有消失过。

第二节 | 谁是赢家

北极熊是一种无所畏惧的动物。在北极的食物链里，从来都是它们去捕杀海豹和鳕鱼，而没有其他动物来捕杀它们，这样没有天敌的生活让它们不知道什么是害怕。所以，当2009年6月29日我们的船靠近冰面的时候，一只北极熊完全不以为意，旁若无人地在离船不到10米的海冰边缘散步。但实际上，危险正在向它逼近。

这只北极熊所行动的冰面，就是格陵兰与加拿大埃尔斯米尔岛之间的冰桥。然而在极地曙光号到达这里的时候，冰桥正岌岌可危。科学家从卫星照片上看到，冰面上的裂缝正在扩大，数量也在增多。一个多星期之后，面积超过1000平方千米的冰面终于断裂开来，开始在北风和洋流的共同作用下以0.5节的速度向南漂移。

一个多星期的时间，那只北极熊可能已经离开了这片断裂出来的区域。即便它没有离开，因为北极熊拥有超强的游泳能力，游数十千米不在话下，它也很可能安然无恙。但另一方面，由于近几十年北极海冰的面积在缩小，北极熊的生存环境出现恶化，这也的确威胁了北极熊的生存。

北极熊需要足够多的冰缝，因为常常会有很多海豹在冰缝里活动。北极熊捕猎时会站在冰缝旁等待，一旦有海豹上来，便一下子扑过去。足够多的冰缝才能养活足够多的北极熊。可是，海冰面积逐渐缩小就意味着存在冰缝的地方越来越少了，北极熊猎食的平台也就越来越有限。

1992年，艾瑞克第一次进入北极。当他乘飞机从埃尔斯米尔岛上空飞过的时候，看到了地面上一处奇特的景象：群山中有十来个冰川排成两排，每一个都像一个从山峰之间吐出的舌头，在两排舌头之间的地方，是一个巨大的干涸的河谷。艾瑞克认为，这个河谷以前一定是一个更大的冰川。

在后来的探险中，他遇到了越来越多奇怪的现象。2008年，他从俄罗斯出发，以冰上滑行的方式前往北极点。他惊讶地发现，几乎整个旅途中遇到的冰面都非常平滑。这说明，这些冰都是科学术语中所说的"当年冰"（first-year ice），也就是说这些地方在前一年夏天曾全都是海水，进入冬天后才刚刚冻结。这是艾瑞克在历次探险中从来没有遇到过的情况。

当年冰是相当脆弱且容易融化的，与当年冰相对的是"多年冰"（multiyear ice）。科学家研究的结果也与艾瑞克的个人体验相一致：在过去几十年里多年冰已经被大大削弱。

在2007年的时候，科学家仅知道北极海冰的面积在以显著的速度下降，但并不确定海冰的厚度是否也同时在下降。海冰的 90% 都位于水面以下，潜艇的声呐能够从下往上探测海冰的厚度。在 1999 年，通过比较 1958 年到 1976 年间和 1993 到 1997 年间的声呐记录，科学家发现在 9 月下旬，北冰洋中心部分的海冰厚度平均减少了 1.3 米。但是，由于声呐采样点过于稀少，使得这个结果显得并不可靠。此后，在 2003 年和 2004 年发表的另两项研究结果给出的结论也相差很大，一个认为海冰在 1996 年之前在变薄但之后又开始恢复，另一个认为 1978 年到 2003 年之间多年的、较厚的冰在减少。

到了 2009 年，情况则大为转变，科学家认为海冰变薄的证据已经是结论性的。"已经有一些可靠的技术用于测量海冰的年龄，这些技术的测量结果是北极失去了大部分老而厚的冰。"塞雷泽曾在 2007 年美国《科学》杂志的一篇文章中指出海冰是否在变薄尚无定论，但现在认为这已经毫无疑问了，"现在在春天，年轻且薄的冰成了主体，它们在夏天很容易化掉。"

2009 年 6 月 30 日，也就是我们的船到达冰桥的第二天，船员们站在冰桥上合影。这里是水路的尽头，也是此行到达的最北的地方。船员们拿出一个自制的路标，手持着指向北方，上面写着"北极点 445 英里"。而如果是在以前，这个数字可能还得再多写 200。

船是顺着内尔斯海峡一路北上到达这里的。有些时候，站在甲板上，一边能看到格陵兰，一边能看到加拿大。尽管冰桥断裂后会有大量的海冰顺着内尔斯海峡南下，但北冰洋向外输出海冰的主要通道并不是这里，而是在格陵兰的东侧。

格陵兰东侧与挪威斯瓦尔巴群岛（Svalbard Archipelago）

之间有一条弗拉姆海峡（Fram Strait）。每一年，北冰洋海冰的移动有两个大的方向：一个是北冰洋西部的海冰以顺时针方向移动，另一个就是西伯利亚附近的海冰穿过北极点，然后通过弗拉姆海峡进入大西洋。

直到 20 世纪 90 年代末，科学家才开始逐渐认识到内尔斯海峡的角色。在此之前，由于数据的缺乏，科学家对这里的海冰输出情况几乎一无所知。

内尔斯海峡北边的出口外，也就是船所在的冰桥以北的一片海域被称为林肯海（Lincoln Sea）。林肯海是大量多年冰的聚集之地，科学家曾经认为，由于埃尔斯米尔岛和格陵兰的阻挡，这些冰无处可去，所以能够多年积聚在这里。直到 1998 年，科学家才发现，内尔斯海峡像是一条下水道，每年都释放出林肯海的多年冰，这些冰一直漂流到巴芬湾。这样的事件主要发生在秋冬季节，在这个释放过程中，多年冰流失，被新形成的当年冰所替代。

科学家已经认识到内尔斯海峡是全球水循环中连接北冰洋和北大西洋的关键通道，它其中的冰和淡水的变化会直接改变海洋深水的形成，而大西洋中深水的体积和幅度的变化又会进一步影响全球气候。一些科学家提出，影响内尔斯海峡中冰的输送过程的主要是风，甚至可以说风起到了决定性作用。

我们的船停泊在冰桥边上时，用双筒望远镜向埃尔斯米尔岛上看去，可以隐约看到一排小房子、一条机场跑道以及停着的飞机，那是加拿大的一个空军基地。在格陵兰一侧，位于巴芬湾北部的位置，还有一个美国空军基地。以前，内尔斯海峡的气象资料都是在这两个基地测量的，但在这两处测得的数据并不能很好地反映内尔斯海峡的风的情况，因为这两处的风都很大程度上受到了当地特殊地形的影响。因此，相关数据是缺乏的。

2008年5月，在加拿大和丹麦政府的共同批准之下，一组科学家在内尔斯海峡的汉斯岛（Hans Island）上安装了一个小型无人气象站，才彻底改变了这一状况。我们的船曾经经过这座小岛。那是在6月28日早上8点，刚刚吃完早餐的人们看到了几天来第一座近在眼前的海岛，纷纷拍照留念。一个小时后，当另一座小得多的岛出现时，则没有引起人们太多关注。

其实，这第二座岛就是汉斯岛。它一侧是峭壁，另一侧是伸入海中的平缓斜坡。1871年8月，美国的北极探险船"北极星号"（USCGC Polar Star）行驶至此的时候最先发现了这个在地图上没有绘出的岛。但是由于当时海面上出现浓雾，所以无法判断岛的大小。一年之后，北极星号返航的时候再次经过它，才看出大小，并以船上一名格陵兰向导的名字命名了这座岛。

汉斯岛的面积有1.3平方千米，高度有168米。它被认为是观测内尔斯海峡北部天气状况的理想地点。因此，加拿大曼尼托巴大学和丹麦理工大学的一组科学家在2008年在这座岛上安装了实时观测天气的设备。他们的这座无人气象站每半个小时传回一次天气数据，包括风速、风向、湿度、气温、太阳辐射等在内的一系列信息。截至2009年6月，它已经记录到了周期性风暴、日全食、气压和气温骤变等现象，显示在这片区域中，风暴是常见现象。更重要的是，科学家期待着从这座气象站中获得的信息能够用于修正他们的气候模型。

也许北极真的变得足够温暖了,当船到达冰桥的时候,船员佩妮居然换上了比基尼。其实不光是她,其他人也不觉得这里有多冷。尽管这里满是冰雪,可以非常方便地打雪仗,但感觉上却并没有北京的冬天寒冷。

当然,现在是北极的夏天。可是,即便是在零下几十度的冬天,北极也要比以前暖和。根据美国国家冰雪数据中心(NSIDC)的资料,北冰洋的平均气温在2008年冬天比正常的温度高了1~2摄氏度。

另外,从冬天的海冰面积也能看出一些端倪。2008年夏天的融冰季节刚过,海水就又开始迅速冻结成冰。到2009年的2月28日,海冰的面积达到了一年来的最高点,这比通常的时间稍早了一些。然后在3月份的大部分时间里,海冰的面积都保持在这一水平。3月份的平均面积是1516万平方千米,这个面积比1979年到2000年的平均水平低了59万平方千米。至此,北极海冰3月份的平均面积已经连续六年低于平均水平。面积减少的速度是平均每十年2.7%,也相当于平均每年43000平方千米。

通常情况下,北极海冰都会在3月底达到一年里的最大面积——超过1400万平方千米,然后随着夏天的到来逐渐融化变小,到9月份达到最低点。科学家怀疑2009年9月海冰的面积会创造历史新低,其实从年初他们就看出了不好的兆头。对冬季海冰的研究显示,海冰不但面积低于历史平均,而且在厚度上也低于历史平均。在1981年到2000年间,多年冰占到了海冰的30%,但到2009年2月底的时候,多年冰只占到了所有海冰的不到 10%。

2009 年 4 月，加拿大阿尔伯塔大学（UA）和德国阿尔弗雷德·魏格纳极地与海洋研究所（AWI，现阿尔弗雷德·魏格纳研究所暨亥姆霍兹极地海洋研究中心）的一组科学家从飞机上对北冰洋主要的多年冰区域进行了探测。结果显示，埃尔斯米尔岛北边和格陵兰西北的海冰是整个探测过程中遇到的最厚的海冰，达到了 5～6 米厚；弗拉姆海峡、加拿大西北以及美国阿拉斯加北部的北冰洋的一些区域里存在 1～4 米厚的海冰，而其他的绝大部分区域都是当年冰。他们的分析表明，多年冰的覆盖面积呈现出了轻微的增长，这可能意味着，尽管整体上海冰面积呈下降趋势，但至少在 2009 年夏天，海冰的覆盖会有暂时的恢复。但同时，由于数据仍然缺乏，不确定因素是大面积的当年冰，这部分的冰在夏天是最容易融化的。

在初到北极的两个星期里，极地曙光号上的人们一共看到了 4 只北极熊、2 只喷水的鲸和很多海豹，还有各种围着船飞行的海鸟。表面看去，这与印象中的北极别无二致，但实际上，随着气候变暖，这里的食物网也正在悄然改变。对于其中一些变化，科学家还无法理解，北极生态系统的未来更是一个问号。

北极鳕鱼是这里很多动物的基本食物，海豹、鲸、北极熊都要捕食北极鳕鱼，而海鸠的食谱上几乎就只有北极鳕鱼。对于它们来说，这种小鱼很好捉到。但是近些年，科学家发现某些地区的海鸠吃了大量的其他鱼类。比如在加拿大的哈德逊湾（Hudson Bay），海鸠的胃里有一半都是细鳞胡瓜鱼，这些鱼主要生活在冰岛附近的海域。

生态学家中有人提出过假说，认为海鸟和海狮在近些年因为吃了大量的"垃圾食品"，无法获得足够的热量，导致种群数量下降。比如在北半球高纬度的海域，缺乏脂肪的海龙——一种海马的亲戚——代替了鳗鱼，成为海鸟的食物。由于成年海鸟在哺育幼鸟时，一次只会带回一条鱼，所以当每条鱼的热量下降时，幼鸟便难以生存。

这个假说至今存在争议，因为研究者并没有直接观察到挨饿的动物，无法确定食物的变化与种群数量下降之间的关系，另外也有研究表明美国阿拉斯加的海狮的数量下降是因为过度捕鱼而非垃圾食品造成的。但是，越来越多的意见还是倾向于认为，随着北半球高纬度海水升温，气候变化改变了动物们的食物网。

不难看出，众多的证据都在表明，老北冰洋正在与我们道别，新北冰洋在几十年里就可能到来。尽管这种改变带来的结果不都是消极的，但一定是极为复杂且具有挑战性的。

———————— • ————————

在冰川如何消融的问题上，没有一个可靠的三维模型能够做出模拟和预测。冰川对各种因素的响应并没有被很好地理解，这也是为什么科学家要去格陵兰进行研究的原因。极地曙光号上的科学家一直认为，彼得曼冰川前缘会有一个像美国曼哈顿那么大面积的"冰岛"断裂出来。一开始，他们说这可能发生在 2009 年 7 月 3～15 日，但到了 16 日"冰岛"也没有出现。

后来船上干脆搞了一个竞猜活动，每人都可以下注押"冰岛"在哪一天出现，时间范围从 2009 年 7 月末一直到 9 月中旬，时间精确到 12 小时。每一注 3 欧元或 5 美元，每人可以押多个时间，押中者获得奖池里所有的钱。

船上的医生瓦拉利拒绝参与这项活动。他说："我不参与赌博。"厨师巴布回应他："这不是赌博，这是生活。"

杰森本人押了四注，分别是 7 月 31 日前半天、8 月 4 日后半天、8 月 30 日前半天和后半天。到 2009 年 8 月 8 日科考结束为止，他的前两注已经无法给他带来胜利了。

那个"冰岛"在 2009 年始终没有断裂出来。直到一年之后，这件事情才真正发生。

2010 年 8 月 5 日，加拿大渔业及海洋部海洋科学研究所的汉弗莱·梅尔林（Humfrey Melling）收到一封电子邮件。电邮是加拿大极冰局（Canadian Ice Service）的冰川学家特鲁迪·沃莱本（Trudy Wohlleben）发来的，他告诉梅尔林，彼得曼冰川前缘的冰岛刚刚断裂出来了！

梅尔林所在的科研小组在 2003 年至 2009 年曾多次考察过格陵兰北部。断裂的消息瞬息之间就传遍了小组所有的成员。接下来的 8 个小时里，数据、想法，以及对冰、潮汐、风和卫星数据的计算通过电子邮件在这些科学家之间往返，他们的交流跨越了 9 个时区。

"我们把外面的世界都遗忘了。"小组成员、美国德拉瓦大学海洋科学与工程系教授安德烈亚斯·明肖（Andreas Muenchow）说，"这就是科学运转的方式。"

那一大块冰是近 50 年来北极地区产生的最大冰山。它的最长之处有 27.75 千米，最宽处有 14.8 千米，面积比杰森预期的还要大。实际上，它有 4 个曼哈顿那么大，蕴含的淡水足够美国全国人使用 120 天。

这个大冰山后来被叫作"彼得曼冰岛（2010）"，它沿着内尔斯海峡向南漂流。当它出了巴芬湾到达北大西洋的时候，就会对那里的船只和海上石油平台构成威胁。加拿大政府为此做出应对。

但它漂过去还需要几个月的时间，而且每艘船上都有雷达，所以对船只来说危险并不大。

"彼得曼冰岛（2010）"比杰森的警告晚了一年才出现。就此，他说"不可能预测确切的日期"，因为有太多的复杂因素，包括海洋温度、海洋环流、气温和强风。"它们中的任何一个都可能导致变化。"他说。

"某些人的猜测出现了一年的偏差，但这并无显著意义。"明肖也表示，"这一偏差没有超出我们目前对冰山释放的物理理解中的不确定性。"

明肖同时对我说，从当前的科学认知中不能断定气候变化与这次冰山释放之间存在因果关系。在有记录的历史上，彼得曼冰川发生过三次大的冰山释放事件，分别在 1960 年、1991 年和 2010 年。平均下来，每 25 年会发生一次，年平均速率只有 6 亿吨。"这是科学家预期大的断裂事件会发生的原因之一。"他说，"这种预期当中隐含了稳定的流动、十年期上的稳定状态及观测到的恒定释放速率。"

尽管冰山的释放看起来非常壮观，但它只是冰川质量损失当中一个影响很小的方式。细致的计算表明，彼得曼冰川底部跟海水接触部分产生的融化占到其总质量损失的 80%，还有 15% 来自表面融化。每一年，格陵兰冰盖为彼得曼冰川注入 120 亿吨的冰，冰山释放的年平均质量只占到了其中的 5%。

对于此次断裂事件，杰森采用了与明肖不同的表述方法："此次断裂是气候变暖的格局的一部分。当我们把所有的冰川平均起来，我们就得到了一个非常一致的格局。"

明肖在科学家之外的一个身份是干劲十足的园艺爱好者。他发现，尽管每年同一时间的温度和湿度都会不大一样，但他的美国本土杜鹃花总是提前几天开花。"全球变暖也许是影响因素之一，可能是个小因素，也可能不是。"他说。可是令他迷惑不解的是，附近的杂交杜鹃花开花的时间每年却都没有变化。为什么一个会受全球变暖影响，而另一个却不会呢？他生出这样的疑问。

"彼得曼冰川和格陵兰东南部的冰川可能也处于类似的状况中。"明肖说，"如果不同的物理条件影响着不同的冰川，那我认为冰川对气候变化会做出不同的响应。"

"我们真的不知道冰海交界层对气候变化做出响应的物理原理。"他说，"我们在快速增加对冰川表面运动速度、气温和冰层厚度的知识，但是，只有冰海交互的数字模拟才是量化全球变暖对气候系统和极端事件贡献的唯一途径。"

———— ◆ ————

我从北极回到北京后的几年间，人们对格陵兰的过去和未来的理解仍在逐步加深。2009 年，美国国家航空航天局启动了

"冰桥行动"（Operation IceBridge），每年利用飞机对南北两极的海冰、冰川和冰盖进行观测，收集它们的变化数据。按照计划，这项行动持续到 2018 年，是迄今为止对地球极地冰面进行的最大规模的飞机航拍测量（该行动于 2018 年 5 月 2 日结束）。

在近十年的测量中，冰桥行动获得了海量数据，它们能够帮助科学家构建前所未有的两极海冰、冰川和冰盖的三维图像。在这些测量中，科学家看到了有记录以来的最大冰山是如何从南极洲断裂出来的，也获得了史上最高分辨率的格陵兰基岩和附近海底地势图——它们显示，处于加速融化危机之中的冰川的数量是此前认为的 2～4 倍之多。

另一方面，也许预测未来的最好方法之一是在历史中寻找线索。美国哥伦比亚大学的约尔格·谢菲尔（Joerg Schaefer）和同事设法追溯了格陵兰冰盖在 200 多万年前到 10 多万年前的变化。他们发现，格陵兰冰盖的消融并不罕见，至少来说，在过去 110 万年的时间里就经历过多次。

谢菲尔等人采用的方法，是测量深埋于冰盖下基岩里的宇宙成因核素（Cosmogenic Nuclides）。宇宙成因核素是指来自外层宇宙空间的高能量宇宙射线粒子通过轰击地表及其附近岩石中的矿物的原子核，使其发生核反应而产生的放射性核素。目前，地表岩石的样品中已经发现的宇宙成因核素大约有 20 多种，如 36Cl、3He、10Be 和 26Al，其中地表岩石中的 10Be（半衰期为 1.39 万年）和 26Al（半衰期为 0.71 万年）为主要的宇宙成因核素，它们在地表表层存在。纬度、海拔及表面覆盖和侵蚀都会对成因核素的浓度产生影响。谢菲尔等人通过核素含量和表面冰盖覆盖的相互关系来确定不同时间、尺度下的冰盖消长状况。

与谢菲尔同时，来自美国佛蒙特大学的保罗·比尔曼（Paul Bierman）和同事也用相似的方法研究了格陵兰冰盖的消长。然而，他们却得出了相反的结论。比尔曼等人测量了位于格陵兰东部边缘附近的海洋沉积物中的10Be和26Al的浓度变化。他们观察到的是10Be和26Al的长期下降，这意味着格陵兰冰盖的体积在逐渐增加，而不是彻底的消退。

双方的结论似乎是矛盾的，但如果在冰盖消退的过程中仍有少量的冰帽存在，结果就可以调和了。一些研究者认为，这两种情况可以出现在同一时期。以前的计算机模拟也表明，即使95％的格陵兰冰盖融化，冰盖余下的部分仍可能在东部高地持续存在。

第三节 | 未来的模样

科学界没有争议的一个看法是，当今的气候变化是由人类活动为主因造成的。如果温室气体继续排放下去，地球的气候会出现什么样的变化？

美国卡内基研究所大气科学家肯·卡尔代拉（Ken Caldeira）直觉认为，南极的冰盖可能会在1万年里完全融化。然而，当他和同行认真地计算了这一问题之后，他们发现根本不需要这么长时间：如果人类燃烧掉地球上所有的化石燃料，那么南极的冰盖将会完全消失；以现在的温室气体排放量，一半的融化会在未来

1000 年里发生。

根据他们的计算，未来 1000 年，海平面将以平均每年 3 厘米的速度上升；到下一个千年之交时，海平面会累计上升 30 米。在数千年的时间里，地球上各个区域的冰的融化将造成海平面上升 60 米。届时，包括北京、上海、香港、纽约、伦敦、巴黎、罗马、东京在内的大量城市将处于水下。他们发现，如果现在的碳排放水平再持续 60～80 年，南极洲西部的冰盖就会变得不稳定。而此时，人类也才消耗了地球全部化石能源的 6%～8%。

一些迹象表明，南极洲西部的冰盖现在已经出现了不稳定的状态。"但是如果我们想要把东京、香港、上海、加尔各答、汉堡、纽约这些城市传承下去，那我们是不会想让南极洲东部也经历拐点的。"德国波茨坦气候影响研究所（PIK）参与了该项研究的安德斯·莱弗曼（Anders Levermann）这样说。

政策专家们常常提及的 2 摄氏度升温分水岭在新的研究中获得了印证：如果地球气温上升幅度控制在 2 摄氏度以内，南极洲冰盖的融化将造成海平面上升数米，情况仍然是可控的；而如果升温超过 2 摄氏度，那么南极洲东部和南极洲西部的冰盖将无可挽回地被重塑，此后气温每上升 0.1 摄氏度都会大大增加南极洲冰盖全部融化的可能性。

"这就是作为地质力量的人类。"卡尔代拉这样说，"我们并不是在微妙地影响气候系统，我们是在拿着锤子敲打。"

从地质学的角度看，一个温暖无冰的世界并不超出科学家的认知。大约从 3500 万年前开始，南极洲才被冰雪覆盖。它也曾经是一片绿色的大陆。地球在有些时候比现在温暖得多，海岸线比现在更加深入内陆。研究者们已经在全球找到了1000多处古老的海岸，这些发现可能为一个问题提供线索：南极洲东部的冰盖是否也很脆弱？

南极洲东部是当今世界上储冰量最大的地区。有计算认为，单是南极洲东部的冰就足以让海平面上升超过50米，而格陵兰和南极洲西部的冰盖加在一起也只能让海平面上升12米。

在300万年前的上新世（Pliocene Epoch），地球大气中的二氧化碳浓度一度很高，而今天的碳排放量会让二氧化碳浓度很快达到那时的水平。这让一些科学家想要搞清楚当时地球的海平面究竟有多高。

根据一项研究，在不同的地点，当年海岸的位置比现在高出10米到90米不等。之所以会有这样大的差异，是在于陆地本身在几百万年间也有移动。这让研究者难以确切地知道当年海平面的高度。文献中提及较多的说法是，上新世的海平面比今天高出大约24米。

一般认为南极洲东部的冰盖是比较稳定的，然而已经有越来越多的证据在表明，东部冰盖的许多部分其实也是较为脆弱的。

美国佛罗里达大学的地球化学家安德里亚·达顿（Andrea Dutton）2015年在《科学》杂志上发表了一篇论文，报告了她对地球历史上海平面上升情况的研究结果。她未能确定上新世的海平面究竟有多高，但其他一些时期的情况也并不令人乐观。

比如在距今12.5万年的时候，全球平均气温比工业革命前高1摄氏度（也就是与今天相当），海平面比今天高出6～9米。在距今40万年前的时候，气温比工业革命前高出1～2摄氏度，海平面比今天高出 6 ~ 12 米。在这些时期，大气中的二氧化碳浓度大约是 280ppm，而今天的地球已经接近 400ppm，也就是上新世的水平。

"随着地球的升温，极地的温度上升得更快，这就出现了重要的问题，即格陵兰和南极洲的冰盖会如何响应的问题。"达顿说，"尽管这样大幅度的海平面上升并不会在一夜之间发生，但认识到极地冰盖对未来几十年我们将要达到的气温十分敏感，也是足够令人警醒的。"

南极洲西部的冰盖坐落在呈碗型下陷的地面上，底部位于海平面以下，其边缘有许多冰川流向海面。如果 2014 年发表在《科学》杂志和《地球物理研究快报》上的两项研究站得住脚，那么南极洲西部的冰盖已经进入了无法挽回的不稳定状态。

科学家观测到南极洲西部的冰川在过去几十年里加速退缩。对 6 个主要冰川的观测表明，没有任何地理结构能够阻止这种退缩，而仅仅这 6 个冰川的消失就足以让海平面上升 1.2 米。冰川的退缩还会让温暖的海水向内深入，这将引起其他区域的不稳定。这些因素的共同作用足以造成海平面上升 3.6 米。同时，对一个主要冰川的专门研究也发现，它的崩溃已经成为不可避免的结果。

"它（南极洲西部冰盖）已经过了无可挽回的临界点。"瑞格诺特教授 2014 年在发布他们的研究结果时这样说。

另一方面，北极冰盖的融化情况也是科学家想要弄清楚的事情。2015 年夏天，美国国家航空航天局启动了一个为期 6 年的项目，去观测格陵兰冰川的融化速度。

格陵兰是世界上最大的岛屿，海岸线比赤道还要长，许多海湾细小狭长，这本身就已经对测量造成很大困难。而让估算更加困难的因素在于，冰川底部温暖的海水是让冰川融化的最主要因素，但科学家并不清楚冰川底部的结构，以及冰盖之下各种峡谷的位置和走向。

就像 2009 年我随船前往北极科考那样，此前的研究往往是观测一两个冰川，然后试图对极为复杂的格陵兰冰盖作出判断。美国国家航空航天局的新项目力图改变这一状况。2016 年秋季，科研飞机环绕格陵兰投放 250 个探测器，去测量 1000 米深海水的水温和盐度。

不管怎样，将全球平均气温的上升幅度控制在 2 摄氏度以内已经成为共识。根据 2015 年初发表在英国《自然》杂志上的研究，要达到这个目标，目前位于地下的三分之一的石油储量、半数的天然气储量和超过 80% 的煤炭储量在 2050 年之前都必须保留在地下，不能开采使用。

具体来说，研究者指出，中国、俄罗斯和美国的绝大部分煤炭储量以及中东 2.6 亿桶石油储量和 60% 的天然气储量，都必须留在地下。

"政策制定者必须意识到，他们要使用本国全部化石燃料的本能是与其承诺的 2 摄氏度目标不相容的。"英国伦敦大学学院（UCL）的研究者克里斯多夫·麦克格雷德（Christophe McGlade）说，"如果他们执意要开采自家的资源，他们必须回答的问题就是，为了让碳预算不超标，他们要让哪里的燃料不被使用。"

在许多时候，我们看到的和听到的，都将这样一种景象当作事实：我们这个星球的温度就像是一辆刹车失灵的汽车，正在以一种失控的速度狂飙，如果现在不设法让它停下来，那么就会有灾难性的后果。

没错，所有的气候科学家都会同意，过去 100 年里全球的平均气温呈现出上升的趋势。但是共识也仅仅到此为止。在进一步的问题上，比如说，气温上升的速度有多快、未来究竟会怎样，科学家并没有统一的认识。有许多基本的问题，是现在的科学研究还无法给出确切回答的。

把 20 世纪的气温放在历史的框架里去看，它究竟有多不正常？这就是一个相当基本的问题。1965 年，英国气候学家胡伯特·兰普（Hubert Lamb）首先提出，欧洲和北大西洋附近地区在公元 900 年到 1300 年间出现过一段和 20 世纪一样温暖，甚至还要更热的时期。那段时间正好覆盖了欧洲的中世纪，因而得名"中世纪暖期"（Medieval Warm Period，MWP）。如果这个暖期确实存在，那么我们现在所遇到的状况或许就不是独一无二的，甚至有可能是千年尺度暖期的重现。地质学家们发现，受太阳黑子变化的影响，每 1500 年左右就会有一个气候变化周期。

然而，在一些科学家看来，中世纪暖期并不存在。他们坚持认为，在过去 1000 年里，20 世纪是温度最高的。这种观点也被 IPCC 的报告多次引用。

"这是一家之言,我们现在缺乏确凿的证据证明20世纪是最暖的一个世纪。"国际地圈生物圈计划中国全国委员会副主席陈泮勤说,"现在很多研究中世纪温暖期的人——至少有60%～70%的人——认为中世纪的气温比现在高,只有少部分人认为,中世纪的气温没有现在高。"

判断上的分歧源自数据的不确定性。中世纪时还没有诞生温度计,全球表面温度的记录最早只能追溯到1850年。关于中世纪气温的一切推断都必须来自代用材料。科学家已经想出了许多用代用材料重建古代气候的途径,它们包括古沉积物的同位素分析、冰心的分析、黄土沉积的分析和树木年轮的分析。其中某些方法的精度其实可以比较高,比如树木年轮;某些方法的时间尺度可以很长,比如黄土沉积的分析;但是,并没有一种数据在精度上能够与今天仪器测量的结果达到相同的水平。

中国的研究人员想要从历史文献中找到一些线索。这种想法很容易得到资料,但困难却非常明显——文献中记载气候的文字语义模糊,充满了文学修饰,现在却需要把它们还原为科学上可以使用的量化数字。

这其中涉及了气候变化不确定性的根本性来源之一,即数据的随机误差。以最简单的情况来说,水银温度计显示出一个数字,不同的人去读,读出的数字几乎一定会有微小的差异。古代人用文字描述的天气状况的随机误差更是巨大;实际上,即便是今天先进的仪器,也仍然不能避免随机误差。

清朝《晴雨录》中记载了几十个州府的降水入渗深度,今天的研究人员需要反演出它们代表了多大的降水量。这个过程的复杂性在于，不仅存在随机误差，而且入渗深度是与土壤的属性有直接关系的，还与植被覆盖等诸多因素有关。"这种关系不是一天两天就能做成的，没有一个长时间的拟合重复，没有十年间的观测，没有足够代表各种土壤类型的数据的时候，你就无法检测记载上的入渗深度反映了当地的降水是一个什么状况。"陈泮勤说。

关于中世纪暖期，美国学者 2009 年发表在《科学》杂志上的一篇文章确认中世纪暖期确实存在，并且某些区域的温暖程度可能超过了 20 世纪末。我国学者利用文献和树木年轮、石笋等代用资料重建的过去 2000 年以来全国温度变化，结果显示该暖期在我国普遍存在，只是不同地区在冷暖阶段的起止时间和冷暖幅度上存在一定的差别。

不仅古代的气候数据精度令科学界头疼，就连今天的数据的可靠性也仍然存疑。IPCC 承认其关于喜马拉雅冰川将在 2035 年消融的预测是错误的，并没有证据表明喜马拉雅山脉的冰川会以这么快的速度融化。这件事情被称为"冰川门"（Glacier Gate），它让许多人开始怀疑 IPCC 的报告中"灰色文献"的可靠程度。所谓"灰色文献"，指的是未经同行评议即发表的研究文章。在科学界，一篇文章是否经过了同行评议，是它是否值得相信的最重要的衡量标准。IPCC 在早期还严格限定其报告所引用的文献必须是经过同行评议的，但后来降低了这一标准，使许多灰色文献也被作为证据写进其报告。

气候变化研究中数据的不确定性的另一个来源是系统误差。最简单的例子是，生产厂家在制造温度计时把刻度印偏了，那么这就造成你读出的所有数字都会偏高或偏低。

科学家在整理全球气温记录时，需要订正这种系统误差，但实际操作往往是非常困难的。以城市热岛效应为例。城市在扩张的同时，城市热岛效应也在变化，如果不考虑到热岛效应的影响，那么数据一定会出现偏高的状况。但是现在实际上并没有一种有效的适应全球的订正方法。IPCC 在其报告中认为城市热岛效应对地表气温的影响可以忽略不计，但这种判断也遭到一些研究者的质疑。

"北京市观象台过去就是在农村，周围都没什么建筑，一片空旷，都是农田。现在是在城市正中央，怎么办？"陈泮勤质疑说，"各种城市的人口，发展的工业类型，建筑群的状态，很多很多因素都会影响这个城市因为热岛造成的升温效应。我们现在没有能力把全世界每一个城市，按照城市热岛状况来分类。而且最终你要区分 0.01 摄氏度这样一个状态才有效。我们没有办法、没有能力确定下来这样高精度的关系。"

另一方面，气象观测点全球分布不均也是评估当前气候状况的一个不确定因素。2001 年，IPCC 第三次评估报告指出："观测点的密度一直是，而且仍然是极度分布不均的，许多站点位于人口密集地区，而在广阔的海洋地区却只有数量有限的商船走航观测。" 6 年之后，在 IPCC 发布的第四次评估报告中，其采纳的数据中仍然有相当大比例的气象站分布在大城市和城镇。"过多选用城市站、陆地站的记录，必然导致全球增温幅度的高估。"陈泮勤在一篇文章中写道。

如果以更长的时间尺度来看，地球上的气温变化是起伏巨大的，并且呈现出周期性。今天，人们在为北极的气温担忧，但是在 5500 万年前，北极的夏天曾经相当暖和，海水的表面温度可以达到 18 摄氏度。北极的冰雪世界也不是一直存在的，大约在 5500 万年前，地球开始变冷，之后才出现冰雪覆盖的格陵兰、南极洲以及冻结的北冰洋。

我们常常听说"应对气候变化，拯救地球"，其实地球并不需要我们拯救，它 46 亿年的历史上常常比现在温暖得多。如果有什么是需要拯救的，那只是我们自己。当然，把地球 46 亿年历史上的温暖时期拿来与今天的气温比较，这本身并不能说明今天的气候只是自然界正常的波动。重要的是，我们现在的升温速度是否远远超出了地球历史上的变化。这是人们所担心的问题，也是科学家仍在研究的问题。

一种普遍的说法是，人类活动对全球变暖的影响占到了 90%。"90%"这个数字是有来由的，它出自 IPCC 的第四次评估报告，但是上面这种说法却是对报告的一种误读。

"所谓百分之几十，指的是可能性，而不是说占有多大的分量。"北京大学物理学院大气科学系教授王绍武说，"IPCC 有一规定，什么叫 likely（可能），什么叫 very likely（非常可能）。它认为 very likely 就是 90% 以上的，但它没有一个具体的数学上的算法。"

也就是说，正确的说法是，人类活动有 90% 的可能性造成了全球变暖。在这种可能性之下，二氧化碳的排放成了众矢之的。然而，人类排放的二氧化碳究竟对气候变化造成多大影响，并不是科学家能够一句话给出答案的。

主流的意见认为,人类活动对气候变化负有"主要"责任。但这个"主要"的比例究竟有多大,也并没有确切的数字。有学者提出,在造成气候变化的因素中,人类活动占40%或60%,但这种说法并没有得到广泛的接受。

目前可以确知的数字是,工业革命之后,大气中二氧化碳的含量增加了30%。许多人根据温室效应的"常识"会认为,二氧化碳含量的增加会加剧温室效应,从而让地球升温。而实际的情况是,温室效应没有这么简单。

温室效应这个现象最初由法国数学家、物理学家约瑟夫·傅里叶(Joseph Fourier)于1824年发现。20世纪初,瑞典化学家斯万特·奥古斯特·阿累尼乌斯(Svante August Arrhenius)做了一个实验,他通过设计阳光透过密封玻璃屋造成室内增温,从而提出了温室效应的概念。这种实验也被认为是模拟了现实大气对地表的保温作用。

然而到了20世纪70年代,阿累尼乌斯的温室效应理论开始遭到质疑。一些学者认为他的研究方法存在问题:由于玻璃的光学特性与大气不完全一致,且玻璃屋内大气升温不能简单归结为玻璃的光学吸收作用,因此不能将玻璃屋模拟的增温作用引申类比为大气的温室效应。20世纪末,一些研究人员对温室效应进行了深入研究并取得新的认识。

被广泛接受的认识是——太阳短波辐射可以透过大气射入地面,而地面增暖后放出的长波辐射被大气中的温室气体如水汽、二氧化碳、臭氧、甲烷、氧化亚氮等吸收,这些温室气体在大气吸收地面长波辐射的同时,也向所有方向发送辐射,包括向地球表面的辐射，从而使地球表面的温度能保持在 15 摄氏度；如果大气层不存在，则地表平均温度为零下 18 摄氏度。这就是温室气体对地面温度的调节作用，即"自然温室效应"。工业革命以来，人类活动向大气中排放的二氧化碳等温室气体浓度增加，导致大气吸收更多的长波辐射，从而使地面对流层系统温度升高，这就是"增强的温室效应"。

但一些物理学家和气候学家认为，温室效应的机理不清晰，与其他气候驱动因子相比，二氧化碳加倍对增温的贡献并不显著。还有学者认为，化石燃料燃烧排放的碳粒粉尘增多才是导致全球增温的主要因素。

中国科学院地理科学与资源研究所所长葛全胜等人在一篇文章中讲述了科学界对温室效应的以上认识过程。他们指出，20 世纪温室气体排放量的变化与全球温度变化并不完全一致，甚至在某些时段呈现显著不一致。比如，20 世纪 10 年代至 20 世纪 40 年代全球温室气体排放量微量增加，但同期全球平均气温却快速上升（增加 0.35 摄氏度）；20 世纪 40 年代至 20 世纪 70 年代全球温室气体排放量约增加两倍，而同期全球平均温度下降 0.1 摄氏度。"这不能支持温室气体增加导致全球气温升高的认识，而 IPCC 对此并没有给出令人信服的解释。"他们写道。

陈泮勤认为，气候变化是由人类造成的，这种说法现在还只能算作一种假定。况且，"所有的文明最盛期就在温暖期，我们为什么对暖那么害怕呢？"他说，"我们没有客观认识暖和冷对社会文明带来的好处或坏处，而是夸大了暖带来的弊病。两个文明古国——玛雅文化和罗马帝国——灭亡都是在冷期。"

我们写下一个方程式：$X=A+B+C$，其中 A 代表由于海洋膨胀所造成的海平面上升，B 代表由于冰川融化造成的海平面上升，C 代表南极洲、格陵兰的冰盖所造成的海平面上升。三者加起来的总和就是海平面上升的幅度，在气候科学中叫作一个"模式"（Model）。科学家会提出各种各样的模式来模拟我们实际的气候，当然真实的模式比我们写下的这个要复杂得多。

就像在其他科学领域一样，气候变化研究不确定性的一个来源是无知。我们不确知哪些因素起了怎样的作用，甚至我们在专注于一些因素的时候，会将重要得多的因素完全忽视。这就造成科学家提出的气候模式的模拟结果与现实不会完全吻合。

葛全胜等人注意到，从 IPCC 第四次评估报告给出的 24 个模式中关于 20 世纪气温变化的模拟图及其与实际观测的比较看，各模式模拟的结果与实测差别较大；即使对 24 个模式的模拟结果进行综合来看，20 世纪 60 年代之前模拟结果与观测结果仍有较大差别。"目前人类对于气候系统中各种物理、化学和生物过程的参数化的认识仍存在较大不确定性，对每个参数的理解也有待提高。"他们写道。

一些模式的研究显示出与人们印象刚好相反的结果。在一个包含了气候和地质异质性的模式里，2051 年至 2080 年山区消失的物种的数量仅仅是单以气候考虑的模式的一半。但是，对于平原上的物种，前一个模式预测的数量则是后者的两倍。

发表在《全球生物地球化学循环》（Global Biogeochemical Cycles）上的一篇文章则在模型中发现，当考虑到二氧化碳的肥效作用之后，它们就会抵消掉气温上升带来的负面作用，以前预测的大规模的植物死亡不会发生，赤道雨林的生物群落会保持不变或是由更潮湿和富饶的生物群落所代替。

在另一个个案研究中，失去"家园"的蝴蝶的种类并没有出现大幅度下降。由于未知的原因，这些蝴蝶能够在碎片化的森林里生存下来。"这些研究提示了我们在模拟和预测气候变化对生物多样性的影响时遇到的不确定性的程度。"英国牛津大学长期生态实验室的凯西·威利斯（Kathy Willis）在《科学》杂志上发表评论说。

"对于气候系统和气候变化可能带来的冲击，有很多情况是我们没有完全理解其物理、化学和生物过程的。这就是说，很多情况下我们不知道其内在的'因果模型'。"美国卡内基梅隆大学的气候学家格兰杰·摩根（Granger Morgan）在2009年为美国国家大气和海洋管理局（NOAA）撰写的一份报告中指出，"这种不确定性比数字上的不确定性更难以描述和处理。"

"决策者、管理者、实践者都喜欢确定的东西，他们寄希望于科学能够提供确定性。他们希望他们所采取的行动能够获得预期的效果。"美国亚利桑那大学生态与进化生物学系教授约翰·韦恩斯（John Wiens）及其同事在《美国科学院院刊》的一篇文章中说，"但是他们似乎在每一个路口都要面对不断增加的不确定性。他们所依赖的系统不仅复杂，而且充斥着反馈、间接效应、非线性因素，所有这些都破坏了确定性。现在，不仅仅是未来总是呈现出不确定，连预测未来所采用的工具都被包围在各种不确定性之中。"

与不确定性一样始终存在的，是气候变化的怀疑论者。他们质疑气候变化正在实际发生。有时他们的声音还会很大，让人误以为许多科学家对是否存在气候变化存有争议。但其实他们只是极少数。"怀疑论者能量很大，说的一些话很惊人，这些话公众听了以后就很激动，有的人就认为气候就根本没有变暖。这根本是不对的。"王绍武说。

如果将对待气候变化的态度看作一条光谱，那么光谱上与怀疑论者相反的另一端是环保组织。他们在气候变化的问题上态度十分积极，甚至激进，着力渲染气候变化的灾难性后果，并呼吁政府采取迅速的行动。

在他们看来，气候变化是这个样子的：南极、北极的冰川和冰盖正在迅速融化，这些融化了的冰造成全球海平面上升，将造成灾难性后果。如果格陵兰所有的冰都融化，全球海平面将上升 7 米；如果南极冰盖完全融化了，海平面将上升 61 米。冰川为什么在加速流动？因为人类活动，主要是排放了大量的二氧化碳。这些二氧化碳是由于人类燃烧了大量的化石能源。为了拯救地球，我们刻不容缓，要尽可能地低碳生活。现在我们正处在行动的最佳窗口期，一旦错过这个时机，就悔之晚矣。

且不说科学界并没有"最佳窗口期"这种判断，环保组织的说法常忽视了气候变化中广泛存在的不确定性，而将最可怕的未来描述给公众，即便这种状况发生的可能性极小。比如说，虽然在海平面上升幅度的计算上，7 米和 61 米是没有问题的，但是没有任何气候模式预测说两极的冰盖会完全融化。科学家的预测只到 2100 年，而且由于所使用的模式不同，对海平面上升幅度的预测差异很大，从 0.6 米到 2 米不等。

在二氧化碳的问题上，尽管在科学上仍然有许多尚未研究清楚的机制，但从节能减排到低碳生活的概念在生活中已经充斥耳目。

有人会认为，这样有什么不对吗？对于危险因素，虽然不见得灾难会百分之百发生，但俗话说"不怕一万，只怕万一"，谨慎一点难道不好吗？

英国著名社会学家安东尼·吉登斯（Anthony Giddens）对此有过精彩的评述。他指出，环保人士是按照"谨慎原则"行事的：一旦有证据显示损害有可能发生，就应当立即采取行动去纠正问题。谨慎原则仅仅关注风险的一面，即损害的可能性。

谨慎原则非常具有迷惑性，貌似正确，但实则经不起推敲。当你对一种风险保持谨慎的时候，就几乎一定会引发其他的风险。就像谨慎原则要求我们完全禁用转基因食品，理由是这样做我们就能够规避它们有可能带来的任何风险。然而，禁用它们也会制造出重大的风险，例如饥饿和营养不良的程度有可能上升。根据谨慎原则，后一种风险也是需要规避的。因此，谨慎原则在逻辑上是自我矛盾的。

"有可能你的担忧完全是白担忧，也有可能是担忧对了。在气候变化的许多机制没有认识清楚以前，现在就下决心搞，带来的另一方面问题可能是，全球社会文明的精神被你推迟了，整个发展中国家工业化的进程被你推迟了。整个饥寒交迫的生活在贫困线下的贫穷人口，未来几十年还得再贫穷下去。"陈泮勤说。

人们对风险的焦虑常常是非理性的。这有点类似于我们在新闻中看到某地夜间抢劫案件高发，而其实当地乘车不系安全带的死亡率更高，但前者显然更能引发人们的焦虑。

应对气候变化是一个如何做风险管理的问题。吉登斯提出，我们不能按照谨慎原则行事，而必须按"比例原则"行事。"在评估风险时，不管灾难有多大，对某些形式的推动进行一定的成本 – 收益分析几乎总是必要的。也就是说，我们必须根据与获得的收益关联发生的成本来评估风险和机遇。"他在《气候变化的政治》（*The Politics of Climate Change*）一书中写到。

第四章

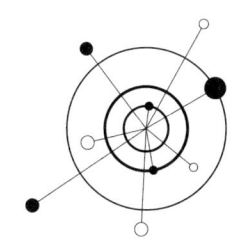

宇宙为何如此

在望远镜的视野里，我最喜欢的天体是土星。它看起来就像是一件精美的工艺品——草帽的形状，淡黄的颜色，锋利的边缘。我也喜欢看木星和它标志性的大红斑，但归根到底，它也不过是一个小小的球形物体，其他几颗行星也是这样。只有土星，有着独一无二的光环，这让它看起来非常独特。

人类像我这样观测宇宙，并不是很久远的事。400 多年前，天文学家才第一次把望远镜伸向了天空。我时常会想，伽利略在第一次将望远镜伸向夜空的那个晚上，他看到的景象和我今天看到的有什么区别，他当时在想些什么。

宇宙对人类是一个神秘的存在，自人类诞生的那天起就是这样。我们曾经认为地球是宇宙的中心，天上的所有物体都在围绕我们运转。这是一种极其难以摒弃的想法，毕竟星辰东升西落，我们看起来实在像是一切的中心。有一些特殊的现象难以用这种认知来解释，比如行星的逆行——行星在夜空中的运行方向会在一段时间里发生反转，这种现象是很难用地心说来解释的。而当伽利略使用望远镜之后，他发现木星身旁还有 4 颗我们肉眼看不见的卫星在围绕木星运转。这直接表明，地球并非一切天体的中心。

历史上，天文学家喜欢用规整的几何图形来解释我们的宇宙。比如天体运行的轨道是圆的，开普勒还曾用 5 个相互嵌套的正多面体来解释太阳系行星的距离分布。这些解释是充满美感的。在当时有限的观测范围中，这些解释看起来也足够了。然而，随着人们的目光能看到越来越遥远的宇宙深处，人们发现，宇宙原来是如此之大，开普勒的正多面体根本不足以解释宇宙的结构。从此以后，也就没有人用正多面体来解释宇宙了。

但到了 21 世纪初，正多面体又回来了。一个由法国天体物理学家和美国自由数学家组成的研究小组发现，我们的宇宙多少有点像一个足球。这个"足球"由 12 块正五边形组成，但与真实的足球所不同的是，宇宙是多连通的——稍后，我会解释这一点。

这项研究的领导者是法国巴黎天文台的天体物理学家让－皮埃尔·卢米涅（Jean-Pierre Luminet）。他在 20 世纪末曾说："自古以来，世界上各种文化都曾探问过宇宙从何而来，以及它是有限还是无限。通过数学和观测的结合，我们已经回答了第一个问题。也许在下个世纪，我们可以开始回答第二个问题了。"

几年之后，他就提出了第二个问题的一个可能的答案。他所使用的主要研究工具是拓扑学（Topology）。"拓扑学是几何学的一个分支，它研究的是空间的整体属性。"卢米涅解释说。很显然，想要回答宇宙是有限还是无限的问题，就要知道宇宙到底是什么形状的。"相对论做不到。相对论的解释提供了关于局部时空属性的四维量度。"卢米涅说,"但我们想要的是对于空间的最大尺度上的描述。"

所谓"最大尺度",指的是"可观测宇宙",即人类所能看到的全部宇宙范围。于是,在相对论感到无能为力的时候,拓扑学伸出了援手。宇宙学家把拓扑学与天文观测中所得到的数据相结合,得出了"宇宙是平坦而无限"的结论。当宇宙学家考察大爆炸的余音——宇宙微波背景辐射(Cosmic Microwave Background,CMB)时,他们发现,在小范围天区内,宇宙的确展现出这种迹象。然而,在卢米涅和其同事看来,实际情况恰恰相反,他们认为宇宙是有限而弯曲的。

要理解卢米涅等人的"足球宇宙",首先要理解什么是有限与无限,什么是平坦和弯曲。"无限"很好理解:当你仰望夜空的时候,深邃而黑暗的夜空看起来没有尽头,而且借助足够强大的天文望远镜,你就总能在黑暗中发现更多的新天体,限制你的仅仅是光速和宇宙的年龄。如果情况不是如此,便是"有限"。

那么,如何理解"平坦"呢?"足球宇宙"的另一提出者、居住在美国纽约的自由数学家杰弗瑞·韦科斯(Jeffrey Weeks)在解释他们的理论时使用了"折纸"的比喻,实际上,这种方式可以很好地演示空间的平坦与弯曲。想象你有一张正方形的纸,纸上画有一个三角形。显然,在你动手之前这张纸是平坦的。现在,请你把正方形相对的两个边粘在一起,这时你得到了一个圆筒。虽然看起来纸张被弯曲了,但从拓扑学的角度来讲,它仍然是平坦的。拓扑学认为,你刚刚得到的圆筒与正方形的纸的曲率都是零。但是,与最初的形状相比,圆筒在一个方向上变得有限而无界了。接着，把这个圆筒的两端也粘起来，形成一个面包圈的形状。当然，这个过程你只能在大脑中想象，因为实际中你总会把纸张弄皱的。这时，纸张在所有方向上都是有限而无界的了，但它在拓扑学上仍然是平坦的，这种性质与你在三维空间中实际看到的面包圈的性质是不同的。

不对纸张进行添加、切割等处理，将纸张变换成各种形状，这些形状在拓扑学中是"拓扑等价"的。不管是在最初的正方形纸张上，还是在圆筒或面包圈形的产物上，从拓扑学上来讲，连接两点的线段的长度是不变的，三角形的内角和也是不变的。与此类似，空间曲率为零的宇宙被宇宙学家称为是"平坦的"。

除了平坦的宇宙，宇宙学家们还提出了另两种宇宙有可能处于的拓扑学形态：正曲率宇宙和负曲率宇宙。在我们前面所折出的所有形状中，角度的大小与纸张的大小无关。而假如我们把三角形画在一个球面上，然后拿平面三角形敷贴到球面上做对比，会发现球面上的三角形的内角和怎么也不是 180 度，而是大于 180 度。换句话说，如果你想把球面上的一个三角形在平面上展开，你会发现你其实无法做到，因为球体的材料总是多出来。球体表面上的三角形展为平面，其内角和小于 180 度。球体的曲率总是大于零的，与此类似的宇宙就被叫作正曲率宇宙；相反，曲率小于零的宇宙是负曲率宇宙，宇宙学家最喜欢用马鞍的形状来类比这种宇宙。总之，在这两种宇宙中，空间都是弯曲的。

我们的宇宙究竟是三者中的哪一种，取决于宇宙中的物质与暗能量共同对宇宙施加怎样的影响，也就是宇宙密度参数 Ω 与 1 到底存在怎样的关系。在"足球宇宙"的模型里，我们的宇宙是一个正曲率的宇宙（Ω>1），也是一种闭宇宙——如果宇宙物质密度大于临界密度，巨大的引力会使得膨胀最终停止继而收缩，这一情形下我们称宇宙的膨胀是封闭的。

卢米涅等人认为，这就意味着宇宙是有限的。但它没有边界。想象你能够缩小并站在你刚才折出的那个纸筒上，当你朝某个方向望去时，你发现向着这个方向延伸出去的线条似乎是无限长的。然后，你沿着这条线向前走去，一路上并没有任何有趣的事情发生，直到你惊奇地发现自己又回到了刚才的出发点——你是绕着圆筒走了整整一圈。这种事情同样有可能在"足球宇宙"中发生。

根据卢米涅等人的计算，真实的宇宙可能仅有可观测宇宙的80%那么大。之所以我们观察到的宇宙比真实的情况要大，就是因为光线在绕着宇宙兜圈子。在某个给定的时刻，我们眼睛所接收到的光子实际上大致是在相同的时间和距地球相同距离处出发的。很容易想象，这些光子的出发点构成了一个球面，这个球面叫作"最终散射面"，地球位于最终散射面的球心。假如宇宙真的比看起来的要小，那么最终散射面就可以绕宇宙传播一圈后再与自身相交。在这种情况下，"一个人能够看到完全相似的点构成圆圈，圆圈上的温度涨落应该都是相同的"，卢米涅这样说。

正是他说到的这种"温度涨落"（Temperature fluctuation），为卢米涅等人建立"足球宇宙"的模型提供了重要依据。

如同任何乐器的声音都是由"基音"及其"泛音"叠加而成，宇宙微波背景辐射可以用球谐函数展开。展开的第一项、第二项分别叫作四极矩和八极矩，它们对应下标 $l=2, 3$ 的球谐函数展开系数。美国国家航空航天局的威尔金森微波各向异性探测器（Wilkinson Microwave Anisotropy Probe, WMAP）在实际观测中得到的四极矩值仅仅是"平坦无限宇宙"预言值的 1/7，八极矩值也仅仅是"平坦无限宇宙"相应预言值的 72%。事实上，当观测角度大于 60 度时，这种差异就已经非常显著了。

球谐函数展开系数决定了宇宙微波背景的频谱，而它实际上是由宇宙时空的性质所决定的。卢米涅等人的宇宙模型在各种解释宇宙的模型中脱颖而出，乃是因为它与观测数据拟合得最好。"足球宇宙"在四极矩、八极矩的值上明显比"平坦无限宇宙"的预言要精确得多。"平坦无限宇宙"模型就像上面说的那样与观测数据相去甚远。虽说在"平坦无限宇宙"的模型中并非完全不可能出现目前的观测数据，但其概率只有 0.2%。

"足球宇宙"的另一个有趣特性是它的"多连通"（Multiply connected）性。现在，想象你开始在圆纸筒的内部行走。当把圆筒折成面包圈形时，你离开圆筒"底部"的同时也到达了圆筒的"顶部"。这样的空间被称为是"多连通"的。

在现实生活中你也许已经体验过生活在这种空间中的感觉。还记得某些早期的二维电子游戏吗？当你控制着人物从屏幕的右端走出去的同时，人物立即又从屏幕的左端走进来。与此相似，卢米涅等人用多连通的正十二面体来解释他们的宇宙：正十二面体的 12 个正五边形两两相对，当你在这个正十二面体内部从一个五边形处走"出去"的时候，你同时立即从另一个与其相邻的五边形处走"进来"。假如你把这个特别的正十二面体"捏"成球形，就制造出了一个由 12 块略微弯曲的五边形组成的"足球"。

假如这样一个宇宙真的存在,"就必然会存在相同天体的多重影像,就像一间镜子屋。"卢米涅说。当你走进一间摆满镜子的房间,由于镜子的反射作用,你会看到很大的一个人群环绕着你,虽然实际上你只是孤身一人。也许,我们的宇宙就是一间巨大的镜子屋。在这间屋子中,有12面巨大的略微弯曲的镜子。在这些镜子的作用下,相同的天体在不同位置展现出自己的"鬼像"。由于光的传播需要时间,这些"鬼像"所展现的天体也应处在不同的演化阶段。是否会在那里存在一个早期银河系的影像呢?也许会的。

检验卢米涅等人的理论是否正确,最容易想到的办法就是观察宇宙中是否真的如他们所言存在天体的"鬼像"。但是,这种方法在实际操作中还存在某些无法克服的困难:由于光速有限,我们看得越远,我们所看到的天体就越古老,天体的光线在环绕宇宙传播一圈的时间里,天体已经演化了很久,使我们无法辨认;再者,天体必须足够明亮,以保证光线在穿越巨大的空间后仍能被我们所看到;还有,天体必须各向同性,不能有诸如各向异性的光辐射这样的特性;最后,天体光线受到的阻碍(例如尘埃)也应该是最小的。

也许是在意料之中,卢米涅的论文刚刚发表,其理论就遭到了以美国蒙大拿州立大学的物理学家尼尔·考内什(Neil Cornish)领导的另一个科学家小组的激烈反对。"韦科斯和他的朋友们在提出一个引人注目的主张。这个主张也许是这个世纪中最大的科学故事之一。"考内什说道,"但是,非同寻常的主张就需要非同寻常的支持。"考内什称，他的小组早在卢米涅的小组发表其论文之前就已经发现，没有办法证明宇宙是足球形的。

"宇宙不是一只足球。很遗憾!《自然》杂志（发表卢米涅论文的期刊）。"考内什在其研讨会上说道，"宇宙很可能并非一个小世界。很遗憾!"

当被问及有多大的自信、其理论是否能够被未来的观测所证实时，卢米涅笑着说："自信是一种主观的东西，它是不可测量的！它的强烈程度得取决于我当天的心情……"与此相反，卢米涅等人的模型却是可以测量的，更多的观测数据会告诉人们，他们是否解决了人类追问了 2000 多年的问题。

第一节 | 不完整的自己

1999 年的夏天发生了很多事情。

本·拉登被美国联邦调查局（FBI）列上了通缉名单；有一种厚底的女士凉鞋成了流行趋势；美剧《黑道家族》（*The Sopranos*）获得了 16 项艾美奖提名。对于我个人来讲，1999 年的夏天也是非常特别的，因为那年夏天我遇到了一本书——《黑洞》，作者正是卢米涅。

当时我在读高中，放学的路上会路过当地最大的新华书店。有一天，我到新华书店里面去看书，遇到了这本书，看了几页以后就非常感兴趣。但是当时高中生口袋里面也没那么多钱，没有当场买下来，过了两个星期才过去把这本书买下来。

那个夏天，这本书我连着看了两遍，深深地被它吸引了。一天晚上，我看到"火中凤凰"那一章——讲的是恒星演化的过程，我花了三个小时把这一章书看完。晚上睡觉时，眼睛是闭着的，但感觉像没有睡着一样，头脑当中一直在像放电影一样演示恒星演化的阶段。第二天早上一睁眼，我就变成了天文爱好者。

科幻作家郝景芳说，当你曾被某种最美的东西感动过，这辈子很难停止追求。到今天，我仍然被星空与宇宙所吸引，我时常想着，到南半球去——也许是澳大利亚，建一座我自己的远程天文台。

卢米涅的书和后来看到的卡尔·萨根的书都深深地改变了我的人生轨迹。2003年，"非典"（SARS）爆发，那个时候我正在读大学，学校为了学生的安全，有连续两个月采取了"封校"的措施，我们一天到晚不能迈出校门半步。那段时间，无聊之中，我会到学校的计算机教室去上网。其实那是一间很小的教室，一共只有50多台电脑，甚至还没有一间网吧大。但全校的学生只有这一个地方可以上网，而且它还只有在晚上才开放几个小时。于是每天吃过晚饭，我就早早地过去"堵门"，争取能抢到一台电脑。去得越早，也意味着越有机会选到好用的电脑——并不是所有的电脑都那么好用的。

在那种百无聊赖的情况下，有一天，我想到了去搜索一下卢米涅。没想到还真找到了他的联系方式，我给他发了第一封电子邮件。两天之后，再次抢到上网的位子时，发现他给了我回复。我就这样与对我影响最大的人建立了联系。非常巧合的是，那个时候他最重要的成果也即将发表。

宇宙是什么形状的？它是弯曲的还是平坦的，它是开放的还是封闭的，它是有限的还是无限的？很多年来，卢米涅一直想要知道这些问题的答案。2003年末，他的"足球宇宙"理论模型经媒体报道后着实令全球公众吃了一惊。这个理论模型与当时的主流宇宙论背道而驰——主流宇宙论认为宇宙是平坦而无限的。然而，这样一个乍看之下有些荒诞的宇宙论在几个月内迅速成了主流宇宙学的一支。

彼时，身为巴黎天文台宇宙与理论实验室主任的卢米涅已经在黑洞，尤其是宇宙学领域成为具有世界影响力的专家。但卢米涅的兴趣与天赋不仅仅体现在天体物理学上，他在小说、诗歌，甚至绘画和音乐方面都有着独特的直觉，按他的话说，这是"知识的人本主义"。

"在某些方面，他看起来更多地属于开普勒及其前辈的那个时代。"艺术史学家马丁·坎普（Martin Kemp）这样评论卢米涅。开普勒解释行星的距离分布的理论中包含了正十二面体，而卢米涅用以解释宇宙形状的几何体也恰恰是正十二面体。

宇宙与表面上看去的样子可能大为不同，比如看起来无限的宇宙很可能是小而有限的，这驱使着卢米涅想要找出宇宙被隐藏起来的那一面。同时，他还希望能够"为物理学引入更多美学与情感"，物理学"有时有点冷酷了"，他对我说。

初看卢米涅的画作，你可能会因为其复杂的时空转换而感到目眩，但只要你仔细观察，就会发现它们都非常有规律。强烈的空间透视与黑白灰的对比，加上天体物理学的背景，使得卢米涅的作品成为一种介于艺术与科学之间的独一无二的时空画像。宇宙，在复杂的表象下隐藏着内在的和谐。

从 2003 年末到 2004 年初，我和卢米涅通过邮件交流很多。我问了他很多问题，涵盖了他对科学、艺术以及宇宙模型的理解。他的答案至今都在对我产生影响，比如他所说的"知识的人本主义"。这种观念深深地影响到了我，这大概也是为什么除了了解科学以外，我还会想要去追求艺术，就像我在第二章中讲到的魔术演出的经历。

对于"知识的人本主义"，他的完整表述是这样的：

"今天，知识已经被分隔成了许多非常专业化的领域，而且有一种通常的观点是，相信只存在某一特定领域的'专家'，不会有谁在多个领域都富于创造性。我完全不赞同这种观点。我认为，像波斯的诗人、天文学家、数学家莪默·伽亚谟（Omar Khayyam），像文艺复兴中的许多创作者，并不存在对世界上某样事物的独一无二的理解方式，一个'完整的人'必须兼顾使用艺术、科学、哲学以及理性的和感性的思维，以便更完整地感知宇宙的复杂及其内在的融洽。

"当我仅仅发表学术文章的时候，我感觉自己是不完整的（即便当这些文章具有很大影响，比如发在《自然》上），这就是为什么我要出版诗集、小说，这就是为什么我要搞绘画（我有几场计划中的展览）、喜欢音乐……我甚至喜欢多种体育运动（网球、山间徒步、体操）！"

他还向我解释了他对物理学中的"美"的理解："在科学中，我们认为一个模型是'美的'，是当它遵从数学简洁，或几何对称，或复杂表象下的秩序与和谐的规律。如此说来，一个有限的十二面体宇宙当然比传统的平坦无限空间更雅致、更'美丽'。此外，它之所以在物理学家和宇宙学家看来更美好，还因为有限的十二面体空间模型能够被观测证实或证伪，这一点是与无限空间模型相反的。"

美国理论物理学家史蒂芬·温伯格（Steven Weinberg）在他的《终极理论之梦》（*Dreams of a Final Theory*）中提到，物理学中的美跟艺术、音乐等之中的美是不同的。卢米涅与温伯格的看法并不完全相同，他感觉在运用美学来激发创造性的过程中，艺术和科学中的美存在着许多相同点。

———— ◆ ————

航天员在执行任务时不幸遭遇了黑洞，当他们发现时已经无力回天——他们无可避免地掉进了黑洞！但也许这不见得就是一场灾难。在一些科幻作品中，黑洞被描述为通向宇宙其他地点或者其他宇宙的大门，航天员掉入黑洞后会幸运地到达宇宙的其他地方乃至另外一个宇宙。1979 年的电影《黑洞》（*The Black Hole*）的宣传语就是："一次从万物终结之处开始的旅行。"

黑洞可以说是宇宙中最不可思议的天体。爱因斯坦提出广义相对论的第二年，即 1916 年，德国物理学家卡尔·史瓦西（Karl Schwarzschild）就在理论中提出了黑洞的存在。但直到 20 世纪 60 年代，科学家才理解并接受这种古怪的天体的存在。

很多黑洞仅仅是大质量恒星的演化终点。这些恒星的质量是太阳的 10 倍以上。在它们的一生中，总有两种不同的力量在相互抗衡：自身的引力向内施压，而内部热核聚变反应所产生的能量则向外施压。当这两种力量不分伯仲的时候，恒星就处于较为稳定的状态。但恒星内部用于热核聚变的燃料终有一天要用尽，当这一天来临时，力量的悬殊就会显现出来。一旦引力占了上风，恒星就无可避免地向内坍缩，并且引力的作用会越来越剧烈。随着恒星的物质变得越来越致密，它的逃逸速度也越来越大。当恒星致密到逃逸速度大于光速时，一个黑洞就形成了。此时，即便是宇宙间运动速度最快的物质——光，也无法逃离黑洞了。

宇宙中还有一些质量非常巨大的黑洞，它们位于星系和类星体的中心。比如，天文学家认为我们银河系的中心就有一颗超大质量黑洞，它的质量是太阳的 400 万倍。这些黑洞的形成过程还不完全清晰。但不论是恒星质量黑洞，还是超大质量黑洞，从天文学角度来看都与时空之门无关，它们并不能够像科幻作品中讲的那样让你进行时空穿梭。

在时空旅行的幻想中，另一种常见的天体是"虫洞"（Wormhole）。虫洞被认为是由两个黑洞经"爱因斯坦–罗森桥"连接而成的。1935 年，爱因斯坦和纳森·罗森（Nathan Rosen）提出了爱因斯坦–罗森桥，它是一种理论上连接时空两点的"桥"，但这一理论并没有提及桥两端所连接的时空具有何种关系。于是在科幻作品中，航天员从一个黑洞进入，会从另一个黑洞出去，这样就发生了时空旅行。还有一种更奇妙的说法：黑洞可能与白洞相连，当一个人从黑洞进入后，可能由白洞出来，就像电影《星际穿越》（Interstellar）所展现的那样。

真实的情形是，到目前为止，天文学家在实际的观测中已经发现了不少黑洞存在的迹象,却从未有任何证据证明虫洞的存在。虫洞目前仅仅是数学上的结果,或许永远也只是数学上的结果。白洞也仅仅是数学上与黑洞相对的结果,在自然界中是否真的存在也值得怀疑。假设真的有黑洞与白洞相连,那么当一个人投身黑洞后,早在他从白洞"钻"出来之前,他已经在黑洞巨大的潮汐力的作用下被撕得粉碎了。

连光都无法逃脱黑洞的魔掌,更不用说其他物质了。不管是行星,还是恒星,宇宙中的一切其他天体最终都会被黑洞吸进去,我们银河系中心的超大质量黑洞最终会把整个星系都吃掉——这只是个时间问题,对吗?这是人们对黑洞普遍存在的另一种迷思。

黑洞并不会去"吸"任何东西。黑洞的引力与宇宙中其他天体的引力在性质上没有差别。对于足够远的物体来说,黑洞的引力并不能把它们怎么样。假如我们的太阳突然演化成了一个黑洞,那么这个黑洞并不会把太阳系中的大小行星统统吃掉。我们的地球仍然会在现在的轨道上运行下去(严格说起来,从长时间来看会有微小变化),唯一明显的变化就是天气会变得异常寒冷——因为缺少了阳光的温暖。

黑洞就像是水中的漩涡,只有当你离它太近的时候,它才会对你构成威胁。黑洞有一个"史瓦西半径"(Schwarzschild radius),只有当你越过了这个半径,你才会无法自拔地被黑洞"吸"进去。史瓦西半径可以从逃逸速度的方程中计算得到。在史瓦西半径以内,光都无法逃逸。太阳的史瓦西半径是2.9千米,相比之下,现在的太阳的半径大约是70万千米。当太阳突然变成黑洞，太阳系中的大小行星全都会处于"安全线"之外。当然，我们的太阳是不会变成黑洞的，因为它的质量太小了。太阳最终会演化为一颗白矮星。那些经历一系列演化后中心质量在太阳的 2.5 倍以上的天体，才有可能最终成为黑洞。

为什么在史瓦西半径以内，黑洞的引力会极为强大呢？在数学上，一个物体所产生的引力可以被看作是集中于一点的。对于质量均匀的球体来说，这个点位于球心。当你站在地球表面，你距离球心是最近的，因而你感受到了地球所能带给你的最大的引力。假设某一天，地球开始向中心坍缩，那么站在地球表面的你就会随之移向地球的中心，也就是说你离地球中心越来越近，这时你就会感到自己越来越重，因为你受到的引力越来越大。但假如你没有随着地面移动，而是悬在原地不动，那么你便不会感到引力有何变化。黑洞是一种极端的情况，在广义相对论中，天体演化为黑洞时，原先的物质会坍缩到体积为零、密度为无穷大的一点，这个点被称作"奇点"，其他物体能够非常接近原天体的中心，因而受到极为强大的引力作用。任何物体跌入黑洞后，最终都会粉身碎骨地撞到奇点上。

从史瓦西半径的计算公式中容易看出，黑洞的史瓦西半径与黑洞的质量成正比。史瓦西半径给出了黑洞"视界"的大小，人们一般将视界之内的体积看作黑洞的体积。假如一个黑洞的质量是另一个的 10 倍，那么，前者的史瓦西半径就是后者的 10 倍。进而可知，前者的体积是后者的 1000 倍。这时再计算密度就会发现，前者的密度是后者的 1/100。由此可见，当黑洞的质量增加时，它的密度会迅速减小。

假如一个黑洞的质量与我们的太阳相当，那么它的密度就是 100 亿吨／立方厘米，这样大的密度简直难以想象。而对于星系中心的超大质量黑洞而言，它们的密度则可能比水的密度还要小。有人计算过，宇宙质量的黑洞的密度会小到 10^{-23} 克／立方米。

另一个有趣的现象是，超大质量黑洞在视界处的潮汐力可能并不大。一名航天员如果飞向一个恒星质量的黑洞，那么他早在到达视界之前就会被撕裂；但如果他飞向一个超大质量黑洞，那么他有可能在越过视界后仍安然无恙。

在科学家已经发现的四种基本力（强力、电磁力、弱力和引力）中，引力是最弱的力。目前有一些"怪异"的理论来解释这种现象。比如有理论认为，引力并不是本质上就很弱，但它之所以表现得弱，是因为它的力量传播到了一些看不到的维度中。在三维的世界中，当你把两件物体的距离拉近一半，那么它们间的引力将变为原先的 4 倍；但如果在九维的情况下，当你把两件物体的距离拉近一半，它们间的引力将变为原先的 256 倍！这种理论意味着，假如我们的宇宙中存在一些看不到的维度，那么在极小的距离上，引力可能会成为一种很强的力。再进一步，这可能意味着，在科学家的实验室中，机器可能会拥有制造量子黑洞的能量。

在欧洲的大型强子对撞机（Large Hadron Collider, LHC）投入运行的时候，人们曾经担心科学家可能会在实验中造就吞噬地球的黑洞。该对撞机能够令粒子在极大的能量中碰撞，甚至模拟出宇宙大爆炸刚刚发生之后宇宙中的环境。早在 2005 年，就曾经有报道称，位于美国纽约的布鲁克海文国家实验室

（Brookhaven National Laboratory）可能造出了量子黑洞。这个消息让早些年就存在的一种担心重新出现："实验室中制造出来的小黑洞是否会慢慢吃掉周围的粒子，逐渐变大，然后吃掉实验设备，进而是整个实验室，最终吃掉整个地球？那样的话我们都会死掉的！"

这种担心其实是多余的。每天，来自宇宙空间的高能粒子都在撞击地球。据计算，由此撞击出的小黑洞每年可能有 100 个。如果这些小黑洞能吃掉地球的话，那么地球早就不存在了。可是，这些小黑洞为什么无法对地球的安全造成威胁呢？

20 世纪 70 年代，史蒂芬·霍金（Stephen Hawking）提出，黑洞是有辐射的，它们会"蒸发"。黑洞的温度与它的质量成反比。一个黑洞的质量越小，它的温度就越高，"蒸发"过程也越快。实验室中制造出来的黑洞（如果能造出来的话），它们的温度可能高达太阳表面温度的 250 亿倍。这样高温的黑洞早在吃掉任何其他粒子之前就已经"蒸发"殆尽了。如果想让这样的黑洞存活下来，那么就必须使它周围的温度比它的温度还要高。要知道，即便是太阳的中心，也是远远达不到这种温度的。

然而幻想中会有所不同。假设你有某种方法使量子黑洞周围的温度高于黑洞，那么黑洞就会慢慢长大。随着质量的增加，黑洞会逐渐冷却。待到黑洞冷却到一定程度，它会进入一种稳定的状态，最终你可以把它从原先的超高温环境中取出，为你所用。当然，也有一些科幻作家已经指出，假如这样的黑洞被不小心掉在了地上，那么它会一路吃到地心，最后整个地球都会完蛋。

假如你乘着飞船向黑洞撞去，远处有一个你的朋友目送你，那么你的这个朋友将永远也看不到你越过视界的那一刻。因为在视界附近，由于引力的作用，时间的流动变得很慢，在你接近视界的过程中，你的飞船发出的光线需要越来越长的时间才能到达那位朋友的眼睛。在视界处，这个时长变为无穷大，你的飞船发出的光线永远也到达不了朋友的眼睛了。

那么，这是否意味着你需要无穷大的时间才会撞到奇点上，而你可以看到宇宙的命运在你眼前闪过呢？不是的。对你来说，你也许需要花费一些时间到达视界，但只要越过了视界，那么须臾之间你就会到达"万物的终结之处"。在你看来，时间并没有变慢。你的朋友所看到的仅仅是某种假象，也许你早已撞上了奇点，但你的朋友所看到的景象还是你正在接近黑洞。

另一方面，实际上，在你不断接近视界的过程中，你的飞船所发出的光线会产生越来越大的"红移"。也就是说，你的飞船所发出的光线的波长会越来越长。对你的朋友来说，也许起初还可以看到你的飞船在光学波段的影像；然后光学波段看不到了，只好在红外波段看；后来红外波段也看不到了，只能在无线电波段看；到了最后，光线的波长红移到非常大的程度，你的朋友用什么仪器都看不到你了。

在跌入黑洞的过程中，你所能看到的仅仅是被扭曲了的宇宙景象，因为黑洞造成的时空弯曲可能会使外部传来的光线发生扭曲。即便是进入到视界以内，你仍然可以看到（当然，如果你还活着的话）外面的星光。因为光线可以进入黑洞，只是出不去。也许在你看来，星空会有一些扭曲，但绝不会看到宇宙命运的"快进"版本。

但是，假如我们可以用某种方法抵消黑洞的引力，使你的飞船恰好停留在视界处，则你将会看到宇宙在你眼前终了一生。

---·---

天空并非想象中那么安静。

假如你从 X 射线的波段观测宇宙，你会看到整个天空中有一些忽隐忽现的光点，这些闪光就来自黑洞。黑洞的特点之一就是"黑"，天文学家无法直接看到它们，但是，黑洞对周围物体的引力作用暴露了它们的存在。黑洞的另一特点是"冷"，它或许是宇宙中温度最低的天体。但是，它的周围却可以非常炽热，因为正在跌入黑洞的物质转换为能量，它们向外发出强烈的辐射。从 X 射线波段来看，辐射总是在变化，因此你能观测到来自黑洞的闪光。

英国南安普顿大学物理与天文学学院的 X 射线天文学家菲利普·阿特雷（Philip Uttley）就观测到了这些闪光。他是利用美国国家航空航天局的"罗西 X 射线时变探测器"（Rossi X-ray Timing Explorer, RXTE）观测到的。"我很喜欢我所做的工作。"阿特雷说，"因为它是一个巨大的智力挑战：黑洞系统的辐射在变化，但没有人知道为什么。"

这种辐射的变化到底包含着怎样的物理机制？在许多年里，阿特雷和他的同事们一直在寻找答案。为了定量地研究黑洞发射的 X 射线的变化，阿特雷和同事们测量了在给定的时间尺度中 X 射线功率的变化。阿特雷从事这个工作仅仅是因为它具有挑战性:"如果这个问题被解决了,我就必须再去寻找其他具有同样挑战性的工作。我不在乎它是什么,即便不是天文学,只要它有趣就行!"

他们研究了编号为 NGC4051 和 NGC3516 的两个活动星系中心的黑洞,以及我们银河系中的著名黑洞——天鹅座 X-1,发现这些黑洞的 X 射线在功率谱上的变化趋势十分相似,恒星质量黑洞的 X 射线变化就好像是超大质量黑洞的 X 射线变化的快放效果。换句话说,黑洞在演奏相同的曲调,只是演奏速度不同罢了。这表明虽然它们在质量上差别巨大,但使得它们产生 X 射线变化的内在物理机制是相同的,尽管其具体内涵仍不为人所知。

黑洞的 X 射线发射带有"闪烁噪声"的特点。闪烁噪声是一种在任何时间尺度下的变化趋势都相似的噪声。想象一下你乘飞机沿着海岸线飞行,你从飞机的舷窗望下去,看到海岸线曲曲折折,有时会出现一些海湾或海角。当你从更低的高度观察海岸线时,它仍然展现出相似的结构;当你再低一些,情况仍然如此。所以,在没有其他参照物的情况下,你很难知道你是在从多高的高度上观察海岸线。闪烁噪声与此相似,虽然时间尺度可能大为不同,但它的变化总是呈现相似性。

河流中的水流、公路上的车流都表现出闪烁噪声的性质。黑洞周围的物质所发射的 X 射线也具有闪烁噪声的特点,并且它的特点几乎与音乐一模一样。

阿特雷最初是为了帮助自己理解黑洞的 X 射线变化才去阅读关于闪烁噪声的资料,结果在《自然》杂志上看到一篇论文,文章称音乐中存在闪烁噪声的特性。"它使我想到音乐是一个很好的类比,因为人们很容易理解音乐播放的速度。把这联系到黑洞所演奏的不同'速度'的曲调很合适。"阿特雷回忆说。

闪烁噪声同样被作曲家运用到音乐作品中,比如法裔希腊籍作曲大师依阿尼斯·泽纳基斯(Iannis Xenakis)的作品就具有这样的特点。不过,黑洞的演奏与音乐家的演奏也有不同之处,音乐家的乐曲在曲调上常常会重复,但黑洞不会。

───── ◆ ─────

前面提到过的威尔金森微波各向异性探测器是一台改变了人类对宇宙认知的探测器。

它于2001年发射,被安放在日地第二拉格朗日点附近,距离地球150万千米,以避免地球的热量以及噪声对它的干扰。在那里,它测量全天的微波背景辐射——宇宙大爆炸所遗留下来的余温,更确切说是宇宙大爆炸之后仅仅38万年时的光线。通过研究宇宙各个方向上温度的细微差异,宇宙学家就能够了解到宇宙的许多物理性质。这个探测器的原名叫微波背景辐射各向异性探测器(MAP),而为了纪念已故普林斯顿大学的宇宙学家大卫·威尔金森(David T. Wilkinson),美国国家航空航天局将其重新命名为威尔金森微波背景辐射各向异性探测器。

WMAP获得的一个重要成果是测定了宇宙的精确年龄:137亿年,误差不超过2亿年。在这137亿年的时间里,恒星、星系、生命、人类、文明得以产生,并形成了今天我们所看到的这个世界。

那么，顺理成章的问题是：宇宙的未来是什么样的？换句话说，宇宙在今后100亿、1000亿年的时间里将如何演化。也许卢米涅是对的，我们的宇宙会膨胀到最大，然后再缩小，也就是所谓的闭宇宙。但没有人确切地知道答案——宇宙也可能向着完全相反的方向发展。

20世纪90年代末，宇宙学家们惊奇地发现，我们的宇宙正在加速膨胀。在经历了质疑与惶惑之后，宇宙学家不得不承认，这的确是事实。暗能量登上了舞台，站到了前沿，因为物理学家认为是它在为宇宙的膨胀加速。

虽然目前物理学家对暗能量的实质还几乎一无所知，但有一点是明确的：宇宙的总能量中有73%是暗能量。而且，因为暗能量是空间本身的一种性质，所以它会随着空间的生长而生长。当宇宙的年龄是现在的两倍时，暗能量将占据宇宙总能量的97%。暗能量好像一只看不见的巨手，主宰着宇宙的命运。

暗能量表现出反引力——在万有引力的作用下，太阳系、银河系、本星系群、本超星系团以及其他的天体和天体系统得以形成，而暗能量带来的斥力则要拆散它们。研究认为，距今63亿年前的时刻是一个力量对比的分水岭。在那之前，宇宙中的物质密度比现在大许多，宇宙在自身引力的作用下放慢膨胀的速率，给人们带来一种错觉：日后终有一天宇宙会再次坍缩为奇点（天文学把这种结局称为"大反冲"）；在那之后，斥力超过了引力，宇宙开始加速膨胀，就好像一名玩命的车手在驾驶一辆疯狂的赛车。

有人说，这种斥力是尚未被完全认识的一种新的基本力；但也有物理学家认为,这种斥力也许跟暗物质存在某种微妙的联系,只不过是引力在大尺度上的一种表现而已。

20世纪20年代,埃德温·哈勃(Edwin Hubble)发现了星系整体退行——各个方向的星系都在飞快地离我们远去,而且越遥远的星系退行速度越大。这就暗示我们的宇宙正在膨胀。再加上20世纪60年代被贝尔实验室两位工程师意外发现的宇宙微波背景辐射,以及理论物理学家对原初核合成的成功解释,使得大爆炸宇宙论迅速成为科学家公认的理论。

宇宙始于一次大爆炸的理论打败了宇宙无始无终的稳恒态宇宙论。但问题并没有结束,宇宙学家还要赋予宇宙一个合理的终结方式。几十年来,宇宙学家们一直都在做这样一道选择题——宇宙的未来是停止膨胀并转而坍缩,还是停止膨胀并保持在那个状态,抑或是无止境地膨胀下去。

随着暗能量的登场,第三个选项的可能性明显超过了其他两种。这样的宇宙就是通常所说的"开放的宇宙"或"开宇宙"。

开宇宙赋予了孤独新的含义。虽然仙女星系在未来将跟银河系碰撞、合并在一起,形成一个巨大的椭圆星系,但宇宙"大撕裂"的历史车轮是谁也阻挡不了的。在暗能量的作用下,首先是本身就相距甚远的星系相互飞离。不断加速的膨胀使得星系的退行速度最终达到光速。这就意味着,没有任何光子或其他信息能够从那里传播到地球。事实上,现在60亿或70亿光年之外的星系已经处于这种状态了。假如那里有其他的文明存在,现在他们向地球人发送问候的信息,地球人永远也不可能收到。

这让人感到,我们就好像生活在一个巨大的黑洞之中,没有任何信息可以通过黑洞的视界传播。假如目送一名勇敢的航天员"登陆"黑洞，则我们将看到航天员的身影在黑洞视界处永远定格——也许宇航员在进入黑洞视界之后还在运动，但我们已经不可能看到了。类似的，星系在加速膨胀的宇宙中以光速飞离我们的时候，我们所能看到的也只是它们定格在演化某一阶段的"鬼影"。

当宇宙的年龄是现在的 10 倍时，除了我们自身所寄居的星系之外，我们将再也看不到任何其他的星系。星系间的通讯也完全不可能进行。到那时，类似搜寻地外文明计划（Search for Extra Terrestrial Intelligence, SETI）的项目已经没有什么意义，也不会有天文学家再去研究星系。

宇宙的膨胀是空间本身的膨胀，也就是说，宇宙中的任何地方都在膨胀。大约在大爆炸之后 100 万亿年，行星将在膨胀的作用下脱离它们的恒星。当然，远在这一时刻到来之前，地球已经在太阳的爆发中灰飞烟灭了。

仙女星系和银河系合并成的新星系也不会例外。大约在大爆炸之后 100 亿亿年，星系自身也开始在膨胀的宇宙中瓦解了。早已经死亡的恒星不再被束缚在星系之中，它们四散而行，开始各自的天涯孤旅。

随着"撕裂"的继续，恒星和行星最终也将不复存在——它们都分裂成了质子。可以想象，此时的宇宙在黑暗中一片虚无。只剩下最后一种大质量的天体——黑洞还坚强地存在着。然而，即便是黑洞这种宇宙中最不羁的天体，也难逃毁灭的厄运。也许这需要很长的时间，但最终，恒星级黑洞和存在于星系中心的超大质量黑洞会在霍金辐射中先后蒸发殆尽。

当所有的黑洞也不存在了，宇宙就在这种永无止境的膨胀中毫无壮丽可言地慢慢结束了，以一种相当乏味的状态永存下去。这就如英国摇滚乐队平克·弗洛伊德（Pink Floyd）在《日落中的两个太阳》(*Two Suns in The Sunset*)中所唱的："灰烬与钻石，仇敌与朋友，我们终将是平等的。"

"大撕裂"还有来自一部分宇宙学家的另外一个版本。在这个版本中，时间有一个终点。这个终点是距今 200 亿年之后。在距终点 10 亿年时，所有的星系都已经高速飞离，地球人（当然，那时肯定不再存在地球人）再也看不到河外星系；在距终点 6 亿年时，银河系开始分裂；在距终点 3 个月时，太阳系中的行星开始脱离太阳系；而当行星自身爆炸时，就意味着终点仅在顷刻之遥了。最终，在终点前的大约 30 分钟时，原子甚至原子核都将分崩离析。

在终点之后是什么？答案是：尚不清楚。表面看来，这就是时间的终点，所以并不存在"之后"。以上两种不同的"大撕裂"在时间的预测上存在很大的差异。哪一种是正确的呢？抑或都是错误的？自然界清楚，但宇宙学家还不清楚。

——— ◆ ———

尽管卢米涅说我们的宇宙是个小宇宙，但天文数字仍然会超出我们的想象。我们的宇宙中有多少恒星？太阳是一颗恒星，而它仅仅是我们所在的银河系的 2000 亿颗恒星中普通的一员。

一些天文学家认为，我们的宇宙中一共有 700 万亿亿颗恒星，比我们地球上所有沙子的数量还要多。这是可观测宇宙中的恒星数量。

700 万亿亿这个数字是天文学家通过对某些天区的近距离星系的观测估算出来的。这是一种很粗略的估算。因为天文望远镜无法分辨出河外星系中的单个恒星，天文学家对于每种星系或演化至某一阶段的星系中包含多少恒星，也没有确切的答案。况且，宇宙中的恒星每时每刻都在创生和毁灭——数字不会是一成不变的。这个数字只是人类可观测宇宙部分的恒星数，也许我们永远无从得知整个宇宙中到底有多少颗星星。

我们的宇宙到底有多大？目前人类的望远镜最远能够看到 280 亿光年之外的宇宙景象，但至于说全部的宇宙有多大，这就是天文学家观点不一的问题了。

宇宙的年龄是 137 亿岁，因此，WMAP 观察到的宇宙中最早的光线到达我们这里需要 130 多亿光年。这里很容易让人产生迷惑：这样的话，宇宙的直径难道不应该是 130 多亿光年的两倍，也就是大约 270 亿光年吗？

并非如此，尽管这不是很好理解。宇宙从它诞生的那一刻起就在不断膨胀，宇宙早期的光线传播的实际路程因宇宙的膨胀而增加了。考内什打比方说，想象一下宇宙诞生 100 万年时，一束光线传播了一年时间，经过的路程是 1 光年，那个时候的宇宙直径只是现在的千分之一，所以那个时候 1 光年的路程随着宇宙的膨胀，到了今天就是 1000 光年。

卢米涅认为，宇宙的直径可能仅仅是 600 亿光年，这是一个"小宇宙"。但正如前面提到的那样,尼尔·考内什并不同意这样的观点。他和同事同样分析了WMAP获得的观测数据,获得的结论是:我们的宇宙的直径至少是 780 亿光年,进一步的研究可能会使这个下限提高到 900 亿光年左右。这个研究结论并不表示宇宙就一定是有限的——它仅仅是给出了一个下限,而真实的宇宙有可能比这还要大得多。

第二节 | 无爱

2004 年春季的一天,我给托比亚斯·欧文(Tobias Owen)发了一封电子邮件。他是美国夏威夷大学的一名资深天文学家,曾经是卡尔·萨根的同事,主要研究兴趣是太阳系的行星,最广为人知的发现是在 20 世纪 70 年代发现了木星的光环。那个时候,他正参与美国国家航空航天局探测土星的卡西尼号(Cassini)任务。

卡西尼号任务是美国国家航空航天局、欧洲航天局(ESA)以及意大利航天局(ASI)的合作项目,耗资 30 亿美元。卡西尼号于 1997 年 10 月 15 日在美国卡纳维拉尔角空军基地发射升空。它在去往土星的道路上两次经过金星,一次经过地球和木星,以利用这些大行星的引力作用进行加速,最终获得到达土星所需的能量。

我跟欧文素不相识,冒昧打扰,是因为卡西尼号经过了多年的太空飞行,终于要达到土星了,我想要了解他对这个任务的一些看法。我并不确信欧文会回复我的邮件。但没过两天，我就收到了热情的回信。他说他正在欧洲开会，等一星期后回到夏威夷就给我发一些资料过来。

于是我就安心地等着。很快一个星期就过去，我并没有收到他的新邮件。我想他也许在忙，就又等了一个星期，还是没邮件。我这才给他又发了一份邮件问问情况，结果他很快回过来说，他刚回到夏威夷就出了车祸，这些天一直在家休养。

他还说，他没法去办公室给我发资料，但是可以通过邮件回答我的问题。于是我就问了他一堆问题，他则耐心地给予回答。后来，他还请秘书通过邮局寄了一包资料给我，包括印刷品和光盘。

——— • ———

1981 年 8 月 25 日，美国国家航空航天局的旅行者 2 号探测器（Voyager 2）在寂静的太空中掠过土星，那是历史上第三台对土星进行近距离飞掠探测的探测器。经过了长达 23 年，另一台探测器——卡西尼号土星探测器才再次造访这里。

历时 7 年的长途跋涉，行程 35 亿千米，凝聚着美国和欧洲 17 个国家数百名科学家心血的卡西尼号探测器于北京时间 2004 年 7 月 1 日进入环土星轨道，从此开始它历时十余年的对土星系统的科学考察。

事实上，卡西尼号土星探测计划早在旅行者 2 号掠过土星的第二年就开始在欧洲科学基金会和美国科学院中酝酿了。至卡西尼号看到土星近在咫尺，22年的时间已经过去。"我们是充满信心的，但我们也是紧张不安的。"欧文在卡西尼号抵达土星前20天这样对我说。1979年，欧文曾领导科学家小组在旅行者号探测器飞经木星时发现了木星光环的存在；此时，他和他的同事们难以按捺探索太阳系光环之王的渴望。

欧文同时对土星最大的卫星土卫六（Titan）充满强烈的好奇。卡西尼号所搭载的惠更斯号探测器（Huygens）在历史上首次着陆在土卫六上并为我们带来那里的风景照。"不管它是什么样子的，那景色都会是一点即燃、独一无二的，是空间探测项目馈赠给人类的最为美妙的礼物之一。"欧文说。欧文当然会这么说，因为他和他曾经的同事卡尔·萨根一样，对研究太阳系的行星抱有浓厚的兴趣。

土星，太阳系的第六颗大行星，在八大行星中个头次于木星，排行第二，以其华丽的光环而闻名。它携带着数十颗已知的卫星，为行星科学家研究太阳系演化提供了梦寐以求的实验室。

科普作品中常说，假如你有一支足够大的浴缸，那么你就能让土星漂浮在水面上。这样说是为了表明土星密度之小。土星是太阳系八大行星中密度最小者，也是唯一一颗平均密度低于液态水的行星。不过，这只浴缸要有多大才行呢？要知道，土星的体积是地球的764倍。

当古罗马人观察着这颗在同类中亮度排行第三的黄色行星，并以罗马神话中农业之神的名字来为其命名时，他们大概不会想到，土星属于与地球完全不同的另一类大行星。作为一颗类木行星，土星主要由氢和氦组成，可以说，整个土星就是一个巨大的氢和氦的海洋。土星没有固体的表面,当天文学家说"土星的表面"时,他们指的是土星大气之下气压与一个地球标准大气压相等的地方。正是土星的物质组成以及这些物质散漫的分布使得土星的平均密度出奇的低。

假如你能够从土星的大气层表面出发,进行一次"土心之旅"的话,你会发现,在你的整个旅程中的绝大部分时间里,周围除了氢还是氢。起初,氢以气态的形式存在,然后随着你的深入而密度越来越大。在土星上你无法像在地球上这样明确地区分大气与海洋的界线,氢从气态到液态是一个渐变的过程。接着,氢的状态从一开始的分子液态转变为金属液态。这是压力使然。在地球上,人们常常要将氢气冷却才能使它显现液态,但在土星上,液态氢是高温的,是巨大的压力将它压为液态。你的"土心之旅"的终点很可能是一个石质核心,因为科学家认为在土星的中心存在一颗石质内核。

与土星模糊的海空界线相似,土星的自转周期也有些"模糊"。在地球上,不管你住在西伯利亚还是赤道地区,一个地球日的长度都是相同的。但在土星上却不是这样。天文学家通过测量发现,他们测量不同的位置,得到的土星的自转周期居然是不同的!比如在赤道地区,土星的自转周期是 10 小时 15 分钟,而在纬度高一些的地方,自转周期可以达到 10 小时 39.4 分钟。

正是这些特别乃至有点古怪的特性,使得行星科学家对土星充满了好奇。而对于公众而言,土星最令人印象深刻的特征恐怕还是它那华丽的光环。就像前面提到的那样,这也是土星最吸引我的地方。

"面对如此令人吃惊、如此出乎意料、如此新奇的景象，我无言以对。"1612年，伽利略在他的观星笔记中这样写道。伽利略是历史上第一位通过望远镜观察土星的天文学家。当他初见土星光环的时候，光环从土星圆面中突出出来的部分就像是一对耳朵，伽利略误以为那是土星两颗巨大的伴星。而当他随后发现这两颗"伴星"居然一下子消失得无影无踪之时，他怎能不惊讶？伽利略没有想到的是，光环之所以在1612年消失了，是因为那个时候光环正好是以侧面朝向地球上的观测者。

今天，与伽利略的时代相比，天文学家已经了解到了土星光环的诸多性质。比如，土星的光环实际上并不完全像是一张没有缝隙的光盘。它的光环有许多层，按照发现的先后顺序编号，从内到外依次是D、C、B、A、F、G和E环。其中A环和B环间隔出来的区域被称为"卡西尼环缝"，是以它的发现者——意大利裔法籍天文学家卡西尼——的名字来命名的。卡西尼号探测器也是以他的名字命名。20世纪80年代，旅行者号探测器对光环的观察表明，土星的光环远比看上去的要复杂：看似平静的光环内部实际上混乱异常；细小的光环数量可能多达500～1000条！

土星光环华丽的外表下隐藏着更多的谜团。最为明显的疑问是，这光环从何而来？它是在太阳系形成之初就存在了呢？还是后来其他小天体在土星潮汐力作用下破碎后形成的？假如将土星光环中的物质聚集在一起，则它的体积相当于土卫一（Mimas）。土卫一的直径是392千米。有人设想，光环或许是太阳系形成后一些彗星被土星的引力捕获，进而被撕碎后形成的。可问题是，其他类木行星也会有相似的过程，但与这些类木行星暗淡的光环相比，土星的光环何以如此明亮？

当年天文学家们还曾满怀期待，以为旅行者号的近距离观测会发现许多隐藏在土星光环中的卫星，但结果却是令人失望的。在旅行者号拍摄的光环照片上，理论上来说最小可以观察到直径10千米的卫星，然而，旅行者号最终只发现了3颗新卫星，而且它们都不位于光环的主体中。这又是为什么或意味着什么呢？这些都是等待着卡西尼号去解答的疑问。

———————◆———————

在土星众多的卫星之中，土卫六是无可争议的明星。土卫六又称"泰坦"（Titan），是土星最大的卫星，直径超过了水星，比月球大一半，在整个太阳系中是除了木卫三（Ganymede）之外最大的卫星。

有趣的是，土卫六也像地球一般拥有浓密的大气，且主要成分为氮气；假如你站在土卫六表面，你甚至有可能看到潺潺的小溪、荡漾的湖泊或是壮观的瀑布。不过，不要因此就认为土卫六是太阳系中的另一个生命绿洲。要知道，它的大气中90%是氮气，其他则是乙烷和甲烷，不含氧气。还有，那流淌着的液体并不是水，而是液态的碳氢化合物。

即便在大型望远镜的视野中，土卫六也仅仅表现为一个缺乏表面特征的亮斑，原因就是它浓密的大气将其表面严严实实地遮挡了起来。土卫六的大气压大约是地球的1.6倍。当旅行者号探测器从它身旁飞过的时候也没有观察到任何有趣的特征。长期困扰科学家的一个问题是，土卫六何以能够获得如此浓密的大气？

一些观测活动逐步揭开了答案。在土星正在形成的时候，低温的环境使得土卫六能够获取大量的甲烷和其他碳氢化合物；而体积与土卫六差不多的木星的卫星，则因为离太阳近、温度高而未能获得类似的大气。土卫六到太阳的距离大约是日地距离的 10 倍，表面温度在零下 180 摄氏度左右徘徊。

除了缺乏液态水和温度极低之外，土卫六的环境与早期的地球十分相似。它为科学家提供了一个研究生命诞生前地球环境的"时间机器"。整个土卫六就是一间巨大的实验室，其中复杂的自然环境是地球上的科学家无法在自己的实验室中重现的。什么样的化合物已经形成？接下来又会怎样演化？对这些问题的追寻将会让科学家更好地理解我们的地球。土卫六是整个太阳系中唯一为我们提供了这种环境和条件的天体。

整个土星系统非常像是一个微型的太阳系。不管是从结构上、组成上，还是从形成和演化的过程来看，都是这样。并且，与其他的类木行星相比，土星系统的这种特征最为典型。

对恒星形成的研究表明，我们的太阳系形成于一个巨大的星云之中。星云的主要成分是氢。随着星云在自身引力作用下的坍缩，围绕原始太阳运转的物质逐渐聚集为盘状。这个盘中的物质形成了后来的各大行星。大行星的物质组成取决于形成时的环境温度，换句话说，取决于到太阳的距离，这就是为什么富含轻元素的类木行星都处在外围。

现在的土星系统就好像是形成中的太阳系。土星与太阳一样，主要由氢元素组成；土星的光环就好像太阳系形成之初的盘状结构。天文学家认为大行星的形成过程与太阳系的形成过程是相似的，研究土星系统有助于对太阳系演化的理解。

与木星相比，土星距太阳更为遥远，并且体积也要小很多，所以从理论上来讲，在太阳系形成46亿年后的今天，土星应该很好地冷却了。但对土星的探测却表明，它的温度明显高过理论值。土星的热量除了来自太阳辐射之外，很大一部分是来自自身的！这更使得土星与太阳又多了一处相似点，即自身可以发热。不过土星发热的机制到底是怎样的，还并不明朗。在内部热量的驱动下，土星大气风云变幻之势并不亚于木星，只是由于高层雾霭的遮挡才使得我们无法轻易观察到土星的大气活动。

---- • ----

人类对于土星系统的认识几乎全部来自地面望远镜艰难的观测以及旅行者号和旅行者2号走马观花的一瞥。这种情况随着卡西尼号的到来而彻底改变。

卡西尼号进入环土星轨道前19天，它遇到了第一位土星系统的成员——土卫九（Phoebe）。自1981年旅行者2号探测器飞掠土卫九之后，卡西尼号是首台对其进行近距离拍照的探测器。与旅行者2号相比，卡西尼拍摄的土卫九的照片在分辨率上提高了1000倍。这一方面得益于卡西尼号所运用的新技术，而更重要的是，卡西尼号离土卫九最近时只有不到2068千米，而当年旅行者2号是从220万千米外进行拍摄的。

土卫九在土星众多的卫星中特立独行，令天文学家颇感兴趣。它是所有卫星中距土星最遥远的一颗，离土星有1300万千米远，公转一周需要18个月的时间，并且它的公转轨道面与其他土星卫星相比有明显的倾斜。还有，它属于少数逆向公转的土星卫星，也就是说，它公转的方向与土星自转方向刚好相反。这些性质使得天文学家们不得不怀疑，土卫九也许并不是土星系统"亲生"的，而是"领养"来的。

天文学家认为，太阳系中的大行星有可能通过引力作用俘获其他的小天体，这些小天体尔后身不由己地成为大行星的新卫星。土卫九很可能就是土星俘获的一颗柯伊伯带（Kuiper belt）天体。所谓柯伊伯带天体，指的是位于太阳系边缘地带一条带状区域中的冰冻小天体，它们进入内太阳系时就成了彗星。天文学家从未在几千千米的近处拍摄过柯伊伯带天体，所以，假如土卫九真的是柯伊伯带天体的话，那么卡西尼号获得的照片也将是史上第一张高清的柯伊伯带天体写真照。

卡西尼号与土卫九的亲密接触是在科学家的精心安排下完成的。在卡西尼号历时十余年的使命中，这是它与土卫九唯一的一次近距离接触。因为土卫九离土星实在太远，所以当卡西尼号进入环土星轨道后就不可能再靠近土卫九了。

从卡西尼号获得的照片中我们可以看出，土卫九大致为球形，但明显遭受过陨石的重创——照片上斑驳的陨坑便是明证。陨坑有大有小，大陨坑的直径达到了50千米，更多的陨坑的直径小于1千米，这意味着土卫九不但遭受过大家伙的撞击，也遭受过很多直径小于100米的小家伙的碰撞。这些撞击是来自土星系统内部还是外部，是一个具有争议的问题。

卡西尼号任务是行星探测史上最为复杂的任务之一，单是卡西尼号探测器本身，从提出概念到设计成型，就历时十多年。在设计上，工程师们必须综合考虑它硬件的成本、可靠性、耐久性、兼容性以及可得性。卡西尼号整体上分为两部分：主体是卡西尼号轨道探测器，同时携带着惠更斯号探测器。前者用来对土星进行环绕探测，后者是土卫六的着陆探测器。

与1981年飞过土卫九的旅行者2号相比，卡西尼号在技术上的进步是相当巨大的。卡西尼号在它的两部相机上使用了现代化的电荷耦合元件（CCD）技术，这使得相机的灵敏度远远超过旅行者2号，并且它们所覆盖的电磁波段也要宽得多。举例来说，卡西尼号的这两部相机能够穿透土卫六浓密的大气，一瞥土卫六的表面特征，这是旅行者2号所无法做到的。它们还能够看到土星大气和光环的许多细节，这也是旅行者2号做不到的。

卡西尼号携带了强大的红外成像器和光谱仪，它们将能够完全穿透土卫六上的雾霭，给我们带来清晰的表面图像。卡西尼号还携带了一部雷达，它能够对土卫六表面进行扫描。这些设备旅行者2号都是没有的。

旅行者2号上携带了远红外光谱仪，而卡西尼号所携带的同类设备的灵敏程度是旅行者2号难以望其项背的。卡西尼号的远红外光谱仪能够告诉我们有关土星大气的一些极为重要的数值，比如氢、氦以及甲烷比例。除了这些基本量外，科学家还希望从这部设备得知更多信息：土星大气的温度、同位素比率、微量元素的丰度。卡西尼号对土卫六也进行了相同的探测。新技术还被应用在了卡西尼号的紫外探测设备和磁层探测设备上。

此外，惠更斯号探测器进入土卫六的大气层，在长约两个半小时的下降过程中对土卫六大气的组成和结构进行探测，包括对大气中的微粒的探测以及在下降过程中多次对土卫六表面进行全景拍摄。

卡西尼号与惠更斯号的设计制造，是美国以及欧洲 17 个国家 260 名科学家心血的结晶。正如欧文所言，他们对该任务是充满信心的。但与此同时，他们也无法驱散心中的不安，这是因为在整个探测任务中存在两大难关。

第一个难关就出现在 2004 年 7 月 1 日。按照计划，卡西尼号在这一天进入环土星轨道。这关键的一步一旦失败，卡西尼号将永远与土星擦肩而过，迷失在太空中。进入环土星轨道时，它需要调整姿态，将主引擎朝向前进的方向，然后连续点火 96 分钟，以便起到刹车的作用，让整个探测器放慢速度，这样土星才能将卡西尼号俘获为卫星。

早些时候，卡西尼号的控制人员曾对卡西尼号接近并进入土星轨道的过程进行过一次为期八天的"彩排"。在"彩排"中，卡西尼号预演了除了主引擎点火之外的所有入轨所需步骤。

为了保证万无一失，卡西尼号上携带有备用引擎，一旦主引擎失效，还可以启用备用引擎。另外，天文学家已经利用地面上的大型望远镜细致观察了土星光环，以便确认卡西尼号入轨过程中从 F 环和 G 环之间穿越的时候没有遭受小天体撞击的危险。人们常常误以为土星光环中存在大量的石块，但研究表明，那些实际上只是大量的碎冰，对探测器的安全并不构成威胁。即便这样，卡西尼号入轨过程中仍然会将它碟形的高增益天线当作"盾牌"来抵挡这些小天体。

第二个难关出现在 2004 年底。12 月 25 日,卡西尼号释放惠更斯号探测器,后者于 2005 年 1 月 14 日进入土卫六大气层。惠更斯号对土卫六的探测是人类探测器迄今最为遥远的着陆探测。惠更斯号由欧洲空间局和意大利航天局合作设计建造,它一旦失败,则科学家在今后或许还有机会再作尝试,或许再也没有任何机会。

实际上,惠更斯号有三种可能的命运——除了人人都不希望发生的失败结局外,还有另外两种。

12 月 25 日,也就是进入土卫六大气层前约 20 天,惠更斯号探测器从卡西尼号上释放出来,以弹道轨道飞向土卫六。在飞行的过程中,惠更斯号以每分钟 7 圈的速度自转。在这个过程中,惠更斯号达到它整个旅程中最冷的阶段。科学家为了保证惠更斯号上的科学仪器能够正常运转,特意为它安装了 35 个放射性同位素加热组件,它们利用放射性同位素钚的衰变来维持探测器的温度。

惠更斯号上携带有计时器,当它估计到探测器即将进入土卫六大气层时,就会自动启动探测器上的各个科学仪器。惠更斯号探测器上携带着 6 部科学仪器,用来全面探测土卫六大气的物理、化学性质,可能的话还要探测土卫六表面的一些性质。按照项目人员的计划,惠更斯号会于 2005 年 1 月 14 日以每小时 20000 千米的速度进入土卫六大气层。

在惠更斯号登陆土卫六的过程中,它要经历温度的巨大挑战。熬过了极度寒冷的星际空间,当它高速进入土卫六大气层时，它的前端防护罩的温度最高时有可能达到 1500 摄氏度。这时防护罩与科学仪器间的隔热层发挥重要作用，将科学仪器的温度控制在 50 摄氏度以内。降落伞展开后，科学仪器又处在寒冷的土卫六大气中，土卫六大气的温度仅仅只有零下 200 摄氏度。此时包裹在科学仪器外的厚实的泡沫材料和仪器运行时的自然能量耗散被用来保持仪器的温度。

在下降的过程中，惠更斯号通过信号发射装置向卡西尼号单向传输探测数据，这些数据由卡西尼号转发回地球。惠更斯号的整个下降过程的时间被控制在大约两个半小时。它最终以每小时 25 千米的速度降落在土卫六表面。

此时出现两种可能性。一种是，惠更斯号探测器着陆在液态乙烷中。假如这种情形发生，则探测器在短短几分钟之内就会沉没，而且乙烷的温度只有零下 180 摄氏度，这会让探测器的电池失效，一切科学仪器的探测也就到此为止。但是，这种情况同时证明了土卫六上确实存在湖泊。另一种可能性是，惠更斯号着陆在固体表面，这样它的科学仪器的运行时间就可以长得多——最长可以达到大约 30 分钟。这样探测器就有更多的时间来了解土卫六表面的性质。

卡西尼号携带有 12 部科学仪器，加上惠更斯号的 6 部，共计 18 部。这些探测设备对土星系统的探索是全面深入而激动人心的。前所未见的壮丽的土星光环照片当然会吸引公众的目光，而看不见的一些东西也深深吸引着科学家。

比如，土星的磁场存在一个令人迷惑的性质：它的两极与土星的地理两极完全重合。太阳系中共有六颗大行星拥有明显的磁场，除了土星外还有水星、地球、木星、天王星和海王星，土星是其中唯一的例外，其他五颗大行星的磁场的两极与地理两极都是不重合的。当时的理论无法解释土星何以产生强大的磁场并与土星自转轴如此"和谐"。

卡西尼号上的磁场探测设备会为科学家解答这个疑问带来线索。卡西尼号一进入环土星轨道，磁场探测设备就开始工作了。它会绘制土星内部的磁场，告诉科学家土星的内部是怎样的，磁场是如何形成的，以及何以在今天仍然如此强大。磁场就好像是人体的肌腱，牵引着其他部分的运动。土星的高能粒子和等离子体如何运动就取决于磁场的性质，因而了解磁场十分重要。

再比如，卡西尼号还会探测土星光环中一些看不见的物质。卡西尼号向土星光环中发射一束光（或是一束无线电波），然后观察这束光在传播过程被遮掩乃至吸收的情况。土星光环中的许多物质因过于暗淡而难以被观察到。旅行者号的探测曾表明，卡西尼环缝并不是空无一物的，其中也存在许多暗淡的小天体。所以卡西尼号要采取这种间接的方法进行探测。卡西尼号的探测以更大的精确度深入了解土星光环的结构，其分辨率可以达到约100米。

土卫六当然是卡西尼任务中探索的重点，卡西尼号环绕土星的76圈中有40多圈都要近距离经过土卫六。但卡西尼号也并非仅仅钟情于它，其他的一些土星卫星同样吸引着卡西尼号，比如土卫八（Lapetus）和土卫二（Enceladus）。

土卫八直径 1460 千米，运行在距土星 360 万千米的轨道上。与月球相似，土卫八的自转和公转周期相等——都是 79 个地球日，所以它总是以同一面朝向土星。奇怪的是，土卫八是个"两面派"。它在公转的过程中，朝向前进方向的一面非常之暗，照射到这一面的太阳光只有 4% 会被反射回去；而另一面却非常明亮，能够反射 50% 的太阳光。

自 17 世纪起，天文学家就注意到了土卫八奇怪的表面，但时至今日仍不能解释它为什么会这样。太阳系中再也没有任何其他的卫星具有此种怪异的情况！那黑暗的物质是什么？它是如何到土卫八上的？地面上最大型的望远镜的观测表明，黑暗的物质中存在富含氮元素的有机物。这些物质会不会是在某次巨大的撞击中被从土卫六表面抛射至此的呢？天文学家虽然这样怀疑，却又没有明确的证据。1981 年旅行者 2 号探测器曾经拍摄到土卫八泾渭分明的两面，但却无力解释这种现象。

土卫八是个奇怪的"两面派"，而土卫二则有点"发烧"。土卫二直径 499 千米，运行在距土星 238000 千米的轨道上。它的表面覆盖着冰层，几乎能够将太阳光百分之百地反射回去。最为奇怪的是，观测表明它的表面广泛存在着融化现象，这是为什么呢？它的体积太小了，融化了的物质不可能是从其内部得到的热量。另外，天文学家还怀疑土星光环的 E 环中细小的微粒很可能来自土卫二。这些疑惑和猜测都等着卡西尼号带来更多线索。

1997年卡西尼号出发时，已知的土星卫星有18颗，当它抵达时，土星卫星的数目已经上升到了31颗。虽然个头上相差甚大，但它们基本上都包含水冰，所以被称为"冰月"（Icy Moons）。除了已经提到的土卫一、土卫二、土卫六和土卫八之外，卡西尼号近距离探测的卫星还包括土卫三（Tethys）、土卫四（Dione）以及土卫五（Rhea）。探测的目的主要是测定土星卫星的一般特点和地质历史；解释不同土星卫星的各种结构的成因；调查土星卫星表面的物质组成和分布，尤其是黑暗的有机物和低熔点的冰；调查土星卫星与土星磁层的相互作用。

卡西尼号任务中，美国国家航空航天局的深空探测网负责与卡西尼号进行双向通讯。深空探测网在全球共设有三处巨大的碟形天线：美国加利福尼亚州莫哈维沙漠、西班牙马德里城郊和澳大利亚堪培拉城郊。三个基地之间的角距离大约有120度，这样它们就能够随时与太空中的探测器保持联系。旅行者号、火星漫游者以及卡西尼号等众多美国国家航空航天局的探测器都由深空探测网负责联络。

环绕土星飞行的卡西尼号使用它的高增益天线与深空探测网取得联络，不过在大部分情况下，卡西尼号的数据传输并不是实时的。卡西尼号会先将它获得的数据储存在容量为2G的存储器中，然后在合适的时候将它们发回地球。从这些数据中，工程师能够监视探测器的状态，科学家能够寻找不为人知的新发现。

卡西尼号进入环绕土星的轨道之后几天之内，就得到了令人耳目一新的数据。

从光谱仪拍摄到的光谱照片中，科学家发现，土星的两个主要光环——A 环和 B 环的确如以前所认为的那样很"干净"，主要由水冰组成。但两环之间的环缝中则出人意料的"脏"，那里的泥和土要多于水冰。新的探测结果表明，卡西尼环缝中的物质与土卫九表面的物质非常类似。这进一步强化了科学家先前的一种猜测：土星光环可能是土星卫星形成过程中遗留下来的物质。

土卫六的探测结果也令科学家感到意外。科学家在一些区域中发现了几乎纯净的水冰，在另一些区域则发现了不含水的物质——它们有可能是碳氢化合物。科学家一直认为土卫六上存在液态碳氢化合物的河流与湖泊，但这次卡西尼号对土卫六的探测并未找到液态碳氢化合物存在的迹象。当然，仅仅靠这一次探测，并不能得到确定的结论。科学家认为，假如经过 30 次探测还找不到湖泊的痕迹，那么他们就要开始担心原先的猜测是否正确了。实际上，卡西尼能否观察到土卫六上的河流与湖泊，就好像我们乘飞机观察地球表面的类似特征，取决于许多因素。

与木星相比，土星的大气看起来似乎缺乏特征。这不难理解，因为与木星相比，土星离太阳更远，也就更寒冷，土星高层大气中因寒冷而形成的雾霭遮蔽了大多数大气特征。尽管如此，土星大气也并非特征全无，比如卡西尼号得到的土星南极的照片，就展示出了土星南极区域的一些大气结构。我们可以确切地观察到土星南极区域浅色的云点以及明显的深色环状结构。后续的观测能够帮助科学家测定土星南极的风速。

———————●———————

1655 年 3 月的一个冬夜，身在海牙的惠更斯登上父亲住宅的阁楼，打开窗户，开始调试他那架原始的望远镜。那时他一定在瑟瑟发抖，因为天气是那么的寒冷。他当然不会想到，他在那天晚上发现的新天体在几百年后的今天会吸引着全世界数以亿计的人的目光。

惠更斯在土星的身旁看到了一颗小星星。他并未感到这颗小星星有何特别之处，因为天上到处都是斑斑点点的星光。他回到温暖的房间中，开始把他当晚看到的景象在纸上描画出来。那是 3 月 25 日，他画下了土星，以及土星周围像耳朵一样的光环，但他没有画下那个不起眼的小星星。在接下来的春天里，惠更斯通过后续观察发现，那个不起眼的小星星一直在土星身旁有规律地运动。当他观察到这次"摆动"之后，他确信那是一颗卫星。惠更斯在 1655 年 6 月 13 日写信给一些专家，告诉他们他的奇怪发现。他在信中用拉丁文写道，那颗土星的卫星在围绕土星运转。但惠更斯并没有立即因该发现而成名，因为那些专家无法确定惠更斯是正确的还是错误的，而惠更斯本人也在隐瞒自己的发现——他缺乏自信，认为自己也许弄错了。

但当惠更斯回忆他的这段经历时，他是得意的。他在一本书中写道，每个人都可以想象到，当一个人成为最先发现某些东西的人时，他的心中会是何等的狂喜。

这就是惠更斯发现土卫六的经过。除此之外，惠更斯还是历史上第一个明确看到土星光环并解释其在视野中的变化规律的人。

"经过多年的漫长等待，他们终于等到了这一刻。"美国东部时间2005年1月14日凌晨，参与"卡西尼－惠更斯"计划的科学家兴奋得难以入眠，因为就在这天早上，惠更斯号探测器就要刺入土卫六的浓厚大气层了。这标志着人类将首次揭开土卫六的迷雾，一窥其光化学烟雾笼罩之下的真实面目。

"许多人都曾问我，是否相信地球以外存在生命。我相信，终有一天，以我们今天身在地球所做的观察为基础，我们会得到梦寐以求的答案。"法国巴黎默东天文台的土卫六专家雅典娜·库斯特尼斯（Athena Coustenis）说，"我们在宇宙中是孤独的吗？这是一个我无法回答的问题。谁会知道呢，这完全是一个信念问题。柏拉图喜爱一个世界的思想，而亚里士多德、达尔文、土卫六的发现者惠更斯以及伏尔泰都相信存在多个世界。"

库斯特尼斯提供给我的资料显示，在天文学家已发现的其他"太阳系"之中，许多行星都与我们的太阳系中的木星和土星相似，这使得天文学家们不得不思考，其他的"太阳系"中是否也存在"土卫六"。

"化学的原理在整个宇宙中都是通用的。我们可以假定如果这些行星拥有卫星，那么卫星中很可能就有某颗拥有与土卫六大气相似的大气。"库斯特尼斯接着说，"那些天体从光年外发出光芒，给我们这些梦想乘坐飞船造访他们的人的后代带来希望。"

科学家使用探测仪器获取土卫六的信息,画家用画笔描绘他们脑海中的另一个世界(比如那些表现土卫六表面的艺术想象画),而音乐家则用音乐旋律来展现惠更斯任务的面貌。伴随惠更斯号登陆土卫六的,除了各种科学仪器外,还有四首由法国音乐家朱利安·塞万奇(Julien Civange)和路易·海利(Louis Haeri)创作的摇滚乐,分别是《啦啦啦》(Lalala)、《秃顶的詹姆斯·迪安》(Bald James Dean)、《热点时分》(Hot Time)以及《无爱》(No Love)。

四首乐曲总长14分钟,分别对应了惠更斯任务的不同阶段:《啦啦啦》表现了人们在建造惠更斯号过程中所处的轻快而严肃的工作氛围;《秃顶的詹姆斯·迪安》表现了惠更斯号在2004年圣诞节从卡西尼号上分离出来的过程;《热点时分》一曲比前两首更具"太空"韵味,它对应着惠更斯号对土卫六的探索;《无爱》则对应着整个任务的尾声。

这项将摇滚乐送上土卫六的计划名为"乐起泰坦"(Music-2Titan),它的工作人员告诉我,这些摇滚乐仅仅是乐曲,不包含歌词。计划的发起人塞万奇说:"'乐起泰坦'反映了人类用革命性的艺术手段装饰地球和宇宙的愿望。通过这种手段,人们也会对宇宙探索和外星生命的存在更加了解,这也是在人类困难的探索过程中的一次小憩,并使音乐旅行超越常规界限。"

20世纪初,西班牙天文学家朱塞普·科马斯·索拉

（Josepi Comas Solà）首先报告称，他认为他观察到的一些痕迹表明土卫六拥有大气。1944 年，美籍荷裔天文学家杰拉德·柯伊伯（Gerard Kuiper）通过对土卫六反射的光线进行光谱分析，证实它确有大气，并且发现其中包含甲烷。

20 世纪 80 年代，当旅行者号探测器飞过土卫六时，科学家又发现土卫六大气的主要成分是氮气，而甲烷只占到了几个百分点。虽然甲烷不多，但它在阳光驱动下产生的光化学烟雾使得旅行者号没能观察到土卫六的表面，仅仅看到了一颗缺乏特征的橘黄色星球。

除了旅行者号的探测外，地面以及太空中的大型天文望远镜也曾为科学家认识土卫六提供过帮助。这些研究为人们提供了卡西尼－惠更斯号抵达和登陆土卫六前有关这颗谜样星球的所有知识。

惠更斯号的探测使得我们第一次看到了土卫六云遮雾绕之下的清晰表面。这是科学家、工程师、支持者为之工作了 20 多年的结果，一些白发苍苍的科学家在新闻发布会上几次忍不住要流出泪水。

登陆之后的分析表明，惠更斯号的主降落伞打开后，探测器在高层大气中以大约每秒钟 50 米的速度下降，这与一辆在高速公路上飞驰的汽车的速度相当。到达低层大气时，探测器的下降速度降到了每秒钟 5.4 米，并且在以每秒钟 1.5 米的速度飘移。这个飘移速度大于科学家的预料，他们对此感到迷惑。

按照最初的估计，惠更斯号将能够向地球传回大约 700 张照片，但是由于卡西尼号负责转发信号的两个频道中有一个频道没有工作，使得实际获得的照片减少了一半。欧洲航天局的调查结果表明，通讯频道没有工作是由于工作人员的一个低级疏漏，这个疏漏类似于他们没有把一个相关软件的状态设置为"开"。这种损失只能靠地面和卡西尼号的观测来弥补，这不能不说是一种遗憾。

欧洲航天局公布的第一张照片，是惠更斯号在距离土卫六表面 16 千米处拍摄的。照片的分辨率达到 40 米。从照片中我们可以看出许多类似河道的结构，这些结构可能是由科学家长期猜想的液态碳氢化合物冲刷形成的。这些"河道"看起来都是在向一个类似海岸线的结构处延伸。科学家猜测，如果"海岸线"结构预示的不是海洋的话，也应该是一个由沥青状物质形成的巨大湖泊。

另一张惠更斯号着陆后拍摄的照片则让我们看到了土卫六地表的模样。乍看之下，土卫六的表面与地球和火星表面十分相似。土卫六表面似乎也布满了石块，但它们实际上很可能并不是石块。科学家猜测，这些很可能是由水冰形成的冰块。

在这张照片中，我们还可以明显观察到，照片中部的块状物体少于其他位置。有人猜测，这也许暗示那里存在浅的流体，或者惠更斯号本身就是着陆在了一个类似"沼泽"的地方。科学家的后续分析证实了后一种猜想。这多少有点出乎科学家的意料，因为他们起初认为惠更斯号要么会结结实实撞在坚硬的表面，要么会跌进液体之中，但没想到它温吞吞地陷在了"泥浆"中。

欧洲航天局首批公布的照片有 3 张。最后一张是在距土卫六表面 8 千米的高度拍摄的，分辨率为 20 米。照片显示出明亮区域与黑暗区域的交界，明亮区域分布着类似河道的结构。"每一张照片都够你写数篇学术论文。"惠更斯项目主任让·皮埃尔·莱比顿（Jean-pierre Lebreton）评论说。

在登陆后的一周时间里，"卡西尼－惠更斯"计划的各个科学家小组对照片和数据进行了更为深入的研究。他们发现，土卫六是一个与地球既相似又不同的世界。

科学家分析认为，土卫六上河道结构的形成过程与地球上的形成过程是相同的，即都是由液体冲刷而成。所不同的是，土卫六上的液体是液态的甲烷，而地球上的是液态水。有点出人意料的是，惠更斯号的确发现了理论中预言的河流与湖泊，但它们却基本是处于干涸状态的。但同时有数据表明，土卫六上此前存在频繁的"甲烷雨"天气，或许惠更斯号登陆的前一天还在"下雨"，只是"雨水"很快就渗入到地表之下了。

土卫六上的液态甲烷与地球上的液态水相对应，而土卫六上的水冰则对应了地球上的岩石。惠更斯号探测到，其降落地点的温度是零下179摄氏度，在这种温度下，水坚硬得就像岩石。由水冰形成的山脊大约有100米高。

惠更斯号没有在土卫六的大气中发现惰性气体。氧气也被冻在了水冰当中，阻碍了二氧化碳的形成。土卫六表面甲烷浓度的变化表明地表下的液态甲烷可能存在向大气中释放的过程，这就类似于地球上的水汽循环。

我们对土卫六了解得依然太少，任何问题的答案都有可能随时间改变。1983年，美国加州理工学院的天文物理学家乔纳森·路宁（Jonathan Lunine）提出，土卫六上存在全球性的碳氢化合物的大洋。在此后的许多年里，该理论几乎成为土卫六研究领域的"圣经"。但后来的近红外和雷达观测完全否定了这一理论。新的理论认为，土卫六上可能有碳氢化合物的河流、湖泊乃至海，但不会存在全球性的大洋。

在土卫六上是否有可能存在生命的问题上，也存在相似的情形。多年来，科学家认为，土卫六的环境与地球相似，但是由于缺乏液态水以及气温过低，不可能有生命存在，即便是最原始的生命。但现在有了不同的声音。

土卫六的大气成分主要是氮气、甲烷以及少量的乙烷、丙烷、乙炔等碳氢化合物，这与原始地球的大气构成十分相似。在时间的长河中，生命的出现永久性地改变了地球大气的构成，而土卫六现在的环境让科学家好像看到了生命尚未诞生时的地球。"这就好像你想要去看一场特别的摇滚音乐会，但遗憾的是票已经卖完了，所以你所能做的是，要么回家去，要么找一场可以聊以替代的音乐会，显然后者比回家去并且什么都不做要好，探索土卫六的情况与此相似。"路宁说。

土卫六是太阳系中唯一拥有这种相似性的天体。然而在土卫六那极端寒冷的环境中，水会被冻得像花岗岩一样坚硬，完全无法成为生命诞生所必需的流体。要知道，目前的主流理论认为，地球生命是在原始海洋中形成的——是流动的水不断地把大气和地球表面的无机物以及地球上最初形成的有机物带到海洋里，也是流动的水才使它们有机会进一步形成更复杂的有机物，以至原始生命。因此，土卫六上的确存在有机物（碳氢化合物），但有机物并不等同于生命。

因此，欧文形象地将土卫六的环境称为"原始冰激凌"，以对应地球生命的摇篮——"原始汤"（Prebiotic Soup）。

在多数科学家从水的角度考虑土卫六生命存在的可能性的时候，参与美国国家航空航天局下一代火星探测器设计的一位生物学家则提出了不同的观点。美国佛罗里达大学化学学院教授史蒂芬·本纳（Steven Benner）与其同事经研究认为，生命的存在只需要两个必要条件：一是存在允许发生化学结合的温度范围；二是存在能量来源（比如太阳或放射性衰变）。这意味着，水并不一定是生命诞生的必要条件。

本纳告诉我，"合适"的温度范围指的是：一方面，温度要足够低，以保证化学过程结合出的物质是稳定的；另一方面，温度又要足够高，以保证形成生命所需的溶剂是液态的。由此我们可以得到一个温度的上限，即1000开尔文。从科学上很难想象由分子组成的生物在高于1000开尔文的温度下还能存在，虽然在科幻作品中生物并不一定都由分子组成。

温度的下限取决于溶剂。氢的液态和气态转变临界温度是33开尔文，也就是仅仅比绝对零度（零下273.15摄氏度）高33开尔文，这是非常低的温度。在这种低温下，化学反应中共价键断开的速率是非常低的，这也就意味着生命的发展会是非常缓慢的。但弱一些的键，比如氢键，在低温环境中拥有适合生命诞生和发展的强有力特性。生物物理的研究表明，蛋白质分子在某些结构的基础上，通过氢键、盐键、疏水键、范德瓦耳斯力（Van Der Waals Force）等次级键的作用，能够进一步盘曲、折叠形成特定格式的复杂的空间结构。

"仅仅50年前……我们还不知道深海中存在生命。"本纳说，"为什么土卫六上液态的碳氢化合物不能直接成为生命诞生所需的溶剂呢？在许多情况下，碳氢化合物作为溶剂比水作为溶剂更有利于复杂的有机化学反应。"

但本纳同时指出，生命存在的另一条件在土卫六上能否被满足是个大问题。"来自土卫六内部和来自太阳的热量都太少了，所以土卫六上生命发展的速率可能会受制于能量。"本纳说。

路宁对本纳的见解如此评论："无人能够明确证明哪些理论在现实中一定成立，但你同样无法证明它们不成立。我当然不会排除那种可能性，虽然我觉得那不大可能。当然，如果我错了，那将会是件多么美好的事情啊，因为那将意味着一个重大的发现。"

路宁会不会再错一次呢？我们不得而知。因为不论孰是孰非，一个确定的事实是，惠更斯号并不具备辨别生物的能力，不管这些生物与地球生物是相似还是迥异。因此，问题仍然在等待解答。

◆

卡西尼号最初的设计任务时间是 4 年，但后来它实际工作了 13 年。2017 年 9 月，它在操控人员的指令下，扎入土星，葬身在那颗遥远行星的大气中。

对于人类来说，太空仍然是遥远而陌生的。与我在第一节中所讲述的那个宏大的宇宙相比，人类在宇宙中到达的范围显得微不足道。

卡西尼号抵达土星第 10 年的时候，电影《地心引力》

（Gravity）在影院中热映。这是一部与太空探索有关的科幻片，但它虚构的并不是一种近未来的情境。故事不是发生在星际空间，不是发生在火星上，甚至跟月球也没有关系。它发生在距离地面 500 多千米的低地球轨道上。

与同年上映的太空科幻电影《安德的游戏》（Ender's Game）《星际迷航 2：暗黑无界》（Star Trek: Into Darkness）等相比，《地心引力》就像是一部纪录片。它虚构了一个太空任务——探索者号航天飞机的 STS-151 任务。在现实中，奋进号航天飞机执行的最后一次任务是 2011 年的 STS-134。考虑到制作团队花了 3 年时间去做出长达 80 分钟的特效，那么他们开始着手的时候也正是奋进号航天飞机最后的任务备受关注的时期。

尽管美国的火星车已经在火星表面行走了很多年，探测器已经飞到了土星，中国的月球车也成功漫步于月球表面，但人类仍然在很大程度上被限制在地球这个襁褓之中。我们还从来没有在地球之外的任何一个星球上长期生存过，航天员们能够待上几个月的地方仅仅是位于低地球轨道的国际空间站。

所以假如十几年之后人们在月球上建立了永久聚居地，再回过头来看《地心引力》，会发现它讲的正是历史的情境。电影一开场，便是温暖的家园与黑暗的太空的鲜明对照，与人类存在的历史相比，太空时代才刚刚开始。此时我们已经能够离开地球表面，但仅仅是离开一点，一旦有意外发生，我们就会非常脆弱且孤立无援。

太空中遥望地球的画面贯穿全片，视野中的地球不像是卡尔·萨根所言的"暗淡蓝点"，人类文明的痕迹仍然可见，有时这个文明还会沐浴在温暖的阳光中。我们的存在完全依附于这颗蓝色的星球。

电影的主角莱恩·斯通博士在太空中历尽艰险，观众的视角在她的头盔内外切换，在生命的声音和太空的死寂之间切换。斯通最终在火球中回归地球。这样的画面被理解为是隐喻了太空中的陨石为地球带来生命形成的元素。斯通落地之处没有显示出任何人类文明的迹象似乎也在暗示这一点。

导演阿方索·卡隆（Alfonso Cuarón）还这样解释电影末尾的情节：女主角泡在浑浊的水中，就像是处在地球生命最早形成时的"原始汤"中，你能看到两栖动物在游动；她缓慢从水里游出来，就像进化中的早期生命，然后她四脚并用；她上岸之后蜷缩了一会儿，然后直立起来。阿方索说"这是一个完整的、快进的生命进化镜头"。

在故事结构上，《地心引力》并无多少出彩之处——类似的故事可以发生在海上，可以发生在任何蛮荒之地。但是把它放在太空，并以写实的手法让人回望人类文明，这很难不引起同类的共鸣。《地心引力》的全球票房超过了 7 亿美元，成为 2013 年票房排行第 8 位的电影也就不难理解了。在许多方面，这部电影都让人想起 1995 年那部根据真实事件改编的电影《阿波罗 13 号》（*Apollo 13*），尽管导演强调"它只是一部虚构作品"。

———————— ◆ ————————

1977 年，旅行者 1 号探测器由美国国家航空航天局发射升空。它的目的地不是太阳系里的某一个天体，而是星辰大海——它永不回头地沿着离开太阳系的路径飞去。36 年后的 2013 年，美国国家航空航天局正式宣布旅行者 1 号已经飞入星际空间。它成为人类历史上第一个到达星际空间的人造物。

"我们真的都从椅子上跳起来了！"一名分析数据的天文学家在向美国国家航空航天局讲这个消息的时候说。旅行者 1 号彼时已经飞到了距离太阳 125 天文单位的地方，也就是地球与太阳距离的 125 倍。它仍然在发射微弱的信号，功率只有 23 瓦，相当于家用冰箱里的照明灯泡，但天文学家们设法获得了如此微弱的信号，并分析出它已经越过了一个长期存在于理论中的边界。

美国爱荷华大学的唐纳德·格尼特（Donald Gurnett）及同事做出了这项分析，研究报告由美国《科学》杂志在 2013 年 9 月 12 日在线发表。他们对探测器所探测到的等离子体的强度做了分析，认为旅行者 1 号飞出太阳所控制的疆域的时间是 2012 年 8 月 25 日。

立项于 20 世纪 70 年代初，旅行者 1 号最早是作为探索木星和土星的任务来设计的，后来由于经费削减，改成仅仅飞掠木星和土星的任务，在此之后，如果设备还能正常工作的话，那就再造访一下天王星和海王星。旅行者 2 号的设计与其相似，二者在 1977 年先后发射升空。在当时，这两台探测器都是人类制造出的最为复杂的深空探测器，电子电路的数量"相当于 2000 台彩色电视机"。

按照《时代周刊》的说法，探测器发射的时候，吉米·卡特（Jimmy Carter）还在白宫，老鹰乐队（Eagles）的《加州旅馆》(Hotel California)正是美国最受欢迎的歌曲,《拉维恩和雪莉》(Laverne & Shirley)是收视率最高的电视剧。

那个时候,CD还没有被发明出来,因而旅行者1号带着一张留声机唱片上路了。唱片中包含了联合国秘书长和美国总统的问候语,还有鲸的叫声、婴儿啼哭、海浪拍岸的声音,以及包括莫扎特在内的一系列音乐家的作品。

天文学家们知道旅行者1号只要一直飞下去,有朝一日一定能够飞出太阳系,并把这些来自地球的问候带给外星文明——如果它们存在并能发现这台探测器的话。在给外星人看的金属盘上,还标注了地球的位置、生命的形态以及其他一些信息。

飞掠木星和土星任务在1979年和1980年顺利完成,旅行者1号的基础任务阶段就此结束,随后便进入了扩展任务阶段。美国国家航空航天局喷气推进实验室给旅行者1号设计的天线让扩展任务能够持续相当长的时间。那是一台直径3.7米的天线,让探测器哪怕飞到太阳系的边缘也仍然能把信号发回地球。

旅行者1号拍摄的一张最著名的照片便是《暗淡蓝点》(Pale Blue Dot)。1990年,旅行者1号已经飞过了冥王星的轨道,那时冥王星还是九大行星之一。在人类的诸多定义中,冥王星也是太阳系的"边界"之一。在那一年的2月14日,美国国家航空航天局让旅行者1号调过头,向着来路拍了一些照片,获得了太阳系行星的全家福。在照片中,地球沐浴在一道阳光中,是只有0.12像素大小的一个白点。美国天文学家卡尔·萨根后来在他的著作中将此称为"暗淡蓝点"。

在广袤的宇宙中,地球就是这样一个苍白渺小的光点。萨根为此写道："再看看那个光点，它就在这里。这是家园，这是我们。你所爱的每一个人，你听说过的每一个人，曾经有过的每一个人，都在它上面度过他们的一生……我们的心情，我们虚构的妄自尊大，我们在宇宙中拥有某种特权地位的错觉，都受到这个苍白光点的挑战。"

这是旅行者 1 号的惊鸿一瞥，但跨越冥王星轨道只是它漫漫旅途的开始。从冥王星轨道将无线电信号传回地球只需要大约 4 个小时，而今天，旅行者 1 号发出的信号已经需要在空间传播超过 20 个小时才能到达地球。旅行者 1 号的飞行速度超过了第三宇宙速度，这就意味着它将义无反顾地朝着太阳系外飞去。

在 2005 年，天文学家们就提出旅行者 1 号已经进入了太阳风鞘（Heliosheath）。太阳风鞘是空间中的一个区域。太阳发出的等离子体带电粒子流被称为太阳风，太阳风到达一定距离后，会因与星际介质发生相互作用而出现减速、压缩并变得紊乱。发生这些现象的区域就是太阳风鞘。

旅行者 1 号飞到了这里，天文学家们便很自然地认为它已经接近太阳系的边缘了。再往前，就是太阳风层顶（Heliopause）了。在这里，星际介质和太阳风的压力达到平衡。但没有人知道这个边界究竟有多远。2012 年的时候，有天文学家根据 2012 年 2 月之前的数据在《自然》杂志上提出，太阳风层顶比以前认为的要更远，旅行者 1 号还要飞很久才能到达。

但仅仅在半年之后，旅行者 1 号就飞过了那个边界。2013 年 3 月，美国新墨西哥州立大学的天文学家比尔·韦伯（Bill Webber）就提出，旅行者 1 号已经在 2012 年 8 月 25 日飞过了太阳风层顶。他们发现探测器的数据显示出其接收到的来自星际空间的宇宙辐射强度大幅增加到以前的两倍，这是自发射以来都没有出现过的水平。这可能意味着探测器进入了一个与此前不同的区域。

不过天文学家们不敢确定说旅行者 1 号已经飞进了星际空间，也许它只是进入了一个以前不知道的独立空间呢？因此，韦伯的判断在天文学界引发了争议。比如有人提出，旅行者 1 号可能已经进入太阳风鞘耗减区，但仍然在太阳风统治的日球层之中。

来自美国马里兰大学的马克·斯威斯达克（Marc Swisdak）及同事从另外一个角度考察了这个问题。他们使用了"磁重连"的理论，得出旅行者 1 号已经飞过太阳风层顶的结论。

"这是一个多少有点争议的观点，但我们认为旅行者 1 号终于离开了太阳系，真正开始了它在银河系中的旅行。"斯威斯达克在发布他们的研究结果时说。与之前的日期不同，斯威斯达克等人给出的旅行者 1 号穿过太阳风层顶的日期是 2012 年 7 月 27 日。

最终给出确定答案的天文学家是唐纳德·格尼特的团队。他们利用了一次日冕物质抛射事件来确定旅行者 1 号的位置。

2012 年 3 月，一次大规模的日冕物质抛射在太阳上出现，日冕上一团带电粒子被抛射出来。对于研究太阳系结构的天文学家，这是一件意外的礼物。13 个月之后，带电粒子到达了旅行者 1 号所在的位置。旅行者 1 号携带的仪器探测到了它周围的等离子体的振动，并把相关的数据传回了地球。

由于处在不同的区域中时，等离子体的振动会有所不同，而来自旅行者 1 号的数据显示，探测器正处在相当稠密的等离子体中。与在日球层内部时相比，此时旅行者 1 号周围的等离子体的密度提高了 40 倍。这样的环境被认为是在星际空间才有的。

由此入手，格尼特的团队向前追溯，发现了另外几次类似的等离子体振动事件曾发生在 2012 年 10 月和 11 月。最终，他们提出旅行者 1 号是在 2012 年 8 月穿过了太阳风层顶。随后，美国国家航空航天局在 2013 年 9 月确认了这一判断。

对于太阳系的边界，人们有着不同的理解。实际上，即便出了太阳风层顶，也并不意味着太阳失去了统治。在远远超过这个距离的地方，还有一大批受太阳引力而聚集在一起的小天体，形成包裹着太阳系的"奥尔特云"（Oort Cloud）。有些人认为，奥尔特云才是太阳系的边界。奥尔特云距离太阳大约有 1 万天文单位，旅行者 1 号飞到那里还需要 2 万年的时间。因而，在天文学家的论文中，他们只是谨慎地说旅行者 1 号现在是穿过了太阳风层顶，或是飞出了日球层。

在美国国家航空航天局宣布旅行者 1 号飞出太阳系的同时，天文学家也公布了一张新照片。在这张照片上，黑暗的背景中有一个呈扁椭圆形的蓝色光点。那就是旅行者 1 号——迄今为止离地球最远的人造物。天文学家利用了地球上最大的射电望远镜阵列拍到了这张照片。

美国国家航空航天局旅行者号项目主管苏珊娜·多德（Suzanne Dodd）在发布旅行者 1 号离开太阳系的消息时说："团队努力建造出耐用的飞行器，加上细致管理飞行器有限的资源，最终对美国国家航空航天局和人类做出了回报。"当时，科学家预测探测器上的场和粒子探测设备能够坚持到 2020 年。

现在的估计是，随着旅行者 1 号的能源逐渐衰竭，它所携带的设备可能会在 2025 年停止工作。之后，它会带着人类的问候继续在星际空间安静地游荡，地球上没有人知道它将到达哪里。

第三节 | 爱的可能性

度过了 5.8 亿年的漫长岁月之后，一批已经变为化石的远古生物终于重见天日。2004 年 10 月，中国和瑞典的几名古生物学家首先在贵州江口县的一条小河边把它们挖掘了出来。

这是一种谁都没有见过的生物形态，它们与现生动物的门类几乎完全没有可对比性。"发现如此规则而独特的宏体化石确实令人惊奇。"发现者之一、中国地质科学院地质研究所唐烽研究员说。研究人员认为，他们发现了一个全新的动物门类。

化石呈现出椭圆的盘形，比一元人民币硬币稍大，这样的体型在微体动物统治的早期动物世界里，已经算得上庞然大物。而最为奇特的是，这些动物每一只都有八条侧缘平滑、呈螺旋状向外辐射的旋臂。研究人员相信，这些旋臂在动物活着的时候是圆柱状的，而在化石中是被压扁了。

正是由于这些奇特的旋臂，古生物学家把这种动物称为"八辐射动物"。中国地质科学院和瑞典国家自然历史博物馆的几名古生物学家发现这种八辐射动物后如获至宝，在几年的时间里都秘而不宣地进行研究，直至得知澳大利亚有学者也发现了类似的化石，才在《地质学报》(Acta Geologica Sinica)上公布了他们的发现。

唐烽等人发现的这种八辐射动物生活在寒武纪（Cambrian）之前的震旦纪（Sinian Period），是已知世界上最早的八辐射动物。它们的旋臂是致密的碳质实体，最大宽度可达 2 毫米，厚度接近 1 毫米。旋臂的一端汇聚在盘体的中央，另一端互相叠置，并在盘体边缘形成封闭的环状。研究人员推测，这可能意味着，此种动物的旋臂被一个扁平的囊膜包裹，而旋臂之间充满流动的有机质。

而令古生物学家百思不得其解的是，这种动物如何进食？化石上并没有任何口孔或触手的痕迹。能够作为参照的现生动物极为罕见，比如栉水母和八射珊瑚，但它们之间的许多差异仍使研究人员满腹疑问。古生物学家也并不清楚那些旋臂是做什么用的。

现在能够推测的是，这种八辐射动物生活在海里，但并不是浮游动物，而是栖息在海底，因为从化石中也看不到它们有任何适于主动游泳的器官。

古生物学家最终把这种动物命名为"八臂仙母虫"。"我认为这是一个非常好的创意，"唐烽说，"它属名中的'Andromeda'正是仙女座的意思。"

在距离我们 250 万光年的地方，仙女座大星云展现出与八臂仙母虫相似的形态。与直径两三厘米的八臂仙母虫相比，仙女座大星云的直径达到了难以想象的 14 万光年。人们最早在夜空中注意到仙女座大星云的时候，发现它看上去是一团云雾，以为它是一个由气体和尘埃组成的星云，于是将它称为星云。但实际上，它并不是一个星云，而是一个巨大的星系，一个离我们银河系最近的旋涡星系，所以现在我们把它叫作仙女星系。

借助天文望远镜，天文学家们发现仙女座大星云有着卷曲而明亮的旋臂，其形态就好像我们在咖啡中搅动牛奶所形成的图案，或者说，像是一个旋涡，这也是为什么此类星系被称为旋涡星系。正是受旋涡星系的启发，唐烽等人在命名他们发现的古生物时借用了仙女座大星云的名字。

对于天文学家来说，旋涡星系的旋臂曾经就像八臂仙母虫的旋臂一样令人困惑。观测发现，那些接近星系中心的恒星的移动速度与接近星系边缘的恒星的移动速度相同。这似乎意味着，在旋涡星系自转的过程中，旋臂在很短的时间内就会不复存在。

另一种考虑方式是，如果说旋臂随着星系一起转动的话，它们为什么不会像纺锤上的线一样被卷紧？简单的计算表明，一个旋涡星系只需转几圈，就能破坏掉所有的旋臂，这个时间与星系的年龄相比起来实在是太短了。那么，为什么天文学家观察附近的1500个星系，会有多达三分之二的星系"碰巧"拥有旋臂呢？这个困惑在天文学上被称为"缠卷疑难"（Winding dilemma）。

一项看起来毫不相干的研究可能非常有助于理解这种现象。日本名古屋大学的杉山由纪教授及其同事首次在实验场地上重现了交通是如何拥堵起来的。开车出行的人经常会遇到一种情况：顺畅的公路上突然出现了拥堵，于是不得不放慢速度一点点挪动，心想前面是不是出了什么交通事故，而10分钟后开出拥堵路段后却发现，其实什么特别事件都没有。那么，这拥堵又是如何发生的呢？

杉山由纪的实验验证了一种理论，即发生拥堵的车队会形成一种"波"，所有车辆都在前行的同时，这个波向着与车辆行进方向相反的方向传播。如果能从直升机上向下观察拥堵的公路，就很容易看到，虽然被堵的具体车辆一直在变化——有些车进到拥堵路段，有些车出去，但拥堵的情况却并没有改变。

　　每一辆进入拥堵区的车辆都必须减速，进而影响它后面紧跟着的车辆减速。因而，在拥堵路段的最前方，不需要有任何的障碍，拥堵的情况便会持续下去。最初的减速可能来自很小而且短暂的事件，比如并道。但拥堵却好像是一列波，从前向后传，持续很久。

　　如果我们把这些车换成恒星，那么旋涡星系的旋臂就是交通拥堵后出现的状况。20世纪60年代，华人数学家林家翘及其同事首先提出了"密度波理论"（Density wave theory）来解释旋涡星系的旋臂。现在，这一理论已经成为公认的解释。

　　用密度波理论来解释旋涡星系的旋臂，就意味着星系的旋臂仅仅是我们的一种"错觉"。旋臂并不是某种"物质"，随着星系整体转动，而是像拥堵的车辆所形成的那种"波"。换句话说，旋臂和旋臂之间并不是空的，只不过旋臂区域恒星、气体和尘埃的密度比较大而已。恒星会在旋臂间穿进穿出，旋臂中具体的恒星一直在变化，但"拥堵"的情况依旧。

　　由于旋臂中的气体和尘埃的密度比较大，使得旋臂成了恒星工厂。大量年轻、炽热、质量巨大的恒星出现在旋臂中，照亮周围的物质。但是，质量越大的恒星寿命越短，旋臂中常见的大质量恒星可能只能燃烧1000万年。作为比较，我们的太阳已经燃烧了 50 亿年，且尚值中年。

于是，当旋臂中的大质量恒星离开旋臂的时候，它们可能已经暗淡无光了。这就是为什么旋臂看起来要比旋臂间的区域更加明亮。我们之所以看到星系呈现旋涡状，是因为我们难以看到旋臂间暗淡的恒星。

我们的银河系也是一个旋涡星系，太阳带着地球在旋臂中穿梭。据估计，地球每过 1 亿年会遇到一个旋臂，继而花 1000 万年穿过它。由于在旋臂中会受到较为强烈的辐射，有人便试图寻找穿越旋臂的时间与生物大灭绝的对应关系。

对于旋臂的形成，目前天文学家尚不清楚的一点是，星系中的密度波最初是如何出现的。现在存在多种理论，来解释不同类型旋涡星系中密度波的出现。

然而，不清楚旋臂的最初来源，并不影响我们欣赏这些螺旋。公元前 400 多年，古希腊建筑学家菲狄亚斯（Phidias）建造的帕特农神庙（Parthenon Temple）最早运用了黄金分割，因而后人将黄金分割值称为 φ（Phi）。如果我们画一个矩形，使矩形长宽之比等于 φ，然后再在矩形中割出一个最大的正方形，就又产生了一个长宽之比等于 φ 的矩形。再分割这个新得到的矩形并不断分割下去。最后，将得到的所有正方形的合适的顶点连接起来得到一条弧线。

如果将这条弧线与旋涡星系的旋臂比较会发现，它与某些星系的旋臂出现惊人的重合。比如距离我们 3700 万光年的著名旋涡星系 M51 的旋臂就具有这样的弧线。

不单是旋涡星系，鹦鹉螺的壳上也展现出相同的弧线。美国空间望远镜研究所的天体物理学家马里奥·利维奥（Mario Livio）还总结出，浴缸放水时水流产生的螺旋、猎鹰捕食时的螺旋线飞行等都划出了相似的弧线。

只是，浴缸放水产生的旋涡并不像很多人认为的那样，在南北半球有着截然不同的旋转方向。相反，它们的旋转方向受浴缸形状等因素的影响，在两个半球具有相同的可能性。猎鹰突袭猎物时保持的螺旋线飞行，能够让它不必转动脑袋，就能持续将猎物纳入视野。

台风也具有旋臂，而且卫星照片上的台风与天文照片中的旋涡星系看上去非常相似。但它们的形成原理非常不同，台风的旋臂是在科里奥利力的影响下形成的。而且，台风的旋转方向非常规律，北半球的台风逆时针方向旋转，南半球的台风顺时针方向旋转。而宇宙学家认为，我们的宇宙并没有上下之分，因此旋涡星系沿哪个方向旋转就完全取决于观察者的位置。还有，台风是立体的，而如果我们把旋涡星系缩小的话，它们会显得非常扁平，就像是一张张的DVD碟片。

不管怎样，当这一切被摆在一起时，我们还是能感到：从八臂仙母虫到仙女座大星云，从咖啡中旋转的牛奶到猎鹰的捕食线路，从鹦鹉螺的纹路到巨大的台风，大自然在不同的尺度上展现着相似的美感。

———— ◆ ————

一切都来得太神奇了。

137 亿年前，宇宙在大爆炸中创生。30 万年后，第一批原子形成。又过了大约 6 亿年，宇宙中的第一批星系诞生。那些最早形成的恒星由大量的氢和少量的氦构成，它们在核聚变的过程中形成更重的元素，比如碳和氧。而后，恒星在超新星爆发中将较重的元素释放出来，从而形成新的恒星和更重的元素。有了这些元素，我们的地球、我们自身才得以形成。我们的太阳是第三代恒星。

这其中最令人惊讶的是，氦原子核在由两个质子和两个中子组成以后，它的质量是这四个粒子质量之和的 99.3%，另外 0.7% 的质量以热能的形式被释放出去。重点在于，0.7% 是一个极为关键的数字，假如它是 0.6% 或 0.8%，我们今天就不会存在于这个宇宙中了——因为 0.7% 这个比例决定了恒星内部核聚变的速率，决定了恒星寿命的长短，进而影响了各种元素的出现和比重。

还有宇宙创生之初的膨胀速度，现在看来，如果它不是极为精巧的话，那么宇宙密度与临界密度的比值就不会像现在这样接近于 1。原因在于，如果这个比值小于 1，宇宙早就已经坍缩了；如果这个比值大于 1，恒星、星系和我们，今天都不会存在。

以上仅仅是两个例子。更多的类似现象让人觉得，我们这个宇宙从创始之初就是被精细调整过的。有宇宙学家著书立说，称我们宇宙的今天仅仅决定于包括上述二者在内的六个数字——它们中任何一个若有些许不同，今天的宇宙结构和人类都不会出现。

有作家曾用"恶搞"的形式展示过这种惊人的现象：

1：起初，神创造天地。

2：奇点是空虚混沌，一切物理定律都还不适用。

3：神说，要有光，就有了光。他看光是好的，就把光速设定为 299792458 米/秒，并让之恒定不变，不因参照系的改变而改变。

4：神称波长范围在 0.39～0.77 微米之间的光为"可见"，称这个区间以外的光为"不可见"。

5：有可见的，有不可见的，有光明，有黑暗，这是第一日。
……

为什么会这样？仅仅是巧合吗？或者，如此宏大而精妙的宇宙难道就是为我们这些在宇宙中看起来微不足道的人类而出现的吗？对这其中原理的相关思考曾出现在许多哲学家的理论中，比如休谟的《自然宗教对话录》(Dialogues Concerning Natural Religion)和康德的哲学。而现代的解释则仅仅出现在 40 多年前。

1620 年，英国哲学家培根讲述的故事体现了解决疑难的一个最基本思想。我们姑且把其中的主人公称为"观察者"。一些人向观察者展示了寺庙中挂着的一幅画，画面的内容是一帮船员。这些人对观察者说："你瞧，这些船员出海前都曾在这里向神灵祈求平安，后来他们就都在海难中生还了。你现在觉得是不是应该感谢神呢？""是的。"观察者回答说，"但是，他们把那些祈愿后死于海难的人又画在什么地方了呢？"

"这全部都是迷信，不管是星占、梦、兆头、神谕，还是其他什么方式。"培根评论说，人们把做成的事归功于这些无价值的事物，而对于更为频繁发生的失败则视而不见。

培根讲的这种现象被称为"观察选择效应"(Observation selection effects)。我们在观察这个世界时所获得的数据受制于我们所使用的仪器仪表,我们所观察到的内容只是全集的一个子集;同时,我们所获得的数据还受制于这样一个前提:存在一个观察者来收集数据,因此偏见无可避免。

观察选择效应是"人择原理"(Anthropic Principle)中的一个概念。该原理于1973年由英国天体物理学家布兰登·卡特(Brandon Carter)在纪念哥白尼诞辰500周年时提出。这个原理认为,我们的宇宙之所以是这个样子,是因为有我们在观察;假如宇宙不适合智慧生命存在,那也就没有智慧生命来提出这些问题了。

卡特在哥白尼诞辰500周年时提出这一原理别有一番味道。哥白尼打破了人类中心的宇宙观,认为人只不过是在一颗环绕太阳运转的行星上而已,并不是整个宇宙在围绕自己运行。后来,随着天文学的发展,人类在宇宙中的位置显得越来越卑微了。太阳也很普通,它只不过是银河系千亿颗恒星中的一颗,而银河系也不过是星系团的普通一员,宇宙中又有不计其数的星系团。卡特的人择原理似乎又让人类在宇宙中的地位有所上升,让人有了一种以我为主的感觉,正如他在一篇论述人择原理的论文中所写的那样:"尽管我们所处的位置不一定是中心,但不可避免地,在某种程度上却处于特殊的地位。"

卡特将人择原理分为两种:弱人择原理和强人择原理。弱人择原理认为:作为观察者的我们之所以存在于这个时空位置,是因为这个位置提供了我们存在的可能。而强人择原理则认为:我们的宇宙(同时也包括那些基本的物理常数)必须允许观察者在某一阶段出现。

卡特的人择原理提出后，有许多人对其作了解读和发展。其中最引人注目的是宇宙学家约翰·巴罗（John D. Barrow）和物理学家弗兰克·提普勒（Frank J. Tipler），他们对弱人择原理做了这样的描述：物理学和宇宙学的所有量的观测值，不是同等可能的；它们偏爱那些能够使碳基生命得以进化的地域出现的数值，而且这些限定使得宇宙的年龄大到已经做到了这一点。他们把"观察者"换作了"碳基生命"，把卡特在强人择原理中才提到的基本物理常数拿到了弱人择原理中。

巴罗等人的强人择原理是这样说的：宇宙必须具备允许生命在其某个时期得以在其中发展的那些性质。

有些哲学家认为，巴罗等人的提法是具有误导性的。而实际上，自从卡特提出强弱人择原理以来，人择原理的不同版本已经出现了 30 多种，让人越来越迷惑于人择原理的本意。巴罗等人注意到，人择原理如果要智慧生命产生的话，再让它们灭绝就显得无意义了。于是，他们又提出了"最终人择原理"：包含智慧的信息处理过程一定会在宇宙中出现，而且，它一旦出现就不会灭亡。

美国业余数学家马丁·加德纳（Martin Gardner）无情地嘲笑了巴罗等人的最终人择原理。他"恶搞"出了一个"完全荒谬人择原理"：生命将会掌握所有的物质和力量，不止在一个宇宙，而是在所有逻辑上可能存在的宇宙；生命将会传播到逻辑上可能存在的所有宇宙的每一个角落，而且将会储存所有逻辑上可能被理解的、无限的知识。

著名科幻作家艾萨克·阿西莫夫（Isaac Asimov）在他的

小说《神们自己》(The Gods Themselves)中，描写了一种来自平行宇宙的智慧生命，那个宇宙中的基本物理常数与我们的不同，主要体现在强相互作用力上。强相互作用力是物理世界中的四种基本力之一，它在我们宇宙中的数值哪怕只增大2%，就会严重影响恒星物理，甚至或许会使得今天的人类不存在。因而，它和许多其他的基本物理常数一样，在我们的宇宙中似乎是经过了精细调整的。

卡特的人择原理提出后，便受到了智能设计论拥护者的欢迎。在他们看来，我们的宇宙之外一定存在着一个智能因素，它从最开始就把宇宙中的物理常数精心安排好了，以便生命能够出现。而卡特则表示，智能设计论者完全曲解了他的原意，甚至与原意背道而驰。

实际上，卡特的人择原理并不需要智能设计者的存在。比如，存在足够多的平行宇宙，每个宇宙中的基本物理常数都不相同，而我们恰好存在于一个适合进化出智慧生物的宇宙中。在弦论中，这样的平行宇宙可以多达 10^{500} 个，比我们可观测到的宇宙范围内的原子总数还要多。这么多的宇宙中，只有一个，才存在你。你所爱的每一个人，你听说过的每一个人，曾经有过的每一个人，因这个宇宙的存在而存在。

另一种可能性是，宇宙相当相当大，我们只能观测到"当地"的数据，而这些常数并不是在整个宇宙中普适的，其他地方的常数会有所不同。还有一种评论认为，智能设计论者把生命仅仅限制在碳基生命中。如果基本物理常数有微小的不同，那也许就没有我们了，但未必意味着没有其他的生命形式。其实，这也正是有人批评巴罗等人把卡特措辞中的"观察者"换成"碳基生命"的原因。

对于这种种猜想，著名物理学家保罗·戴维斯（Paul Davies）总结了七种不同的"宇宙真相"：

荒唐宇宙：宇宙只是碰巧成了这个样子。

唯一宇宙：某种深藏着的物理协调机制使得宇宙成为这个样子。

多重宇宙：存在很多很多的平行宇宙，它们的物理性质不同，我们存在于其中应该适合生命存在的宇宙中。

智能设计：智能设计者有意将宇宙设计成能够产生复杂生命的产品。

生命原理：某种深藏着的原理迫使宇宙朝着能够产生生命的方向演化。

自明宇宙：一个解释闭包或因果回路——可能只有允许意识的宇宙才能存在。

真宇宙：我们生活在一个虚拟现实的仿真世界里。

一直以来，人们对人择原理的意见分歧从未消失。有的哲学家认为，弱人择原理简直就是一句废话，而强人择原理受到的质疑则更大。以诺贝尔奖得主戴维·格罗斯（David Gross）为代表的物理学家指出，这套理论最大的问题在于它无法被证伪，也就是说，你永远无法通过观测手段来证实我们生活在多重宇宙之中，或是证实只存在我们这一个宇宙。按照格罗斯的说法，这压根就不属于科学。

另有物理学家认为，人择原理是某种程度的"堕落"，因为凡是无法用物理定律来解释的问题都可以用人择原理来解释，这样就不必再去探究现象背后可能隐藏着的深层次含义了。

目前，一些物理学家提出的"混沌暴胀"（Chaotic inflation）理论被认为可能是对多重宇宙的一种暗示。在这一理论中，宇宙大爆炸之后，宇宙经历了一个分化的过程，也就是所谓的"暴胀"（Inflation）。暴胀发生时，有很多种暴胀方式，得到的每种宇宙都不同，比如首先出现A、B、C、D、E、F、G……，到下一秒的时候，A宇宙又会出现许许多多新的宇宙，我们叫AA、AB、AC、AD……，B宇宙则会出现许许多多新的宇宙BA、BB、BC、BD……每种宇宙出现的概率都不同。这其中就有适合生命生存的宇宙。暴胀理论有很多不同的版本，有一个版本甚至认为在大爆炸之前就发生了暴胀。

宇宙学界应用人择原理最著名的例子来自斯蒂芬·温伯格（Steven Weinberg），他在1987年利用人择原理成功预言了宇宙学的常数值。当时，初步的观察表明宇宙学常数等于零，但温伯格注意到，根据人择原理，宇宙学常数应该是一个很小的数字，但不应该为零——只有这样，星系、恒星和我们才会存在。他对宇宙学常数的预言在10年后被观测所证实。

人择原理新近的生存土壤是超弦理论。在超弦中，时空是十维或者十一维的，而我们现实中可观测的世界是四维的。于是，一般认为另外六个空间的维度体积很小并高度卷曲，科学家把这种现象叫作"紧化"（Compactification）。从超弦的基本理论出发，对于不同的紧化手段，人们可以得到不同的描述四维世界的模型。

有人称超弦理论或许是终极理论。那么作为终极理论，它应该能给出这个世界上各种粒子的性质，以及我们所生活的时空的性质，或者说引力的性质。但是，科学家目前还做不到。就像前面提到的，超弦目前允许有很多很多的宇宙存在，至于区分其中到底哪一个是我们所生活的宇宙，超弦看起来还做不到，因此人们需要引入人择原理。

宇宙为何如此？这是一个物理学家和哲学家都试图回答的问题。人择原理在褒贬不一的评价中给出了一种可能的解答，但没有人知道它究竟能走多远。